北京教育学院“十四五”继续教育培训成果
第二轮“协同创新学校计划”项目（促进学生运动能力提升的体育课程建设）
研修成果

基于运动能力发展的小学体育教学探索

韩　兵　韩金明　张庆新　主编

北京体育大学出版社

策划编辑：赵海宁
责任编辑：赵海宁
责任校对：韩培付
版式设计：杨　俊

图书在版编目（CIP）数据

基于运动能力发展的小学体育教学探索 / 韩兵, 韩金明, 张庆新主编. -- 北京 : 北京体育大学出版社, 2021.3
ISBN 978-7-5644-3386-4

Ⅰ. ①基… Ⅱ. ①韩… ②韩… ③张… Ⅲ. ①体育课—教学研究—小学 Ⅳ. ①G623.82

中国版本图书馆CIP数据核字(2020)第194694号

基于运动能力发展的小学体育教学探索　　韩　兵　韩金明　张庆新　主编

出版发行：北京体育大学出版社
地　　址：北京市海淀区农大南路1号院2号楼2层办公B-212
邮　　编：100084
网　　址：http: //cbs.bsu.edu.cn
发 行 部：010-62989320
邮 购 部：北京体育大学出版社读者服务部 010-62989432
印　　刷：北京建宏印刷有限公司
开　　本：710 mm × 1000 mm　1/16
成品尺寸：170mm × 228mm
印　　张：17.25
字　　数：280千字
版　　次：2021年3月第1版
印　　次：2021年3月第1次印刷
定　　价：85.00元

编委会名单

前 言

随着第八次基础教育课程改革大潮的兴起，学校体育迎来了崭新的改革与发展之路。除了课程名称的改变之外，“以学生为本”的教育理念也逐渐深入人心。更多的教育者开始从学生需要和实际获得的角度出发，思考如何建设能够真正发挥育人功能的体育与健康课程。2018年初教育部颁布的《普通高中体育与健康课程标准（2017年版）》提出：“学科核心素养是学科育人价值的集中体现，是学生通过学科学习而逐步形成的正确价值观念、必备品格与关键能力。体育与健康学科核心素养主要包括运动能力、健康行为和体育品德。”学科核心素养理论也同样适用于义务教育阶段。在这三大主要内容中，运动能力是健康行为和体育品德的基础。发展学生的运动能力作为体育教学的主要任务，为教师所重视。从根本上看，运动能力是对课程改革一直倡导的“以学生为本”的课程价值取向的进一步强化，是从学生发展角度提出的关键概念。学科核心素养中对“运动能力”概念的提出和解析，启发我们对体育教学的发展进行很多新的思索。例如，能否以学生运动能力发展的主线来构建课程体系？能否依据学生运动能力发展的需要来选择和安排教学内容？与此同时，对体育教师而言，从运动能力发展出发，也为突破原有模式的束缚，实现创新发展拓展了空间。

为了在广大体育教师中传播体育与健康学科核心素养，渗透发展运动能力的理念，北京教育学院体育学科团队设计和实施了一系列以“运动能力”为主题的教师研修和培训项目，如以“促进学生运动能力提升的体育课程建设”为主题的协同创新学校计划项目、“小学生运动能力发展”卓越教师工作室、“提升小学生运动能力的有效策略”通州名师工作室、“小学生运动能力发展方法与评价”专题培训、

“基于项目特性创设真实情境的小学体育教学” 青蓝计划教师培训等，力图通过这些项目的实施，帮助一线教师尽快领会“课改”精神，理解“运动能力”的概念内涵，并把这种思想上的变化落实到教学设计和实施中，对以往的体育课堂做出一些改变，让更多的学生能够享受到快乐且有实效的体育课。

这本《基于运动能力发展的小学体育教学探索》，就是在上述教师研修项目和培训活动中，由参加培训的一线教师在学习、了解、交流和探讨“运动能力”概念及其内涵后，所完成的部分研修成果。为方便广大读者阅读和参考，我们参考《义务教育体育与健康课程标准（2011 年版）》对小学体育教学中需要学习和掌握的主要运动项目的要求，搭建了覆盖三个水平的框架，填充了相应的教学设计，并邀请多位北京教育学院专业教师、区县教研员、一线特级教师对教学案例进行了点评。为了便于读者理解案例设计者的意图，编委会还对教学设计的写作体例进行了适当创新。本书共分为五章，田径部分由韩月仓教师负责带领相关教师编写，体操部分由梁吉涛教师负责带领相关教师编写，篮球部分由史红亮教师负责带领相关教师编写，足球部分由张庆新教师负责带领相关教师编写，武术部分由韩金明教师负责带领相关教师编写。全书由韩兵教师进行统稿。

作为北京教育学院“十四五”继续教育培训成果之一，本书的出版得到了北京教育学院及其所属体育与艺术教育学院、北京市各区县教科研机构领导和教师们的大力支持，在此一并表示衷心感谢！由于编者的能力和水平所限，敬请广大读者理解并提出宝贵意见和建议。

编　者

2021 年 2 月

目　录

第一章 田径运动能力教学导读与优秀案例展示

【内容简介与课标链接】

田径运动既是各项运动的基础，也是中小学体育教学内容的重要组成部分。田径运动由走、跑、跳、投等身体练习组成，对于发展学生的基本运动能力具有重要的积极作用。

《义务教育体育与健康课程标准（2011年版）》（以下简称《课程标准》）在水平一至水平三部分的“课程内容”部分没有提及“田径”的概念，提出学生要学习和掌握“基本的身体活动方法”，能够从“做出”“完成多种”到“完成有一点难度”的“基本身体活动动作”的学习目标。出于约定俗成的考虑，本章仍然保留了“田径”的提法，严格根据《课程标准》的具体要求，精选了10篇案例，内容涵盖了水平一至水平三阶段的典型教学内容，供大家参考。

第一节 田径运动能力教学导读

一、田径运动项目的锻炼价值

田径素有“运动之母”之称。田径运动由走、跑、跳、投等身体练习组成，既可以作为少数高水平运动员夺取奖牌的竞技项目，也可以作为一般练习者为达到增强体质、愉悦身心的目的而采用的健身手段。

对于小学生来讲，参加田径运动锻炼，能加速血液循环，增加对骨骼和肌肉的血液供应，使骨骼和肌肉获得比平时更多的氧气和营养物质，为骨骼和肌肉生长创造良好的条件。田径运动锻炼消耗体内多余的能量，防止肥胖，塑造优美体形。根据调查，经常参加田径运动锻炼的小学生，其身高、体重、胸围的发育指标均超过不参加锻炼的同龄人。有研究表明，小学生经常参加田径运动，有助于大脑功能提高和智力开发。

田径运动中的不同项目对提高身体的有关能力和相应的身体素质以及人的健康水平有着不同的侧重点。

（1）走是一项简便易行且非常有效的健身方法，合理选择和安排走的负荷并坚持锻炼，能全面增强人体运动系统、内脏器官和神经系统的功能，促进人体的全面协调发展。走的方法简单易学，不易发生运动伤害，具有较高的安全性。

（2）短距离跑是人体在无氧条件下进行的一种运动，它能提高人体的最大摄氧量，同时还有助于提高中枢神经系统兴奋性，是发展快速运动能力和提高无氧代谢水平的重要手段。

（3）长距离跑和竞走项目能提高心脏和呼吸系统的工作能力。人体在有氧情况下进行长时间运动，消耗的能量较大，能防止体内脂肪含量超标，是提高和发展人体耐力的有效手段。

（4）跳跃是速度、力量、灵敏性、协调性等素质的综合体现，能够有效促进下肢肌肉、关节、韧带和内脏器官机能发展。

（5）投掷是速度、力量、技术紧密结合的运动方式，能够增强腰腹、肩带及上肢肌肉力量，提高上肢的爆发力，促进身体协调能力的发展。

二、田径运动项目特性

田径运动不仅能全面地提高人体的运动能力和运动素质，还能在培养人和塑造人的过程中起到重要作用。其在学校体育、社会体育和竞技体育中均有显著地位。

走、跑、跳、投是人类生活的基本技能，是田径运动项目中最基本的运动形式。总体来说，田径运动项目具有广泛的群众性、激烈的竞争性、严格的技术性、能力的多样性等特点。具体到走、跑、跳、投，其项目特性也各有不同。

1. 走

走具有广泛性、全面性、安全性的特点。走适合不同的人群，爱好者可根据年龄、性别、职业和身体条件，因人、因时、因地制宜，选择适合自己情况的练习负荷进行锻炼，达到增强体质、增进健康和陶冶身心的目的。

2. 跑

按照跑动距离的长短，跑可以分为短跑、中长跑、长跑。

（1）短跑：是田径运动项目中最重要的一项运动项目，短跑的项目集速度、爆发力、灵活性、力量于一身，能够使体能得到全方位的发展。

（2）中长跑：是属于体能主导类的周期耐力性项目，距离较长，属于次最大强度工作，以克服自身体重、较长时间多次重复相同动作为特点。

（3）长跑：是一项需要速度和耐力的综合性项目。

走和跑主要是增强下肢肌肉、关节、韧带力量，发展速度、灵敏性和协调性等素质，促进内脏器官发展及增强机能。

3. 跳

跳跃类项目是指人体利用自身的能力或借助于外在的特殊器材，运用一定的运动形式，使身体获得最大的腾跃高度或者远度的项目。它属于非周期性项目，各个跳跃项目，虽然运动形式和要求不同，但有共同点，即人体的运动都是从静止状态开始向前跑进，而后转变为腾空，最后落地的运动轨迹。

4. 投

投掷类项目作为典型的速度力量型运动项目，是人体运用自身能力，通过一定的运动形式，将手持的规定器械抛出并尽可能获得远度的运动项目。其特点是：以力量为基础，以速度为核心；通过人体有效控制不同形状、重量的器械；运用助跑（或滑步、旋转）使人体与器械获得一定的预先速度；具有明显的肌肉用力顺序和爆发力特征；在场地、器械形状与重量、投掷的动作等方面具有差异性。

三、田径专项运动能力的构成

小学田径运动的分类不同，主要包括走、跑、跳、投，以及由跑、跳、投的部分项目组成的全能运动。由于项目不同，其运动能力的构成也有所区别。

1. 走和跑运动能力的构成

（1）身体素质方面：走和跑正确姿态的形成需要头、颈、肩、胸、腰、胯、膝、踝等部位协调配合才能达到。因此针对不同部位进行合理的训练，才能将各部位的功能充分发挥，进而在运动中形成默契。所以说，走和跑是速度、柔韧性、灵敏性、力量、协调性和耐力的综合体现。

（2）身体机能方面：走和跑与人体的呼吸系统、神经系统、循环系统以及内脏器官机能等息息相关。通过不同速度、距离、难度的走和跑（如：上坡走和跑、弯道走和跑等），可以有效增强人体内脏各器官以及神经系统和循环系统的功能。

（3）意志品质方面：由于走和跑的动作简单且重复频繁，所以给人的感觉单调而枯燥。在小学阶段要让学生懂得“越简单的事情越要坚持，成功是简单积累而成”的道理。因此，培养学生持之以恒、勇于挑战自我的心理品质也是提高走和跑能力的组成部分。

2. 跳跃项目运动能力的构成

（1）身体素质方面：跳跃项目是速度、力量、灵敏性、协调性的综合体现，反映了下肢肌肉、关节、韧带和内脏器官机能发展水平。这些身体素质的强弱直接影响学生的跳跃成绩。

（2）技术动作方面：技术动作是确保跳跃动作完成的基础。小学阶段跨越式跳高、背越式跳高、蹲踞式运动等项目由助跑、起跳、腾空、落地四个紧密动作环节组成。每个环节技术掌握的好坏都关系到学生是否能顺利完成动作。

（3）心理素质方面：跳跃项目既是技术与能力的比拼，更是心理素质的较量与抗衡，特别是心理稳定性、自信心和进取心等。

3. 投掷项目运动能力的构成

投掷项目中的发力过程一般是由足、腿、髋、腰、胸、肩、臂、腕、手指依次传递，并在传递中逐渐发力的过程。从开始的滑步到最后躯干的转动，是一个协调统一的过程，它不仅仅是单一的力量运动，还包括速度、耐力、柔韧性、灵敏性及核心力量方面。尤其是速度力量运动能力，是肌肉收缩时所表现出来的一种能力。在适宜的投掷角度下，器械出手的初速度是决定投掷远度的关键。投掷对于小学生来讲是一个很难的动作，需要全身多部位协调一致，共同参与，并在复杂的生物力学原理支配下，将肌肉收缩产生的力量传递于器械，才能把器械投掷出去。

四、小学生发展田径专项运动能力的教学原则

1. 技能与体能相结合

学生掌握走和跑的正确动作后，既能够在比赛、游戏中运用，又能够在健身、保健中应用。如果我们想跑得快、走得长久，那么没有一定的体能是很难完成的。所以学生在掌握动作技能的同时，增强体能必不可少。

2. 趣味与启发思维相结合

爱玩、好动、思维活跃是小学生的天性。因此，在教学中应根据小学生的特点设计既能激发学生兴趣又能促进学生思考的方法，使身体运动与思维发展有机结合。

3. 简单与实效相结合

设计的练习方法要简单易学，同时具有实效性，避免华而不实。方法简单并不意味着枯燥和单调，教师应根据场地、器材、学生实际情况设计课堂练习内容，练习的目的要明确，避免为了“好看”而画蛇添足。

4. 独立与合作相结合

走和跑的运动是最常见的，也是最容易让人感到枯燥无味的。因此，发展田径运动能力的方法要全面，既要有学生独立完成的，又要兼顾学生合作能力的发展。让走、跑能力强的学生既能够得到满足，又能够发挥自己的特长，带动周边的同伴，使大家共同进步。

5. 传统与创新相结合

走和跑是最为基础的运动项目，练习体能的专项方法有很多。一些传统有效的方法要根据需要保持，在此基础上，我们还要根据当前教学的实际需要进行创新。新老结合，让练习更加具有实效性和趣味性。

第二节　田径运动能力优秀案例展示

本节中的10篇田径类教学案例的知识点分布如表1所示。

表1　田径类教学案例的知识点分布

具体教学内容	走、跑	跳跃	投掷
水平一	—	1. 发展跳跃能力练习 2. 立定跳远	—
水平二	5. 快速跑	4. 立定跳远 6. 跑动中跨越障碍	3. 持轻物掷远

续表

具体教学内容	走、跑	跳跃	投掷
水平三	9. 400m 接力跑 10. 接力跑	7. 跨越式跳高	8. 单手肩上掷远

案例1　发展跳跃能力练习

授课对象　一年级

（一）案例设计思路

1. 学习内容的价值与特点

（1）价值：跳跃是人体最基本的身体活动能力之一，在日常生活、生产劳动、体育娱乐中经常用到。作为小学低年级基本身体活动的重要内容，通过双脚跳来发展学生下肢力量和跳跃能力，促进学生身体灵敏性、协调性等身体素质的发展，能很好地培养学生自信、勇敢、果断、坚强的意志品质。

（2）特点：跳跃需要摆臂、起跳、腾空、落地四个环节，各环节之间衔接连贯，才能达到最佳效果。跳跃动作在日常生活中应用广泛，因此最有效的练习方法是和体育游戏与现实生活相结合，这样能够有效提高学生学练的趣味性和实效性。

2. 整体设计思路

结合小学一年级学生的身心特点和学习兴趣，本设计采用"兔宝宝学本领"这一情境教学贯穿始终。学生在入学前已经学过了简单的模仿动物跳，为本课的学习奠定了基础。但学生对于双脚同时向远处跳、双脚同时轻巧落地动作还没有涉及。跳跃对身体的力量、协调性、灵敏性等身体素质有较高要求，所以，本课将跳跃融入情境游戏和比赛中，以此激发学生的练习兴趣，通过课堂学习提高运动能力。

（二）案例呈现

<table>
<tr><td>内容</td><td colspan="2">1. 发展跳跃能力练习：“兔宝宝学本领”（新授）
2. 游戏：“快乐爬爬爬”</td></tr>
<tr><td>目标</td><td colspan="2">1. 认知目标：初步学习立定跳远的动作方法，使 100%的学生建立动作概念
2. 技能目标：
（1）90% 以上的学生能完成双脚起跳、双脚落地的动作，体会屈膝缓冲的动作，提高学生自我保护意识
（2）学生通过游戏学会 2~3 种爬行动作，学会观察同伴动作
3. 体能目标：增强学生的下肢力量，重点发展力量、协调性、灵敏性等身体素质
4. 情感目标：培养学生勇敢果断、积极进取的精神和参加体育活动的兴趣</td></tr>
<tr><td>重难点</td><td colspan="2">重点：双脚起跳，双脚同时落地
难点：上下肢动作协调配合，轻巧落地</td></tr>
<tr><td colspan="3">第一环节（3min）</td></tr>
<tr><td>教学内容</td><td>教师活动</td><td>学生活动</td></tr>
<tr><td>1. 体委整队
2. 报告人数
3. 师生问好
4. 宣布任务
5. 安排见习生
6. 队列练习
小游戏——快快排队
要求：集合快、静、齐</td><td>1. 师生问好
2. 宣布本课任务
3. 提出本课要求
4. 安排见习生
5. 提出动作要求
6. 教师统一口令
7. 教师评价</td><td>1. 铃声响后在指定地点集合
2. 目视教师，声音洪亮
3. 精神集中，听清内容
4. 服从教师安排，做适合的活动
5. 听清教师要求
6. 积极参与游戏练习 1~2 次</td></tr>
<tr><td colspan="3">设计意图：规范体育课堂常规，在队列练习上以游戏的形式让学生快速找到自己的位置，提高学生参与练习的积极性</td></tr>
<tr><td colspan="3">第二环节（7min）</td></tr>
<tr><td>教学内容</td><td>教师活动</td><td>学生活动</td></tr>
<tr><td>1.“动物模仿操”
模仿小狗、孔雀、袋鼠、小绵羊、小青蛙、小企鹅、小兔子</td><td>1. 教师提出模仿操要求，然后放音乐，并做简单示范
2. 教师评价学生练习效果</td><td>1. 体操队形
（1）学生听清要求，随教师一起做动物模仿操
（2）学生印证自己的动作</td></tr>
</table>

续表

<table>
<tr><td>2. 专项准备活动
“我做，你学”（采用兔宝宝学本领”的情境）
（1）观察大灰狼
（2）藏起来
（3）跳起来观察大灰狼</td><td>1. 教师引导学生做动作并讲解
2. 情境导入“兔宝宝学本领”，启发学生提踵上举、半蹲后摆、蹬地摆臂跳起
3. 教师观察学生练习
4. 教师评价</td><td>2. 梯形站位
（1）学生认真观察，模仿教师动作
（2）学生练习 3~5 次
（3）学生认真练习 3~5 次
（4）学生反思</td></tr>
<tr><td colspan="3">设计意图：进行“动物模仿操”游戏，让学生在韵律中模仿出自己头脑中的小动物形象，调动学生的积极性。通过“小兔子躲避大灰狼”的情境，让学生体会上下肢动作，为主要教学内容做好热身和铺垫</td></tr>
<tr><td colspan="3">第三环节（19min）</td></tr>
<tr><td>教学内容</td><td>教师活动</td><td>学生活动</td></tr>
<tr><td>发展跳跃能力
立定跳远（延续“兔宝宝学本领”的情境）
要领：摆、蹲、跳、稳
重点：双脚起跳，双脚同时落地
难点：上下肢动作协调配合，轻巧落地</td><td>1. 教师引出向远跳
2.教师示范立定跳远动作（正面、侧面）
3. 统一口令组织学生练习
4. 教师观察学生动作
5. 教师引导学生挑战跳跃“小山峰”
6. 设疑：怎样做到轻巧落地
7. 引导学生得出：落地时脚跟先着地，屈膝缓冲
8. 教师巡视指导
9. 教师挑选学优生进行展示
10. 讲解“双人猜拳跳跃”挑战赛方法和规则
11. 教师评价小结（集合）</td><td>1. 学生练习向远跳 3~5 次
2. 学生认真观察教师示范动作
3. 学生练习 3 次
4. 学生喊口令认真练习 8~10 次
5. 学生同教师一起挑战 3 次
6. 学生积极思考问题，练习 3~5 次
7. 学生观察学习 2 次
8. 学生练习体会轻巧落地 3 次
9. 集体评价
10. 学生按规则比赛 1~3 次
11. 学生回忆自己的动作</td></tr>
<tr><td colspan="3">设计意图：本环节模仿小兔子跳和夹沙包向远跳，突出“双脚起跳，双脚同时落地”的教学重点。通过挑战“小山峰”的活动进一步让学生体会如何跳得高、跳得远。采用游戏“双人猜拳跳跃”让学生继续领悟动作要领，感受跳跃运动的乐趣</td></tr>
</table>

续表

第四环节（8min）		
教学内容	教师活动	学生活动
游戏：“快乐爬爬爬” 1.“打招呼”游戏 方法：在爬行中和同学相遇握手，然后说“再见” 规则：完成10次与不同小伙伴打招呼，然后“回家” 2.“木头人”游戏 方法：1人闭眼喊出“123”，其他人爬行，当听到喊“木头人”后，立刻停止不动 规则：严格按照口令前进和静止，违反口令者出局	1.教师讲解“打招呼”游戏规则、方法，并示范 2.教师提示学生爬行相遇时，要用文明用语打招呼 3.教师讲清“木头人”游戏规则和方法 4.组织学生做“木头人”小游戏 5.教师小结学生练习情况	1.学生认真听讲、观察，然后练习爬行1次 2.学生游戏1次 3.学生认真听游戏规则和方法 4.学生分散做游戏 5.学生思考
设计意图：游戏环节以2个改编的爬行游戏来调动学生积极性，在培养学生拼搏精神的同时渗透学生友好相处、互谦互帮的意识。游戏中将上下肢力量、灵敏性、速度、协调性等身体素质的练习融入其中，有效提高上下肢协调配合的运动能力，促进学生上下肢锻炼的均衡发展		
第五环节（3min）		
教学内容	教师活动	学生活动
1.集合、放松 采用拍打身体不同部位和调整呼吸的方式放松 2.总结本课练习情况 3.留作业，下课，收器材	1.教师提示学生拍打身体各部位和调整呼吸： （1）踏步集合慢慢坐 （2）拍手鼓掌、拍拍肩、拍拍腿 （3）呼吸练习 2.教师小结本课练习、比赛情况 3.作业：和家长一起跳远20次	1.学生按要求练习 2.学生集中听讲 3.帮助教师收器材
设计意图：采用简单的拍打方式来缓解运动心率和负荷，愉悦了学生的身心。回顾所学所练，以游戏比赛的形式布置作业，将学生练习的积极性延伸到课下		

（三）案例点评

本课以“兔宝宝学本领”这一情境教学贯穿始终，以挑战、游戏等方式衔接各环节学习内容。课堂通过结合主题的音乐渲染情境、教师语言描述情境、角色扮演体验情境、生活展现情境，寓双脚起跳、双脚落地动作的教学内容于具体形象的情境之中，让学生在快乐、愉悦的氛围中学练。游戏难度循序渐进，充满趣味性，符合低年级学生的身心特点。教师评价的方法很多，其中与学生互动式的口令方式实用性强。特别是教师在教学过程创设和投入的情感氛围，教师的教学技巧和责任心，直接、有效地提高了学生学练的趣味性和实效性。

案例提供：宋文平（北京市通州区潞苑小学）
点评专家：樊伟（北京教育科学研究院）

案例2　立定跳远

授课对象　一年级

（一）案例设计思路

1. 学习内容的价值与特点

（1）价值：立定跳远是发展学生下肢肌肉力量和爆发力的辅助性练习。通过立定跳远教学能够提高学生的跳跃能力，促进学生腿部、腰腹力量的发展，增强小学生的弹跳能力以及发展身体灵敏性、速度、协调性等身体素质。

（2）特点：跳跃是人体的基本活动能力之一，在生活、娱乐中很常见，是发展学生基本体能的重点内容。立定跳远不受器材、场地的限制，深受学生的喜爱。它是跳跃内容中最基本的跳跃动作，主要是教会学生用双脚蹬地起跳的运动技能。

2. 整体设计思路

本设计针对低年级学生的生理、心理以及年龄特征，自始至终贯穿一个“趣”

字，根据立定跳远内容的特点，通用情境、游戏和竞赛等形式来激发学生练习兴趣；采用单人、双人、多人挑战赛的形式，让学生学会双脚用力蹬地起跳、双脚轻巧落地动作，发展学生的下肢力量以及身体协调性，使学生体验收获的快乐。

（二）案例呈现

<table>
<tr><td>内容</td><td colspan="2">1. 田径：立定跳远（新授）
2. 体能游戏："争霸赛"（复习）</td></tr>
<tr><td>目标</td><td colspan="2">1. 认知目标：知道立定跳远正确的动作方法，了解立定跳远的锻炼价值
2. 技能目标：
（1）95% 以上的学生能够完成双脚用力蹬地起跳、展髋向上、向前跃起、双脚同时轻巧落地动作
（2）在游戏中，学生能够运用所学跳、跨、跑等技术动作体验成功
3. 体能目标：增强小学生的弹跳能力以及身体灵敏性、速度、协调性等素质
4. 情感目标：培养学生勇敢顽强、克服困难的意志品质和沉着冷静的心理素质，养成公平竞争和集体主义意识</td></tr>
<tr><td>重难点</td><td colspan="2">重点：双脚蹬地向远处跳出，双脚同时落地
难点：展髋向上、向前跃起</td></tr>
<tr><td colspan="3">第一环节（5min）</td></tr>
<tr><td>教学内容</td><td>教师活动</td><td>学生活动</td></tr>
<tr><td>1. 集合、整队、报数
2. 师生问好
3. 宣布本课内容
4. 安排见习生
5. 队列练习：向左、右转，向后转</td><td>1. 提前到上课地点
2. 发令"立正"，面对学生问好
3. 宣布本课内容，语言简练
4. 根据学生情况，合理安排
5. 教师提示动作要领：
抬头挺胸，臂夹紧
脚跟脚尖，为轴心
身体转动，平又稳
"三挺一蹬"，并脚跟
注："三挺一蹬"指：挺颈、胸、腿，蹬眼</td><td>1. 听口令指定地点集合，成四列横队
2. 迅速立正，问好声音洪亮
3. 精神饱满，认真听讲
4. 服从教师安排，做适合的活动
5. 学生做练习
（1）集体按常规练习 2~3 次
（2）反方向的激发兴趣练习 2~3 次。</td></tr>
<tr><td colspan="3">设计意图：队列练习中强调服从统一指挥，通过反方向的转法练习增加练习强度，调动学生练习的积极性，加深学生对动作的理解</td></tr>
</table>

续表

<table>
<tr><th colspan="3">第二环节（10min）</th></tr>
<tr><th>教学内容</th><th>教师活动</th><th>学生活动</th></tr>
<tr><td>1. 双人小游戏
（1）拍手歌
（2）荡秋千
（3）跷跷板
（4）人枪虎
（5）翻烙饼
（6）捉尾巴
2. 辅助练习
（1）兔子跳
（2）袋鼠跳</td><td>1. 指导学生散开，前后两人结组
教师提示或示范、讲解游戏，渗透合作的重要性
要求：游戏贴切学生生活，语言简练，可示范，也可以语言激发
2. 教师讲解方法，组织游戏
教师创设游戏情境，引导学生体会双脚同时用力蹬地起跳</td><td>1. 学生两臂侧平举迅速散开成体操队形，2 人面对面站立
学生双人合作游戏，口述儿歌
要求：友好合作，认真观察教师动作，积极模仿和练习
2. 学生四列成体操队形
学生围绕场地自由进行练习
要求：认真体会双脚同时蹬地起跳动作</td></tr>
<tr><td colspan="3">设计意图：通过“双人小游戏”练习，引导学生学会合作，培养学生锻炼前做好热身准备的习惯，激发学生深入学习的欲望。通过模仿兔子跳、袋鼠跳，让学生初步体会双脚同时用力动作，为主要教学内容情境的引入做好铺垫</td></tr>
<tr><th colspan="3">第三环节（12min）</th></tr>
<tr><th>教学内容</th><th>教师活动</th><th>学生活动</th></tr>
<tr><td>立定跳远（新授）
方法（小儿歌）：
小青蛙本领大
害虫见了都害怕
预备两脚要分开
屈膝双臂向后摆
前腿摆来后腿蹬
向前向上跳跃快
轻轻落地蹲下来</td><td>1. 创设“小青蛙学本领”的教学情境，引导学生练习
（1）双腿弹性屈伸练习
（2）双腿弹性屈伸蹬地跳起，轻落地练习
2. 质疑：“如何跳得更远？”学生复习立定跳远
3. 教师讲解并示范
4. 组织学生做“鲤鱼跳龙门”游戏</td><td>1. 学生分散练习
（1）双手背后做双腿弹性屈伸
（2）双手背后做双腿弹性屈伸蹬地、跳起、轻落地
2. 学生边思考边做练习（双脚用力蹬地，向高、向前跳跃）
3. 学生观察动作，说出重点
4. 学生 4 人 1 组做跳跃小体操垫练习（体会双脚用力蹬地，向上、向前跳跃动作）</td></tr>
</table>

续表

<table>
<tr><td></td><td>5. 增加游戏难度，组织学生继续游戏
6. 组织学生做立定跳远练习
7. 讲解自我挑战赛方法
8. 择优展示、评价
9. 强调 2 人 1 组挑战赛方法
10. 开展“满天星行动”——多人挑战赛
11. 总结：本节课你收获了什么</td><td>5. 增加难度：学生跳跃不同距离和不同高度的小体操垫练习
6. 学生说儿歌，练习立定跳远
7. 学生练习：用彩带标记远度，挑战自我 3~5 次
8. 学生展示 2~3 次
9. 学生自愿结组，互相挑战
10. 学生自由挑战（使用彩带做标记）
11. 学生归纳知识点——谈本节课收获</td></tr>
<tr><td colspan="3">设计意图：本环节采用了单人、双人、集体挑战赛的形式，充分调动学生练习兴趣。通过“鲤鱼跳龙门”进一步体会动作要领，增强学生的腿部力量及爆发力。通过 1 根彩带激发了学生的挑战意识，提高了跳跃能力，使学生体验到了成功的喜悦</td></tr>
<tr><td colspan="3">第四环节（10min）</td></tr>
<tr><td>教学内容</td><td>教师活动</td><td>学生活动</td></tr>
<tr><td>体能游戏：“争霸赛”（复习）
方法：长方形内画均等大小的 6 个格子。学生分为 2 个组，在长方形格子顶端站立。游戏开始，每组选 1 名学生与对方猜拳，胜利的一方，学生商议用跳、跨的动作跳进任意的同一个格子内，或逆时针、顺时针围绕长方形格子跑、跳，对方要采用同样动作跟进，直至一方失败，游戏结束
规则：
1. 猜拳胜利一方做动作，失败一方必须做同一个动作
2. 队伍中有一人失败算全组失败，则重新开始</td><td>1. 教师讲解游戏方法及注意事项
2. 教师组织学生分组，指导练习
3. 教师强调比赛规则
4. 增加难度：指定一个动作完成
5. 小结练习情况</td><td>1. 学生集中听讲
2. 学生分 4 个组练习
3. 学生比赛 2~3 次
4. 学生继续比赛 1~2 次
5. 学生畅谈自己的感受
要求：自觉遵守游戏规则，团结协作</td></tr>
</table>

续表

<table>
<tr><td colspan="3">设计意图：游戏环节将学生所学的跑、跳、跨动作融入其中，让学生感受所学动作的应用价值，增强学生灵敏性、速度、协调性等身体素质，提升与跳跃相关的运动能力</td></tr>
<tr><td colspan="3">第五环节（3min）</td></tr>
<tr><td>教学内容</td><td>教师活动</td><td>学生活动</td></tr>
<tr><td>1. 集合、放松：在体操垫上做放松活动
2. 总结本课练习情况
3. 留作业、收器材</td><td>1. 教师语言激励，渗透立定跳远的锻炼价值
2. 教师小结本课的练习和比赛情况
3. 作业：每天立定跳远 5 次，教育学生爱护器材，整理器材</td><td>1. 学生听音乐练习，做下肢放松
2. 学生集中听讲
3. 学生与教师一起收拾、摆放器材</td></tr>
<tr><td colspan="3">设计意图：为学生提供一个再认识的机会，通过放松了解立定跳远的锻炼价值，发展运动认知。通过摆放器材教育学生爱护器材，学会合作与主动参加劳动的良好品行</td></tr>
</table>

（三）案例点评

本课的设计注重学生情感投入，注重体能的训练与提升。其主要体现在以下几个方面。

（1）情境教学贯穿始终。根据一年级学生的年龄特点和认知规律，课上运用情境教学，激发学生学习热情。

（2）以竞赛激发练习兴趣。采用单人、双人、多人挑战赛的方式，激发学生的练习兴趣，提高动作质量，提升了学生力量、速度、灵敏性、协调性等素质。

（3）游戏与主要教学内容密切相关。在补充主要教学内容运动负荷的同时，让学生充分了解学习技能的重要性，发展运动认知。

当一年级学生体育课堂自始至终贯穿一个“趣”字，就有了教师趣教，学生趣学和趣练的可能。本课创设多种游戏教学情境，以情促趣，促进学生双脚用力蹬地起跳、双脚轻巧落地动作的学习；教学采用单人、双人、多人挑战赛的方式，以赛激趣，激发学生学习热情；在如何跳得更远的问题中，设疑引趣，有效促进了师生互动，调动了学生的参与热情。

案例提供：赵起云（北京市延庆区第二小学）

点评专家：陈雁飞（北京教育学院）

案例3 持轻物掷远

授课对象 三年级

（一）案例设计思路

1. 学习内容的价值与特点

（1）价值：持轻物掷远是人的基本活动能力之一，是日常生活、体育锻炼所必需的基本运动能力。持轻物掷远是发展学生上下肢肌肉力量和爆发力较为有效的运动项目，也是小学生全面锻炼身体不可缺少的活动内容。通过持轻物掷远的技术动作练习，能够促使学生学会如何更有效地进行身体不同部分间的能量传递。

（2）特点：持轻物掷远动作能够提高腰腹、肩带的肌肉力量和上肢关节的灵活性、协调性，也能够提高学生在日常生活和体育锻炼中的投掷技能。此外，投掷的轻物可选择种类很多，如沙包、木棒、小球、空水瓶、废纸团等，可以让学生的适应能力得到提升。

2. 整体设计思路

根据三年级学生模仿能力强的特点，本课主要采用直观教学，以标准规范的示范动作教授学生。为了使学生更好地掌握正确动作，除了讲解、示范外，教师还利用动作挂图进行辅助教学。根据学生年龄特点采用自主学习、合作学习等形式调动学生兴趣。本课采用自我评价、相互评价、教师评价等，促使学生在激烈的“比远”过程中掌握正确的投掷姿势，提高投掷能力。

（二）案例呈现

内容	1. 田径：持轻物掷远（新授） 2. 体能游戏：接力“我是小小志愿者”（新授）
目标	1. 认知目标：学生理解快速挥臂对于投掷的重要性，了解如何在日常生活中合理运用投掷动作 2. 技能目标： （1）85% 以上的学生基本掌握侧向投掷的动作方法，深入体会快速挥臂动作要领 （2）游戏中学生能够运用所学动作躲避障碍，以最快的速度冲过终点

续表

<table>
<tr><td>目标</td><td colspan="2">3. 体能目标：发展学生上肢和肩带力量以及身体协调性，提高投掷能力。通过游戏提高学生快速、安全通过障碍的能力
4. 情感目标：培养学生遵守纪律、听从指挥、团结协作、勇于克服困难的优良品质，树立安全锻炼的意识</td></tr>
<tr><td>重难点</td><td colspan="2">重点：挥臂快速、有力
难点：蹬地、转体、挥臂连贯协调</td></tr>
<tr><td colspan="3">第一环节（4min）</td></tr>
<tr><td>教学内容</td><td>教师活动</td><td>学生活动</td></tr>
<tr><td>1. 集合、整队、报数
2. 师生问好
3. 宣布本课内容
4. 安排见习生
5. 队列练习
（1）原地三面转法
（2）原地踏步走</td><td>1. 提前到上课地点
2. 面对学生问好
3. 宣布本课内容，提问：沙包的用途
4. 根据情况合理安排
5. 教师提出要求：动作协调统一，速度适当，不抢拍，不拖拍</td><td>1. 指定地点集合，成四列横队
2. 立正问好，声音洪亮
3. 认真听讲，积极回答教师问题
4. 服从教师安排，做适合的活动
5. 学生做练习
（1）集体按常规练习 2~3 次
（2）分组进行踏步练习 2~3 次</td></tr>
<tr><td colspan="3">设计意图：在宣布本节课内容时启发学生探讨沙包的不同用途，从而引出本课教学内容。在队列练习中通过集体练习、分组练习、相互比赛，让学生感受到集体的荣誉是每个人努力的结果</td></tr>
<tr><td colspan="3">第二环节（6min）</td></tr>
<tr><td>教学内容</td><td>教师活动</td><td>学生活动</td></tr>
<tr><td>1. 动态拉伸操
（1）臀大肌拉伸
（2）臀中肌拉伸
（3）股四头肌拉伸
（4）腘绳肌拉伸
（5）内收肌拉伸
（6）髂胫束拉伸
（7）弓步转体拉伸
（8）手脚爬行走拉伸</td><td>1. 指导学生四列横队散开
教师带领学生进行动态拉伸操练习。随时观察学生的动作幅度和动作保持时间，适当进行动作指导</td><td>1. 两臂侧平举迅速散开成体操队形
学生认真观察和模仿教师的动作，练习时要动作幅度大、时间适当，拉伸部位要有牵拉感</td></tr>
<tr><td>2. 辅助练习
（1）肩绕环
（2）振臂运动
（3）挥臂击掌</td><td>2. 教师讲解方法，并指导学生练习
（1）教师讲解辅助练习动作的要领和目的
（2）教师协助学生结组练习和比赛，并提示动作要领
（3）教师点评学生练习情况</td><td>2. 学生成四列横队散开
（1）学生认真听讲，尝试练习
（2）学生 2 人 1 组练习、比赛。认真体会肩关节发力的顺序和挥臂的幅度</td></tr>
</table>

续表

设计意图：通过在热身活动中增加“动态拉伸操”，让学生理解“准备活动”要有科学性和实用性。通过“面对面比赛”的小游戏充分调动学生的练习兴趣，充分活动上肢各个关节		
第三环节（19min）		
教学内容	教师活动	学生活动
持轻物掷远（新授） 动作口诀： 手持器械前后站 手画半圆向前看 蹬地转体肘向前 用力挥臂投得远 重点：挥臂快速、有力 难点：蹬地、转体、挥臂连贯协调	1. 教师讲解动作要点，并示范 2. 教师指导学生原地模仿动作 3. 教师指导学生进行两人间的合作练习 4. 教师出示动作挂图并讲解，学生朗诵动作口令 5. 教师出示自制教具小鞭子，并示范抽鞭子的方法 6. 教师提示如何利用自制教具空矿泉水瓶进行投掷练习 7. 择优讲评，互相评价 8. 教师引导学生选择适合的距离练习 9. 教师讲解评定标准，并指导学生实际运用 10. 教师总结：本节课你收获了什么?	1. 学生观察教师动作，记住要领 2. 学生按照要领进行单人练习 3. 学生原地进行双人合作模仿练习，互相检查 4. 学生在朗读的同时进一步领悟动作要领 5. 学生利用小鞭子原地体会动作要领，体会发力顺序 6. 学生运用空矿泉水瓶进行投掷练习，进一步体会重难点 7. 学生认真观察，积极发言 8. 学生根据自己能力选择不同的距离练习 9. 学生分组展示，观摩评价 10. 学生归纳知识点——谈本节课收获
设计意图：本环节通过单人、双人练习，以及采用挂图强化记忆等方式促使学生尽快掌握动作。在练习过程中，教师巡视、指导，反复强调动作要点，及时纠正个别学生的错误动作。当学生掌握动作以后，采用“投过不同远度的标志物”的比赛进一步提高投掷能力		
第四环节（8min）		
教学内容	教师活动	学生活动
体能游戏：“推小车” 方法：分成人数相等的6个组，游戏开始由每一组第一名学生推车绕过标志塔返回，将车转交给第二名学生。以此类推，至最后一名学生。先到者为胜方	1. 教师讲解游戏方法、规则 2. 教师组织学生分组，并指导练习 3. 教师强调比赛规则 4. 增加难度：搬运沙包 5. 小结练习情况	1. 学生集中听讲 2. 学生分 4 个组，尝试练习 1~2 次 3. 学生推空车比赛练习 2~3 次 4. 学生继续比赛 2~3 次 5. 学生积极发言，谈自己推车的体会

续表

<table>
<tr><td>规则：
1. 禁止抢跑或越线，尤其是交接时要在规定的线后
2. 转弯时要注意左右距离，避免碰撞</td><td></td><td></td></tr>
<tr><td colspan="3">设计意图：游戏环节引入了“推小车”的实践活动，让学生尝试一种平时很少接触的劳动形式，在发展上下肢和腰腹肌力量、平衡能力的同时，让学生初步了解现代化交通运输工具的演变</td></tr>
<tr><td colspan="3">第五环节（3min）</td></tr>
<tr><td>教学内容</td><td>教师活动</td><td>学生活动</td></tr>
<tr><td>1. 听音乐放松，进行静态拉伸
2. 教师小结，布置家庭作业
3. 收拾器材，师生互说再见</td><td>1. 教师用语言带动学生进行放松练习
2. 教师小结本课的练习和比赛情况。留作业：每天进行沙包侧向投掷 15 次
3. 下课，教育学生爱护器材</td><td>1. 学生在音乐伴奏下，进行静态放松的拉伸练习
2. 学生集中听讲，记清家庭作业
3. 帮助教师收拾、摆放器材</td></tr>
<tr><td colspan="3">设计意图：利用舒缓的音乐放松了肌肉，使学生能够得到更有效率的恢复。通过与学生一起回顾本节课的活动，使学生巩固所学的知识和技能</td></tr>
</table>

（三）案例点评

本节课根据三年级学生“善于模仿、喜欢游戏、乐于参加”的特点进行设计。持轻物掷远教学中采用单人、双人、多人的练习和比赛形式充分调动学生的积极性，同时运用一些简单的自制教具（如小鞭子、空塑料瓶等）激发学生兴趣，促使学生尽快掌握所学动作。游戏环节运用了现代生活中比较少见的劳动形式“推小车”，在发展学生上下肢、腰腹力量以及身体协调性的同时，让学生感受到科学技术的不断进步，教育学生好好学习，将来用自己的知识回报社会、建设祖国。

本课通过教师标准规范的示范动作，感染激发学生在学练中掌握正确动作；通过单人、双人、多人的持轻物掷远练习和比赛，调动学生的积极性；通过运用小鞭子、空塑料瓶等一些简单的自制教具，辅助学生尽快掌握所学动作。在“推小车”的体能游戏环节，将劳动教育有效渗透于课堂教学中，让学生在体验中接受思想教育。

案例提供：马立军（北京大学附属小学）
点评专家：班建龙（北京市昌平区教师进修学校）

案例4　立定跳远

授课对象　三年级

（一）案例设计思路

1. 学习内容的价值与特点

（1）价值：跳跃是人体的基本活动之一，是锻炼身体的重要手段。通过教学，能够有效增强学生的下肢力量，促进骨骼、肌肉、韧带的发展，对提高身体下肢力量、灵敏性、协调性等身体素质有着明显作用。

（2）特点：立定跳远需要摆臂与蹬地协调配合完成起跳动作，空中展体，落地时脚跟落地后过渡到前脚掌，屈膝缓冲完成动作。全套动作看似简单，但需要快速蹬地，身体协调配合才能跳得更远。因此，教学中要着重强调摆臂与蹬地的协调配合。

2. 整体设计思路

本课针对三年级学生的身心特点，从学生个体发展的角度出发完成设计，通过自制教具变形尺调动课堂学习气氛。学生在不断挑战自我的过程中逐渐掌握动作。开始部分利用变形尺完成准备活动。基本部分通过变形尺 4 个颜色的变动，逐渐加大立定跳远的目标距离，让学生逐步体会双脚快速蹬离地面的动作重点，发展学生跳跃的专项能力。

（二）案例呈现

<table>
<tr><td>内容</td><td colspan="2">1. 田径：立定跳远（新授）
2. 搬运游戏："快速运输"（复习）</td></tr>
<tr><td>目标</td><td colspan="2">1. 认知目标：明确立定跳远动作要领，熟悉动作方法，了解其锻炼价值
2. 技能目标：学会发力顺序；90% 以上的学生能在上下肢协调配合的情况下做到双脚快速蹬离地面，轻巧落地；85% 以上的学生学会测量方法，做出相应评价
3. 体能目标：增强学生的腰腹和下肢力量，提高身体灵敏性和协调性素质
4. 情感目标：培养学生良好的合作意识和勇于拼搏的精神</td></tr>
<tr><td>重难点</td><td colspan="2">重点：双脚快速蹬离地面
难点：摆臂与蹬地协调配合、动作协调</td></tr>
<tr><td colspan="3">第一环节（5min）</td></tr>
<tr><td>教学内容</td><td>教师活动</td><td>学生活动</td></tr>
<tr><td>1. 集合、整队、报数
2. 师生问好
3. 宣布本课内容
4. 提出课上要求
5. 集合与散开游戏
方法：第一次游戏以右一排头为基准，完成散开与集合，之后随意指定队伍中任意同学为基准，完成散开与集合</td><td>1. 教师整队
2. 目视学生
3. 简单清楚
4. 简明扼要
5. 教师组织集合与散开游戏，要求：快速找到指定位置并看齐队伍</td><td>1. 学生站队
2. 声音洪亮
3. 听清内容
4. 认真听讲
5. 按照要求完成集合与散开的游戏</td></tr>
<tr><td colspan="3">设计意图：明确本课教学内容，通过集合与散开的反应游戏促使学生注意力集中，培养学生集体意识</td></tr>
<tr><td colspan="3">第二环节（7min）</td></tr>
<tr><td>教学内容</td><td>教师活动</td><td>学生活动</td></tr>
<tr><td>1. 自编热身操
（1）伸展运动
（2）体测运动
（3）全身运动
（4）跳跃运动
（5）整理运动</td><td>教师放音乐，带领学生共同完成自编热身操
要求：教师提示学生动作整齐、有力度</td><td>学生成体操队形，在音乐的配合下完成准备活动。做到充分活动，节拍准确</td></tr>
</table>

续表

2. 专项游戏 （1）跑动急停 方法：学生在跑动中根据提示迅速移动到指定位置 （2）各种方式的跳 方法：学生根据提示完成各种方式的跳	（1）教师带领学生围绕变形尺跑动起来，发出颜色口令，组织急停游戏 （2）组织学生各种方式的跳 提示变形尺颜色，引导学生快速停在相应颜色旁。变形尺变成正方形，学生跳入、跳出练习	（1）学生遵守规则，认真完成各种方式的跳 8~10 次 要求：必须听到口令后行动，找到正确位置 （2）学生根据教师提示，完成各种方式的跳跃练习 8~10 次 要求：不能踩碰到器材，要做到双腿起跳，双腿落地
设计意图：通过跑动急停练习发展学生快速反应能力；各种方式的跳跃充分活动身体，为主要教学内容的学习打好基础		
第三环节（15min）		
教学内容	教师活动	学生活动
立定跳远 方法：双脚自然开立，双臂上举后摆并向前上方用力摆臂，双脚用力蹬离地面，双腿轻巧落地 制作红色梯、绿色梯、黄色梯 3 种变形尺，变形尺每段颜色为 60cm 长，每向前变出一个颜色，即在原有的基础上增加 60cm 的距离	1. 教师设置情境并示范立定跳远动作 2. 组织学生跳过蓝色变形尺（多面示范） 3. 教师引导学生将器材向前变形出红色彩虹梯（加大跳远距离） 4. 组织学生立定跳远跃过红色彩虹梯 5. 教师将器材向前变形出绿色彩虹梯（向前距离继续加大） 6. 组织学生跳过绿色彩虹梯，提示：摆臂协调 7. 教师将器材向前变形出黄色彩虹梯并组织学生跳过黄色彩虹梯（向前距离再加大） 提示：摆臂协调，蹬地有力	1. 学生认真观看教师示范动作 2. 学生完成跳过蓝色彩虹梯的练习 5~6 次 3. 学生向前变形出红色彩虹梯 4. 学生完成跳过红色彩虹梯的练习 7~8 次 5. 学生向前变形出绿色彩虹梯 6. 学生完成跳过绿色彩虹梯的练习。做到摆臂协调 5~6 次 评价：利用立定跳远的方法完成红色和绿色变形尺（较远距离）的跳跃挑战，跳过即成功 7. 学生向前变形出黄色彩虹梯并完成跳跃练习。做到摆臂协调、蹬地有力 5~6 次 评价：成功跳过黄色彩虹梯即完成挑战

续表

<table>
<tr><td></td><td>8. 教师示范动作
手前举，臂伸直；手后摆，腿弯曲；向前看，用力跳；站得稳，落地轻
9. 教师组织立定跳远练习
评价：黄色优秀，绿色良好
10. 教师组织学生练习，并完成距离测量
11. 教师小结</td><td>8. 学生通过教师给的小口诀配合练习 5~6 次，帮助学生掌握立定跳远的重点
9. 按要求完成立定跳远 3~4 次，并对自己的练习进行评价
10. 学生完成立定跳远后，学会测量方法
11. 学生听取小结</td></tr>
<tr><td colspan="3">设计意图：通过变形尺在各个环节的应用，学生掌握了立定跳远的技术动作。变形尺不断向前变长，目标距离越来越远，学生完成挑战跳跃的同时做到双脚快速蹬离地面、蹬地与摆臂协调配合等要点，发展学生跳跃专项能力</td></tr>
<tr><td colspan="3">第四环节（8min）</td></tr>
<tr><td>教学内容</td><td>教师活动</td><td>学生活动</td></tr>
<tr><td>体能游戏：“快速运输”
玩法 1：“单枪匹马”
方法：学生等分 8 组，每组第一名同学开始将实心球运输到指定位置，返回和同伴右手击掌，下一名同学出发。以最快完成运输的组获胜
玩法 2：“二龙戏珠”
方法：学生等分 8 组，每组前两名同学合作开始将实心球搬运到指定区域，返回后分别与下两名同学击掌，下两名同学出发。以最快完成运输的队伍获胜</td><td>1. 教师将学生等分 8 个组
2. 教师讲解游戏的方法
3. 教师讲解游戏的方法与规则并做好提示
4. 教师组织游戏
5. 教师小结练习情况</td><td>1. 学生按要求分好 8 个组
2. 认真听取游戏方法
3. 明确游戏规则
4. 积极参与游戏并注意安全。每种玩法进行 3~4 次
5. 学生听取小结</td></tr>
<tr><td colspan="3">设计意图：以身体全面发展为原则，创设上肢的辅助游戏。通过合作式的搬运类游戏，培养学生团结合作意识。提示游戏环节注意安全，提高学生的自我保护意识</td></tr>
</table>

续表

第五环节（5min）		
教学内容	教师活动	学生活动
1. 集合、放松 采用身体肌肉拉伸完成放松 2. 总结本课练习情况 3. 收还器材	1. 教师带领同学们配合舒缓音乐完成身体拉伸放松活动，注意配合呼吸 2. 教师小结本课的练习 3. 组织学生收还器材	1. 学生随教师听音乐完成放松活动 2. 学生认真听讲 3. 帮助教师收还器材
设计意图：通过放松拉伸，学生得到身心放松；听取教师小结，回顾本课重点		

（三）案例点评

立定跳远是学生非常喜爱的一项内容。本节课突破传统的教学方式，注重学生运动能力的培养。本课以发展学生运动能力为核心，构建多个练习形式发展学生跳跃能力；以变形尺的变化为契机，随着不断加大跳跃距离，有效激发了学生练习的兴趣。课堂中教师做到 2 个关注点。①关注技能：学生的基础动作是否双脚同时蹬地、双脚脚跟落地后过渡到前脚掌；②增强体能：随着变形尺的不断变化，学生挑战的激情也越来越高涨，更加积极、主动地投入练习中，学生在欢乐竞争的氛围中增强了体能。

本课在教学设计中，以变形尺开始调动课堂学习气氛，通过变形尺 4 个颜色的变动不断加大立定跳远的目标距离，让学生体会并掌握双脚快速蹬离地面的动作重点。课堂教学中教师不仅关注学生的技能学习，还关注学生完成挑战跳跃的同时做到双脚快速蹬离地面、蹬地与摆臂协调配合等要点；课堂教学中教师关注学生的评价能力，让学生学会丈量方法并做出相应评价；课堂教学中教师也注重增强学生体能，发展学生跳跃专项能力。可以说，本课很好体现了以发展学生运动能力为核心的有效教学，为体育课堂对接运动能力核心素养提供了很好的实践样例。

案例提供：张光月（北京市通州区漷县镇中心小学）

点评专家：魏敬（北京市通州区漷县镇中心小学）

案例5　快速跑

授课对象　四年级

（一）案例设计思路

1. 学习内容的价值与特点

（1）价值：快速跑是体育教学的主要内容，也是锻炼身体的重要手段，对于发展学生速度、耐力、力量和灵敏性等身体素质，提高身体协调性、灵活性效果显著。快速跑既培养学生敢于竞争、坚持到底的意志品质，又培养学生的合作竞争的意识，具有较好的育人价值。

（2）特点：快速跑起跑时需要反应迅速、蹬地与摆臂积极，正确的跑姿及快步频、大步幅的途中跑技术更是快速跑的关键。快速跑在生活中的应用也相当的广泛，练习起来简单易行，但是容易给学生单调枯燥的感觉。因此，要结合新颖的器材以及将比赛、挑战的形式组合起来练习，这样可以激发学生的兴趣，提高练习效果。

2. 整体设计思路

本设计自始至终融入田径元素，根据跑类课程的特点以“比赛挑战，激发学习动力；巩固强化，提升跑动能力”为主题，结合跑的项目特点、场地器材情况、“水平二”学生的身心发展规律等诸多因素对本节课进行设计。力求体现小学田径教学“以赛代练，练赛结合”的教学特色，从而有效提高学生灵敏性、协调性、速度、力量等身体素质，发展快速跑能力。

（二）案例呈现

内容	1. 田径：快速跑（新授） 2. 体能游戏：“齐心协力”（新授）
目标	1. 认知目标：知道快速跑的锻炼价值和途中跑的重要性；建立起跑后迅速过渡到途中跑的概念 2. 技能目标： （1）85% 以上的学生能够初步学会途中跑技术，并结合自身水平以最快的速度冲过 50m 终点 （2）在游戏中学生能够齐心协力完成设定目标

续表

<table>
<tr><td>目标</td><td colspan="2">3. 体能目标：增强学生上下肢肌肉力量及爆发力，重点发展速度、灵敏性和协调性素质，提高奔跑能力
4. 情感目标：培养学生拼搏进取、勇于竞争的意志品质，发扬团结协作的集体主义精神</td></tr>
<tr><td>重难点</td><td colspan="2">重点：途中跑的步频节奏
难点：上下肢协调配合</td></tr>
<tr><td colspan="3">第一环节（3min）</td></tr>
<tr><td>教学内容</td><td>教师活动</td><td>学生活动</td></tr>
<tr><td>1. 体育委员整队
2. 师生问好
3. 宣布本课内容
4. 安排见习生
5. 队列练习
跑步、齐步互换
齐步换跑步口令：
跑步——走
跑步换齐步口令：
齐步——走</td><td>1. 检查、提示、集合
2. 向学生问好
3. 宣布本课的内容及要求
4. 根据情况，合理安排
5. 教师讲解互换的方法
6. 以音乐节奏为背景，提示跑姿
7. 小结、放松、评价
要求：练习中根据学生实际情况，提示要求</td><td>1. 集合、整队、报数
2. 向教师问好
3. 理解本课内容及要求
4. 服从教师安排
5. 学生听口令练习
6. 跟随音乐节奏练习
7. 放松、认真听讲
要求：一路纵队练习，保持队列队形</td></tr>
<tr><td colspan="3">设计意图：明确本节课的教学内容，让学生清楚本节课的学习任务。队列、队形有助于培养学生形成正确跑姿，提高反应能力</td></tr>
<tr><td colspan="3">第二环节（6min）</td></tr>
<tr><td>教学内容</td><td>教师活动</td><td>学生活动</td></tr>
<tr><td>1. 融合性准备活动
（1）压腿 2 组 + 踝腕 2 组
（2）扒地跳 2 组 + 纵跳 2 组
（3）抬踢腿 2 组 + 腹背 2 组
（4）前踢腿 2 组 + 摆臂 2 组
（5）后踢腿 2 组 + 深蹲 2 组
（6）高抬腿 2 组 + 转肩 2 组</td><td>1. 组织：指导学生分组
（1）以音乐为背景，组织学生练习
（2）教师示范并讲解每个动作，提示每个动作的方法及要点
（3）小结、评价
要求：精讲要领，可采用正面和侧面示范</td><td>1. 队列：男女生分组，对面站立
（1）跟随音乐节奏进行练习
（2）学生先原地模仿教师动作，熟练后可以做行进间练习
（3）认真听讲
要求：积极练习，充分活动，动作到位</td></tr>
</table>

续表

<table>
<tr><td>2. 专项准备活动
（1）原地小步跑
（2）原地高抬腿跑</td><td>2. 指导学生体操队形散开
（1）教师运用口令及击掌节奏提示，学生练习
（2）提示跑的正确姿势
（3）评价、小结</td><td>2. 成体操队形
（1）跟随教师的击掌节奏进行练习，体会快节奏的步频
（2）深入领会，不断改善跑姿
（3）认真听讲</td></tr>
<tr><td colspan="3">设计意图：一般准备活动激发学习兴趣，提高身体灵活性，为主要内容的做好热身学习。专项准备活动趣味激发，强化正确跑姿，感知步频节奏</td></tr>
<tr><td colspan="3">第三环节（18min）</td></tr>
<tr><td>教学内容</td><td>教师活动</td><td>学生活动</td></tr>
<tr><td>田径：快速跑（新授）
方法：采用站立式起跑，起跑后迅速加快速度；途中跑时，后蹬充分有力，大腿前摆积极，大、小腿折叠自然，用两前脚掌着地；上体保持正直或稍前倾，眼看前方；两臂屈肘协调前后摆动，并以最快的速度冲过50m终点</td><td>1. 语言激发，提示要求，组织学生进行30m争先跑比赛
2. 教师小结比赛结果，归纳要点
3. 用敏捷梯示范，提示动作要点，以口令提示，加快步频节奏
（1）小步跑。口令：快、快、快……
（2）一字步。口令：一二、一二、一二……
（3）侧一字步。口令：一二、三四……
4. 组织学生以小组为单位练习
5. 借助敏捷梯进行拓展练习，采用接力跑比赛（3种形式）：小步跑，一字步，侧一字步
6. 组织进行50m快速跑比赛
7. 教师引导，正面评价</td><td>1. 以小组为单位，按要求进行30m争先跑比赛
2. 认真思考，理解动作要点
3. 建立动作概念，熟悉口令节奏，强化步频节奏
（1）小步跑：自喊口令练习，初步体会快节奏下的步频节奏，提高蹬摆动作的连贯性
（2）一字步：自喊口令练习，通过步频的变化进一步体会积极的步频节奏
（3）侧一字步：自喊口令练习，通过步频的变化巩固强化快节奏下的步频节奏
4. 深入体会，加强步频节奏
5. 分组站位，进行3种形式的比赛。比赛过程中，同学之间可以互相提示动作要领和比赛的要求
6. 分组进行50m快速跑比赛
7. 积极发言</td></tr>
<tr><td colspan="3">设计意图：运用30m跑比赛激发学生练习兴趣，在巩固正确跑姿的同时为后面的步频练习做好铺垫。借助敏捷梯练习，使学生进一步感知快节奏下的步频节奏，从而突破教学重难点。通过延伸接力的形式再次调动学生练习的热情，巩固步频节奏，纠正不良的跑姿。最后通过50m跑比赛检验所学技术动作。整个教学过程中采用量性评价标准，通过教师评价、师生互动评价等形式促使学生尽快掌握所学动作</td></tr>
</table>

续表

第四环节（10min）		
教学内容	教师活动	学生活动
体能游戏："齐心协力"（新授） 方法：全体学生围绕彩虹伞站好，通过教师的口令指导，全体学生抓住彩虹伞的边缘，与教师互动口令，统一完成上举、下放动作，有节奏地抖动彩虹伞 规则： 1. 抖瑜伽球时，不能将球抖出彩虹伞 2. 抖动海洋球时，要在限定时间内将球全部抖出彩虹伞	1. 教师讲解游戏方法与规则 2. 教师发口令，并组织学生原地体会动作 3. 分步骤组织学生游戏 （1）抖动瑜伽球 20 次 （2）抖出海洋球 4. 师生共同评价	1. 认真听讲，理解游戏方法与规则 2. 跟随教师的口令，徒手进行练习 3. 学生积极参与游戏，遵守规则 4. 师生共同评价
设计意图：发展学生上下肢、腰腹的力量以及相互配合的能力，培养团结协作的集体主义精神		
第五环节（3min）		
教学内容	教师活动	学生活动
1. 静力拉伸放松 以音乐为背景，进行关节韧带的拉伸放松 2. 总结本课练习情况 3. 留作业，下课，收器材	1. 教师示范动作，提示动作与呼吸要配合好 2. 小结本课练习和比赛情况 3. 作业：放学后和爸爸、妈妈一起观看田径比赛，或请爸爸、妈妈做裁判，与朋友、家人进行一次短跑比赛。教育学生爱护器材	1. 学生听音乐模仿练习 2. 认真听讲，查找不足 3. 帮助教师收器材
设计意图：通过静态拉伸让学生身体得到放松，然后带领学生回顾本节课的学习内容和动作要点，进一步巩固知识学习，发展运动认知		

（三）案例点评

本课的教学设计，充分体现了小学田径教学"以赛代练、练赛结合"的教学特点，通过 30m 争先跑比赛、接力跑比赛、50m 快速跑比赛，在激发、巩固和检验中提升学生的跑动能力。教学中借助敏捷梯，让学生深入体会感知途中跑的步频节奏，从而突破教学的重难点。本课将“融合性的专项准备活动”“步频节奏的针对性练习”“上下肢协调发展的体能游戏”贯穿始终，体现了田径教学需要变换形式和要素进行练习的要义，体现了跑是集速度、柔韧性、灵敏性、力量、协调性、耐力综合一体的项目特性。同时，学生在轻松快乐的氛围下学习，培养了拼搏进取、勇于竞争的意志品质和团结协作的集体主义精神。

案例提供：魏亮（北京市史家小学通州分校）
点评专家：潘建芬（北京教育学院）

案例6　跑动中跨越障碍

授课对象　四年级

（一）案例设计思路

1. 学习内容的价值与特点

（1）价值：跑动中跨越障碍是一项有难度、有实用价值的综合性运动。要做到跑动中快速地跨越障碍，需要身体各部位的良好控制和配合。跑动中跨越障碍对于增强小学生速度、力量、协调性等素质，提高时间和空间判断、分析能力有很大帮助，同时还可以培养学生勇于克服困难、拼搏进取的精神。

（2）特点：跑动中跨越障碍需要跨越一定远度和高度的障碍，基本要求就是后蹬充分，跳起后保持身体平衡。在实践中，跨越远度和高度的动作方法类似，但是用力方向和要求有显著区别。学生要根据障碍的远度和高度，结合自己的实际能力做出正确的判断，这一点更需要在实践中不断总结经验。所以说，跑动中跨越障碍是技能、体能和智力的综合体现。

2. 整体设计思路

本设计根据学生的身心特点和认知规律，将安全放在首位，充分利用了安全系数较高的小体操垫子作为教具。通过横向摆放、纵向摆放、立放等形式设置障碍，进行多种层次、多种难度的练习。学生可根据自己的水平选择练习。通过小组内、小组间共同讨论解决问题来不断提高跨越障碍的技巧。本课学生在团结、协作、共勉的氛围中逐渐掌握跑动中跨越障碍的基本动作。

（二）案例呈现

<table>
<tr><td>内容</td><td colspan="2">1. 田径：跑动中跨越障碍（新授）
2. 游戏：合作运物接力</td></tr>
<tr><td>目标</td><td colspan="2">1. 认知目标：学生能够用正确的术语描述障碍跑中涉及的动作、器材等；认识到跑动中跨越障碍的实用价值和锻炼价值
2. 技能目标：
（1）80% 的学生能够熟练运用跑跳结合的方式顺利通过障碍
（2）游戏中学生能够运用双人配合的方式快速、安全地搬运障碍
3. 体能目标：增强学生的下肢力量，重点发展速度、灵敏性和协调性等素质
4. 情感目标：培养学生坚决果断的意志品质，以及团结合作、勇于竞争的意识</td></tr>
<tr><td>重难点</td><td colspan="2">重点：跑动中单脚起跳通过障碍
难点：跑跳结合，动作连贯协调</td></tr>
<tr><td colspan="3">第一环节（5min）</td></tr>
<tr><td>教学内容</td><td>教师活动</td><td>学生活动</td></tr>
<tr><td>1. 集合、整队、报数
2. 师生问好
3. 宣布本课内容
4. 安排见习生
5. 检查服装、物品安全
6. 队列练习：向左、右、后转</td><td>1. 提前到上课地点
2. 立正、面对学生
3. 讲话清楚、简练
4. 根据情况，合理安排
5. 教师提示检查，如学生是否随身携带坚硬物品等
6. 教师提示要领，指导学生练习</td><td>1. 铃声响，学生迅速集合
2. 目视教师，声音洪亮
3. 精神集中，听清内容
4. 服从教师安排，做适合活动
5. 学生自查
6. 三面转法练习</td></tr>
<tr><td colspan="3">设计意图：在安全检查中重点培养学生运动中的安全意识，让学生养成运动前做好运动安全防护的习惯</td></tr>
</table>

续表

第二环节（10min）		
教学内容	教师活动	学生活动
1. 垫上热身操（音乐伴奏）	1. 指导学生按照小垫子摆放的位置站队，然后播放音乐。教师领操	1. 学生每人 1 块小垫子，迅速找位。认真观察教师动作，积极练习
2. 专项游戏：“跳上跳下” 方法：学生面对小垫子站立，跟随节奏进行双脚、单脚的跳上、跳下练习	2. 教师指导学生练习 （1）教师讲解游戏方法并示范 （2）教师巡视指导，强调跳起后落地屈膝缓冲	2. 学生选择合适的距离练习 （1）认真观察示范，然后跟随音乐节奏进行练习 （2）练习 8~10 次
设计意图：运用轻快的音乐创造学习氛围，调动学生练习的热情。通过游戏“跳上跳下”，让学生体会落地屈膝缓冲，为主教材学习做好铺垫		
第三环节（12min）		
教学内容	教师活动	学生活动
跑动中跨越障碍：“攻关” 第一关：无障碍快速跑 第二关：跨过横向摆放的小垫子 第三关：跨过纵向摆放的小垫子 动作口诀： 跨越障碍单脚起 折叠前摆要积极 重心起伏须平稳 依次落地要牢记 第四关：跨越立起摆放的小垫子 第五关：连续跨越 2 个障碍	1. 教师语言导入无障碍快速跑 2. 教师指导学生利用小垫子摆放障碍，并设疑：如何在跑动中快速通过所设障碍 3. 教师协助学生总结跨过横向摆放的障碍的方法。然后指挥学生纵向摆放小垫子，指导学生练习 4. 教师协助学生总结跨越横向、竖向摆放的小垫子的方法。然后组织学生将小垫子立起摆放，并指导学生练习 5. 教师引导学生进行连续跨越障碍的练习	1. 学生分组，按照规定路线进行无障碍快速跑 2. 学生把本组第一块小垫子横向打开，然后 4 人 1 组练习 8~10 次 3. 学生谈自己跨越横向摆放的小垫子的方法，然后把本组的第二块小垫子纵向摆放，并练习 8~10 次 4. 学生积极发言，认真总结，然后按要求调整好小垫子。以组为单位练习 5~8 次，一边练习一边互相交流经验 5. 学生分组进行连续跨越障碍的练习 3~5 次，组内相互交流跨越障碍的体会和技巧

续表

<table>
<tr><td>第六关：自主设计2个障碍组合，跨越练习
第七关：连续跨越3个障碍
第八关：展示综合实力“接力比赛”</td><td>6. 教师启发学生自主摆放障碍
7. 教师巡视指导
8. 组织学生进行跨越障碍比赛3~5次
9. 小结练习情况</td><td>6. 学生根据本组实际水平设计障碍，并练习3~5次
7. 学生自由组合障碍练习5~8次
8. 学生运用已学会的动作进行比赛2~3次</td></tr>
<tr><td colspan="3">设计意图：本环节练习采用了“攻关”的形式，通过逐步增加难度来调动学生兴趣。学生通过独立思考、互相交流、集体讨论，总结和提炼出最佳的跨越障碍方法，并在实践中进行验证。在整个教学过程中达到思维与身体运动的有机结合，促使学生身心全面发展</td></tr>
<tr><td colspan="3">第四环节（10min）</td></tr>
<tr><td>教学内容</td><td>教师活动</td><td>学生活动</td></tr>
<tr><td>体能游戏：合作运物接力
方法：学生2人1组持一块小垫子，按指定路线到规定地点将实心球放到小垫子上合作运回到起点处，如此循环进行，最先完成的组为胜
规则：必须双人配合搬运，实心球不能落地。如落地，要从失误处重新开始</td><td>1. 教师讲解游戏方法、规则，然后组织比赛
2. 教师强调比赛规则，增加难度，同时运送2个实心球
3. 启发学生讨论合作搬运中双人配合的技巧
4. 继续指导学生比赛
5. 小结练习情况</td><td>1. 学生集中听讲，分组练习和比赛1~2次
2. 学生2人1组，继续练习3~5次
3. 学生积极发言，总结经验
4. 学生自主调整本组队员的站位顺序，然后比赛3~5次</td></tr>
<tr><td colspan="3">设计意图：本环节利用小垫子和实心球设计了双人合作搬运的游戏，将提高灵敏性、速度、协调性等身体素质的练习融入其中，同时使学生深入体会同学之间合作、团结的重要性</td></tr>
<tr><td colspan="3">第五环节（3min）</td></tr>
<tr><td>教学内容</td><td>教师活动</td><td>学生活动</td></tr>
<tr><td>1. 集合、放松：垫上拉伸放松
2. 总结本课练习情况
3. 留作业，下课，收器材</td><td>1. 教师示范，坐在小垫子上，单手和双手做拉伸动作，配合呼吸放松
2. 小结本课练习和比赛情况
3. 作业：观察如何通过生活中的不同障碍</td><td>1. 学生跟随教师听音乐练习
2. 学生集中听讲
3. 帮助教师收器材</td></tr>
<tr><td colspan="3">设计意图：通过拉伸让学生得到充分放松，通过作业让学生体验所学动作的实用价值</td></tr>
</table>

（三）案例点评

本课的设计根据学生年龄特点，采用了具有挑战性的游戏“攻关”来激发学生的兴趣，每到 1 个“关口”，学生都会通过亲身体验和总结来逐渐掌握跨越障碍的技术动作。同时，在本课的教学中，垫子的一物多用得到了充分的体现，从准备活动的垫上热身操到基本部分的跨越不同形式的障碍，以及游戏都紧紧围绕着小体操垫子进行。学生在本课中一直是按照“思考—实践—总结—提炼—再实践”的螺旋式上升的方式进行学习，促进了各方面的素质均衡发展。

案例提供：李震（北京市房山区长阳小学）
点评专家：郭玉东（北京市房山区教师进修学校）

案例7　跨越式跳高

授课对象　五年级

（一）案例设计思路

1. 学习内容的价值与特点

（1）价值：跨越式跳高是发展学生下肢肌肉力量、爆发力及韧带柔韧性的技巧性练习。通过跨越式跳高教学，能够提高学生下肢单侧爆发力，增强学生在跳高动作过程中保持身体稳定性的控制力，提升小学生整体的动力链传递效能，降低多余能量消耗。

（2）特点：跳跃能力是人体的基本运动能力之一。在小学教学过程中，弹跳部分占有相当大的比例。跨越式跳高是个技巧性动作，在练习的过程中能够增加练习的趣味性，提高学习的积极性。同时，它还是下肢爆发力练习的重要方法。跨越式跳高不仅仅是用横杆作为限制，也可以采用多种不同高度的障碍物进行教学和实践。它是跳跃内容中层次相对较高的跳跃动作，主要使学生掌握步伐调整后单腿蹬地起跳的能力。

2. 整体设计思路

结合“水平三”学生的生理、心理以及年龄特征，本设计更多是以“闯关与竞赛”的形式来激发学生参与学练的兴趣，利用分组的形式进行单人的基本技术比拼。练习中，学生可以根据自己的跳跃能力自由调节高度，既深入领会过杆后摆动腿内旋下压的动作，又体验到跨越式跳高的完整技术。本节课除了注重提高学生跳跃能力，还有意识地培养了学生自我调控、自我判断、协作互助的能力。

（二）案例呈现

<table>
<tr><td>内容</td><td colspan="2">1. 田径：跨越式跳高（第三次课）
2. 体能游戏：“穿越火线”（新授）</td></tr>
<tr><td>目标</td><td colspan="2">1. 认知目标：学生清楚空中动作在跨越式跳高中的重要性，加深落地缓冲的安全保护意识
2. 技能目标：
（1）90% 的学生能够掌握过杆后摆动腿内旋下压的技术动作
（2）学生能够运用爬、跑、扭转等技术动作顺利完成游戏
3. 体能目标：发展学生身体的下肢爆发力、平衡性、协调性及躯干支柱力量
4. 情感目标：培养学生团结协作、不怕困难、敢于挑战的精神</td></tr>
<tr><td>重难点</td><td colspan="2">重点：过杆后摆动腿内旋下压
难点：腾空后身体姿态的控制</td></tr>
<tr><td colspan="3">第一环节（4min）</td></tr>
<tr><td>教学内容</td><td>教师活动</td><td>学生活动</td></tr>
<tr><td>1. 集合、整队、报数
2. 师生问好
3. 宣布本课内容
4. 安排见习生
5. 队列练习
（1）向前齐步走
（2）向左转走</td><td>1. 提前到上课地点
2. 面对学生问好
3. 宣布本课内容，语言简练
4. 根据情况合理安排
5. 教师利用“三字经”的形式来提示动作要领
山之巅，惠风荡
水之源，恩泽长
北大附，小学堂
阅百年，历沧桑</td><td>1. 听令指定地点集合，四列横队
2. 立正问好，声音洪亮
3. 精神饱满，认真听讲
4. 服从教师安排做适合的活动
5. 学生练习
（1）集体按常规练习 2~3 次
（2）用“三字经”的形式踏步练习 2~3 次</td></tr>
</table>

续表

<table>
<tr><td colspan="3">设计意图：队列练习以“三字经”的形式来提示动作的左右踏步，既让学生能够准确地踏步，同时又对学生进行了爱校教育</td></tr>
<tr><td colspan="3">第二环节（6min ）</td></tr>
<tr><td>教学内容</td><td>教师活动</td><td>学生活动</td></tr>
<tr><td>1. 韵律操
（1）振臂运动
（2）扩胸运动
（3）体转运动
（4）体侧运动
（5）弓步转体运动
（6）弓步正压腿运动
（7）弓步侧压腿运动
（8）踝腕关节运动</td><td>1. 指导学生四列横队散开
教师提示韵律操动作要点，并示范要点</td><td>1. 学生迅速散开成体操队形
学生随教师一起练习，动作准确、有节奏</td></tr>
<tr><td>2. 辅助练习
（1）小游戏：“开火车”方法：学生以组为单位前后站立。学生一手放在前面学生的肩上，一手握住后面同学伸过来的一条腿的踝关节。如此连接成一个“小火车”。游戏开始，整个组共同向前跳跃，先到终点的组为胜
（2）上步直腿摆动练习</td><td>2. 教师讲解方法，组织练习
（1）教师讲解游戏方法，强调规则：行进过程中必须手脚相连。同学之间不得推、拉同伴，大家齐心协力向前。如有同伴摔倒，要立刻松手避开
（2）教师带领学生练习两腿依次摆动落地</td><td>2. 学生按游戏要求站队
（1）学生以组为单位练习、比赛 3~5 次
（2）学生分散练习 8~10 次</td></tr>
<tr><td colspan="3">设计意图：通过小游戏“开火车”，学生既学会了单腿连续蹬地发力，又增强了团结协作意识。通过上步直腿摆动练习，学生复习了上一节课的主要内容，为接下来的主要教学内容的学习打下基础</td></tr>
</table>

续表

第三环节（19min）		
教学内容	教师活动	学生活动
跨越式跳高（第三次课） 动作口诀： 助跑节奏慢到快 踏跳用力直腿摆 依次过杆要内旋 屈膝落地缓冲好	1. 教师指导学生复习上节课主要内容，提示：两腿摆动依次过杆，可对皮筋高度进行调节 2. 教师结合部分学生在中间高度的位置出现了触碰皮筋的情况，讲解并示范原地摆动腿内旋下压动作 3. 教师出示“小脚丫”，指引学生按“小脚丫”摆放的角度进行摆动腿内旋下压 4. 教师巡视指导 5. 择优展示，评价 6. 教师出示动作展板和口诀，并强调动作要领 7. 增加难度：在皮筋上系上小铃铛 8. 教师总结本节课的重难点	1. 学生根据自身能力的高低来调整皮筋高度，练习 5~8 次 2. 学生认真听讲，模仿教师动作 8~10 次 3. 学生进入场地，按照“小脚丫”方向进行摆动腿内旋下压的完整动作练习 5~8 次 4. 学生调整皮筋高度，继续练习 5~8 次 5. 学生认真观察，评价 6. 学生读诵展板上的口令，理解要领 7. 教师设置 4 种不同的高度，学生打破小组的限制，选择适合自己的不同高度进行练习 8. 各组推选 1~2 名动作技术比较好的同学进行展示，并进行小组间的互评和教师点评
设计意图：本环节通过小口诀方式让学生精准记住动作要领，运用“小脚丫”贴图的方式更为直观地提示学生落地脚尖位置。通过放置小铃铛来激发学生兴趣，提示学生要注意摆动腿内旋下压，提高动作质量		

续表

<table>
<tr><td colspan="3">第四环节（8min ）</td></tr>
<tr><td>教学内容</td><td>教师活动</td><td>学生活动</td></tr>
<tr><td>体能游戏：“穿越火线”（新授）
方法：学生分 4 组，面对跳高场地的皮筋站好。比赛开始，第一名学生沿着垫子方向快速手脚爬行，穿过“火线”（皮筋）后摸中间的跳高架杆，然后快速跑回本队。如此循环，哪组在规定的时间内完成的次数最多，则哪组获胜
规则：
1. 不抢跑，必须击掌后，下一位同学才能出发
2. 在比赛过程中碰到“火线”（皮筋）的学生则视为失败，立刻跑回队尾</td><td>1. 教师讲解游戏方法及注意事项
2. 教师组织学生分组，并指导尝试做游戏
3. 教师指导比赛
4. 增加难度：改变爬的姿势或者是降低皮筋高度，继续练习和比赛
5. 小结练习情况</td><td>1. 学生集中听讲
2. 学生分 4 个组练习 1~2 次
3. 学生练习、比赛 2~3 次
4. 学生练习 1~2 次，比赛 3~5 次
5. 学生积极发言，谈自己比赛的感受</td></tr>
<tr><td colspan="3">设计意图：在游戏环节充分利用了跳高场地进行“爬行比赛”，既发展了学生的上肢肌肉力量和躯干支柱力量，同时也树立了团队精神</td></tr>
<tr><td colspan="3">第五环节（3min ）</td></tr>
<tr><td>教学内容</td><td>教师活动</td><td>学生活动</td></tr>
<tr><td>1. 放松练习
（1）大腿后侧静态拉伸
（2）大腿内侧及外侧静态拉伸
（3）弓步转体静态拉伸
2. 总结本课练习情况
3. 留作业，收器材</td><td>1. 教师在音乐的伴奏下带领学生放松练习
2. 教师小结本课的练习和比赛情况
3. 作业：各种方式的跳跃 20 次</td><td>1. 学生听音乐练习，每个动作尽量保持一定的拉伸时间
2. 学生集中听讲
3. 帮助教师收拾、摆放器材</td></tr>
<tr><td colspan="3">设计意图：通过对指定肌肉与关节进行放松练习，可以让学生能够更加清晰地认识跨越式跳高所锻炼的肌肉与关节部分</td></tr>
</table>

（三）案例点评

本课根据学生的年龄特点与掌握以前所学动作的情况，采用了小口诀、小图形（小脚丫）、小物件（小铃铛）等形式来提高学生掌握跨越式跳高摆动腿内旋下压的动作技术，让学生更加积极主动地学习。

在教学中，让学生选择适合自己的不同高度进行练习，关注学生的个体差异性。通过小组间的展示、小组之间的比赛激发学生的竞争意识。充分利用现有场地设计游戏，与主要教学内容形成互补，在锻炼上肢肌肉力量的同时，放松下肢肌肉。

案例提供：李少新（北京大学附属小学）
点评专家：马立军（北京大学附属小学）

案例8　单手肩上掷远

授课对象　五年级

（一）案例设计思路

1. 学习内容的价值与特点

（1）价值：投掷是人体基本活动能力之一，在日常生活、生产劳动、娱乐活动中具有很高的实用价值。学习单手肩上掷远能够发展学生的上肢力量及助跑投掷能力，促进骨骼、肌肉、韧带的发展，提高身体的协调性与灵敏性。

（2）特点：单手肩上掷远动作要点是肩上屈肘向前，蹬地、收腹、上步要连贯，全身协调用力，快速挥臂似抽鞭。所以在练习时要重视学生左右肢体的均衡发展，同时还要充分考虑场地和器材的安全使用问题。

2. 整体设计思路

教学过程中要建立平等、和谐的师生关系，充分发挥学生的自主性，加强学法的指导，为学生创造合作学习的氛围。通过变换不同的教学方式，唤起学生的学习热情，激发学生的运动兴趣。同时注意因材施教，兼顾学生个体差异，使每个学生都有机会体验到成功。采用多元化评价方式，最大限度地激发学生兴趣，使课堂气氛和谐、活跃。

（二）案例呈现

<table>
<tr><td>内容</td><td colspan="2">1. 投掷：单手肩上掷远（复习）
2. 游戏：“同舟共济”</td></tr>
<tr><td>目标</td><td colspan="2">1. 认知目标：学生了解投掷运动的基本知识和动作术语，以及投掷运动的锻炼价值
2. 技能目标：
（1）85% 以上的学生掌握正确的单手肩上投掷方法，并能够在比赛和游戏中运用
（2）学生在游戏中能够相互配合，共同行进
3. 体能目标：发展学生上下肢、腰腹部肌肉力量及灵敏性、协调性，提高投掷能力
4. 情感目标：培养学生团结合作、拼搏进取的精神，以及遵守纪律、服从统一指挥的集体意识</td></tr>
<tr><td>重难点</td><td colspan="2">重点：肩上屈肘向前，蹬地、收腹、上步、挥臂的动作连贯
难点：蹬地、收腹、上步的动作连贯</td></tr>
<tr><td colspan="3">第一环节（3min）</td></tr>
<tr><td>教学内容</td><td>教师活动</td><td>学生活动</td></tr>
<tr><td>1. 体委整队报数
2. 师生问好
3. 宣布本课内容、任务
4. 安排见习生
5. 队列练习：原地转法，齐步走—立定</td><td>1. 观察并接受体委报告
2. 问候语：“同学们好！”
3. 介绍本课内容及任务
4. 根据情况合理安排
5. 提示动作要领、发口令，根据情况鼓励并指出改进的地方</td><td>1. 体委整队并报告人数
2. 向教师问好
3. 认真听清本课内容及任务
4. 服从教师安排
5. 听清动作要领，随教师口令练习</td></tr>
<tr><td colspan="3">设计意图：本环节培养学生的组织性、纪律性，同时对学生进行文明礼貌教育</td></tr>
<tr><td colspan="3">第二环节（7min）</td></tr>
<tr><td>教学内容</td><td>教师活动</td><td>学生活动</td></tr>
<tr><td>1. 双人操
（1）推手
（2）压肩
（3）拉肩
（4）搭肩踢腿
（5）背一背</td><td>1. 指导学生散开
（1）教师提示每节操的要领，关键环节示范
要求：双人合作，动作认真、注意安全
（2）巡视指导</td><td>1. 成体操队形散开
（1）听清动作要求，按口令练习
（2）学生 2 人 1 组，散开练习</td></tr>
</table>

续表

<table>
<tr><td>2. 专项练习
肩上屈肘挥臂鞭打练习，体会挥臂、抖腕的鞭打动作；强调肘关节向前，必要时可以做一手扶肘的挥臂练习</td><td>2. 专项练习
（1）示范并强调动作要领
（2）指导纠正</td><td>2. 专项练习
（1）听清动作要领
（2）徒手模仿练习</td></tr>
<tr><td colspan="3">设计意图：通过双人操充分活动身体各部位，达到热身目的。通过专项练习为基本内容的学习做好铺垫</td></tr>
<tr><td colspan="3" align="center">第三环节（18min）</td></tr>
<tr><td align="center">教学内容</td><td align="center">教师活动</td><td align="center">学生活动</td></tr>
<tr><td>投掷：单手肩上掷远
要点：肩上屈肘向前，蹬地、收腹、上步要连贯，全身协调用力好，快速挥臂似抽鞭
重点：肩上屈肘向前，蹬地、收腹、上步、挥臂的动作连贯
难点：蹬地、收腹、上步的动作连贯</td><td>1. 教师和学生一起复习原地正面单手投掷动作，强调动作要领，学生自己确定左右手投掷
2. 教师讲解并示范：原地正面上步单手肩上掷远
3. 教师指导学生分解动作
（1）肩上屈肘，肘向前
（2）引臂、展腹、背弓脚前伸
（3）蹬地、收腹、挥臂投
4. 指导学生分成 2 人 1 组，分解练习
5. 指导学生持球分解练习
6. 学生演示，教师点评
7. 提出新的要求：把分解动作（2）、（3）合并为口令（2），并示范动作
8. 讲解掷远比赛方法和规则
9. 统计分数，鼓励表扬</td><td>1. 学生和教师一起复习动作，并做徒手练习
要求：肩上屈肘向前，蹬地、挥臂、抖腕动作连贯
2. 认真听清动作要领
3. 学生按口令徒手模仿练习
4. 第三排、第四排后转，前后 2 人 1 组练习。一人发口令，一人做，互相提示动作要领
5. 学生 2 人 1 组持球分解练习
6. 学生演示
7. 学生 2 人 1 组练习。要求：把分解动作（2）、（3）合并后动作要连贯
8. 学生比赛 3~5 次，互相评价
9. 分数高的学生展示</td></tr>
<tr><td colspan="3">设计意图：通过教师讲解、示范，学生通过分解练习—整合动作—完整体验—比赛竞争等形式，让学生循序渐进掌握所学动作。通过小组合作学习、比赛，激发学生练习兴趣，提高练习效果</td></tr>
</table>

续表

第四环节（9min）		
教学内容	教师活动	学生活动
游戏：“同舟共济“ 方法：简练地介绍一下游戏的方法，如：“船”是什么？怎么行进？ 规则： 1. 学生 3 人 1 条“船”，团结合作、同心协力、注意技巧 2. 当“船”靠岸后，学生才能下“船”。另一组学生才能继续比赛	1. 介绍游戏内容 2. 讲解游戏规则和注意事项，并严格强调安全 3. 发令，游戏开始 4. 组织，裁判、宣布比赛结果、鼓励表扬	1. 认真听讲 2. 认真听讲，领会 3. 开始比赛 4. 遵守规则、服从裁判，胜不骄、败不馁
设计意图：通过强调规则，培养学生团结协作、时刻注意安全的意识。在游戏中培养学生友谊第一、比赛第二的精神		
第五环节（3min）		
教学内容	教师活动	学生活动
1. 放松游戏：“流星雨” 2. 总结，下课 3. 留作业，下课，收器材	1. 教师引导学生自由抛接球，模仿流星雨 2. 总结并启发激励 3. 作业：自制轻物“纸球”练习掷远，提示安全练习	1. 学生随教师练习 2. 学生认真听讲 3. 学生记住作业，帮助教师收器材
设计意图：通过“流星雨”的情境激发学生的想象力、创造力，在美的意境中身心得到放松		

（三）案例点评

本课利用变换不同的教学方式激发学生练习兴趣，如为学生创造合作的氛围、让学生以小组的方式互帮互学等。比赛中照顾学生个体差异，设置不同远度和颜色的标志线，让每个学生通过自己的努力都能获得成功体验。通过学生自我评价、学生相互评价、教师评价等多元评价方式的运用，激发了学生的学习兴趣，让学生获得成功体验。

案例提供：韩朝松（北京市房山区窦店镇窦店中心小学）

专家点评：尤军（北京市房山区教师进修学校）

案例9　400m耐久跑

授课对象　六年级

（一）案例设计思路

1. 学习内容的价值与特点

（1）价值：400m跑主要是发展小学生的耐力素质，通过步频、步幅和呼吸的配合，能够改善学生的心肺机能。经常练习不仅对增强学生体质有积极作用，而且对培养学生顽强、坚毅、刻苦、耐劳等意志品质有重要意义。

（2）特点：400m跑的特点是运动量大、节奏性强，从整体上看是由起跑、加速跑、途中跑以及冲刺跑组成，不仅要求有奔跑的速度，还要求具备一定的耐力。400m跑是奔跑能力和意志品质的综合体现，所以合理分配体力与培养顽强的意志品质是教学的关键。

2. 整体设计思路

本设计自始至终把合理分配体力放在第一位，根据400m耐久跑节奏性强的特点，通过设置“限速牌”来调动学生练习的积极性。学生在跑动过程中根据“限速牌”调整自己的步频和步幅，在控制跑速的同时体会呼吸。此外，在每次练习后根据学生的成绩进行重新分组，借此提高竞争性。本课将技能、体能以及意志品质融合在教学过程中，使学生的运动能力和思维共同发展。

（二）案例呈现

内容	1. 田径：400m 耐久跑 2. 游戏：“齐心协力”
目标	1. 认知目标：清楚 400m 跑中合理分配体力和调整呼吸节奏的重要性，了解简单的混氧代谢运动项目的健身价值 2. 技能目标：90% 以上的学生能够合理分配自己的体力顺利跑完 400m，70% 以上的学生能够达到良好水平 3. 体能目标：增强学生的速度、耐力等身体素质，提高心肺功能 4. 情感目标：培养学生敢于挑战、拼搏进取的精神

续表

重难点	重点：步幅均匀，节奏清晰，呼吸自然有节奏 难点：合理分配体力	
第一环节（5min）		
教学内容	教师活动	学生活动
1. 集合、整队、报数 2. 师生问好 3. 宣布本课内容 4. 安排见习生 5. 队列练习 向后转走、向右转走	1. 提前到上课地点 2. 立正、面对学生 3. 讲话清楚、简练 4. 根据情况，合理安排 5. 教师提示要领	1. 体育委员整队，报告人数 2. 目视教师，声音洪亮 3. 精神集中、听清内容 4. 服从教师安排，做适合的活动 5. 学生集体练习
设计意图：通过队列练习提高学生的整体意识以及相互协作的能力		
第二环节（10min）		
教学内容	教师活动	学生活动
1. 图形跑 （1）圆形跑 （2）螺旋形跑 （3）蛇形跑 （4）四边形跑 （5）对角线跑	1. 领跑 教师讲解每个图形的跑步要点，例如，圆形跑时适当向学生渗透弯道跑的技术特点 要求：精讲要领	1. 跑成一路纵队 学生边慢跑边模仿教师动作 要求：认真观察教师动作，不得随意跑出队伍
2. 专项准备活动 （1）韧带拉伸 （2）站立式起跑开始的原地小步跑接高抬腿	2. 教师指导学生成体操队形散开 （1）教师示范讲解动作方法 （2）讲师巡视指导，提示动作要点	2. 体操队形散开 （1）听讲，认真观察教师示范 （2）练习 3 次
设计意图：通过图形跑让学生感受 400m 跑的动作特点和体力分配的重要性。通过站立式起跑开始的原地小步跑接高抬腿，巩固加速跑和途中跑的动作要点，为主要教学内容的学习做好铺垫		

续表

第三环节（12min）		
教学内容	教师活动	学生活动
400m 耐久跑 方法：采用站立式起跑，起跑后加速跑 20~30m 后，进入途中跑。途中跑动作技术与快速跑基本相同，只是蹬、摆的动作幅度要稍小，频率要稍低，更注重动作的省力和运动效果。动作轻快、放松、自然，身体重心较高、平稳；呼吸有节奏，一般两三步一呼、两三步一吸；跑速和体力分配合理，尽可能以最快的速度冲过终点 要点： 节奏稳定，动作协调，步幅均匀，呼吸有节奏，合理分配体力	1. 出示速度标志并提问：学生对各速度有哪些感受 2. 讲解各阶段速度跑的要求 （1）起跑和加速跑阶段 （2）途中跑阶段 （3）冲刺跑阶段 3. 组织学生练习 400m 跑 4. 引导学生谈跑的体会 5. 教师根据 400m 跑结果对学生重新分组，并指导学生练习 6. 教师讲解并示范途中跑的动作要点和呼吸方法 7. 选出优秀生进行展示、评价 8. 教师根据 200m 跑结果对学生重新分组，并指导学生练习 9. 对本次练习结果进行评价	1. 学生分组练习 1~2 次 2. 学生根据自身情况谈感受 3. 根据图片回答问题 4. 认真听讲，记清限制规定 5. 学生分组，然后练习 1 次 200m 跑，40~45s 限时节奏跑 6. 听讲观察，模仿教师呼吸的方式 7. 优秀生展示 1 次 8. 分组练习 400m 跑，1min30s~1min35s 限时节奏跑 9. 同学互评
设计意图：本环节练习形式安排了 200m 限时跑和 400m 限时跑，并根据每次练习的结果重新安排分组，旨在充分调动学生的比赛兴趣和竞争意识。通过摆放“限速牌”凸显 400m 跑合理分配体力的重要性		
第四环节（10min）		
教学内容	教师活动	学生活动
游戏：“齐心协力” 方法：分成 4 组，各组利用 3~4 块小垫子“铺路”前进，先到达终点者为胜	1. 教师讲解方法、规则 2. 指导学生练习 3. 总结比赛技巧	1. 认真听讲，记清游戏方法和规则 2. 学生分组练习 1 次 3. 学生积极发言

续表

规则：途中身体任何部位都不能触地，以人和小垫子全部过终点为胜	4. 指导学生比赛 5. 小结练习和比赛情况	4. 学生比赛 3~5 次 5. 积极发言，谈自己的感受
设计意图：本环节的设计突出了集体合作的重要性，并且要求个人要充分发挥自己的能力，并协调好周围的同伴，让学生明白“独木难成林”的含义		
第五环节（3min）		
教学内容	教师活动	学生活动
1. 集合、放松 双手合十，五指分开，叩打肢体进行放松 2. 总结本课练习情况 3. 留作业，下课，收器材	1. 教师示范手型、叩打方法，指出叩打身体的部位 2. 教师小结本课练习情况 3. 作业：原地高抬腿 30s 并配合呼吸变化，共 3 组	1. 学生 2~3 人一组相互放松 2. 学生集中听讲 3. 听清作业，帮助教师收器材
设计意图：学会简单的放松方法，认识到放松的重要性		

（三）案例点评

本课的设计根据 400m 跑节奏性强的特点，利用“限速牌”让学生体会耐久跑的速度和呼吸的配合。练习过程中，教师协助学生根据自己的实际水平选择不同的组别练习，让竞争更加公平和激烈。学生在不同情境的练习中领会 400m 跑的要领，培养不怕困难、顽强拼搏的精神，以及勇于挑战、超越自我的勇气。

案例提供：田苗（北京市房山区河北镇河北中心校）

点评专家：黄春秀（北京教育学院）

案例10 接力跑

授课对象 六年级

（一）案例设计思路

1. 学习内容的价值与特点

（1）价值：接力跑是奔跑与接力的完美结合。奔跑是个人能力的体现，接力是合作意识的培养。学生在高速运动当中能够体验到同伴之间默契配合的重要性。因此，在教学中可以通过各种形式的比赛，培养学生的奔跑、配合能力。

（2）特点：接力跑是发展学生快速奔跑能力和协作能力的最佳内容。此项内容竞争性强、激烈刺激、学生喜欢并乐于接受，在各级各类运动会中的应用也非常广泛。

2. 整体设计思路

本课设计以游戏化教学方法为主，将身体素质练习及技能掌握通过游戏的形式呈现出来，同时将心理层面的培养融入技能学习的过程中，促使学生身体和心理协调发展。根据传接棒的特点，在保证安全的前提下让学生体验所学动作在游戏和比赛中的合理应用，旨在培养学生的合作意识与相互交往能力。

（二）案例呈现

内容	1. 接力跑：上挑式交接棒（新授） 2. 体能游戏：“比比谁的速度快”
目标	1. 认知目标：清楚上挑式交接棒的动作要领，了解接力跑的实用价值；初步感知交接棒时的位置关系，了解传接手型的重要性 2. 技能目标：80% 的学生能够完成交接棒动作，并做到传接的位置准确；60% 的学生能够做到传接动作自然协调，传接棒的手型准确 3. 体能目标：增强学生的上下肢及腰腹力量，重点发展速度、灵敏性和协调性等素质 4. 情感目标：培养学生的安全意识和团结合作、勇于竞争的意志品质
重难点	重点：传接棒的位置 难点：传接棒的手型

续表

<table>
<tr><th colspan="3">第一环节（4min）</th></tr>
<tr><th>教学内容</th><th>教师活动</th><th>学生活动</th></tr>
<tr><td>1. 集合、整队、报数
2. 师生问好
3. 宣布本课内容
4. 安排见习生
5. 队列练习
原地三面转法、行进间三面转法</td><td>1. 提前到上课地点
2. 立正、面对学生
3. 讲话清楚、简练
4. 根据情况，合理安排
5. 教师提示动作要领，并示范</td><td>1. 铃声响后，四列横队集合
2. 目视教师，声音洪亮
3. 精神集中，听清内容
4. 服从教师安排，做适合的活动
5. 学生分 2 个层次练习
（1）集体按常规练习 2~3 次
（2）大声喊出“上、扣、转、踢……”</td></tr>
<tr><td colspan="3">设计意图：通过课堂常规对学生进行统一行动的集体意识教育，在队列练习时喊出关键字，调动学生情绪，营造良好的学习氛围</td></tr>
<tr><th colspan="3">第二环节（6min）</th></tr>
<tr><th>教学内容</th><th>教师活动</th><th>学生活动</th></tr>
<tr><td>1. 游戏：向左、向右、向前、向后
方法：以歌曲《向左向右向前向后》为背景音乐，学生听音乐做相应方向的跑步练习</td><td>1. 指导学生一路纵队跑成圆形
（1）教师讲解方法，并引领学生进行圆上跑步练习
（2）教师带领学生听音乐跑到相应位置</td><td>1. 学生集体练习
（1）学生按要求跑成圆形
（2）学生认真观察教师动作，在音乐伴奏下跑到相应位置</td></tr>
<tr><td>2. 专项练习：游戏“抓娃娃”
方法：学生每人 1 根泡沫接力棒，拇指与其他四指分开握住接力棒。然后松开手，待接力棒离开手后，迅速向下去抓住接力棒，单位时间内抓的“娃娃”多者为胜
规则：
1. 接力棒必须完全离开手才能去抓
2. 必须以拇指与其他四指分开的方式握接力棒</td><td>2. 教师指导学生站好队
（1）教师讲解练习方法，并示范
（2）教师指导，强调规则并计时
（3）教师巡视指导</td><td>2. 学生在圆形上站成一队
（1）学生认真观察示范，模仿
（2）集体练习，各自体验
（3）比赛 5~8 次</td></tr>
</table>

续表

<table>
<tr><td colspan="3">设计意图：通过歌曲《向左向右向前向后》为背景音乐的跑步练习，让学生热身和熟悉位置。通过“抓娃娃”游戏强化握棒手型，为主要教学内容的学习做好铺垫</td></tr>
<tr><td colspan="3">第三环节（18分钟）</td></tr>
<tr><td>教学内容</td><td>教师活动</td><td>学生活动</td></tr>
<tr><td>接力跑：上挑式交接棒（新授）
动作方法
方法：接棒人的手臂向后自然伸出，掌心向后，拇指与其他四指自然张开，虎口朝下，传棒人将棒由下向前上方挑送入接棒人手中</td><td>1. 教师讲解上挑式传接棒方法，请学生配合教师示范
2. 强调传接棒的位置与手型练习：1—4 原地跑步；5—8 传棒，人向右，左手向左前伸；2—4 原地跑步；5—8 接棒，人向左，右手在侧后方。以上动作重复，8 个八拍为 1 组
3. 讲解合作前行练习方法：前后 2 人 1 组，1 人接棒姿势握棒，1 人传棒（80cm 泡沫棒），合作前进
4. 持棒在圆上练习，逆时针方向，教师巡视
5. 比赛（评价）：“比比谁的分数多”，四步法练习
（1）接棒姿势
（2）倒棒换手
（3）传棒姿势
（4）还原
6. 协助学生分成 4 组进行交接棒练习
7. 指导纠错。方法：全体同学握住皮筋在圆上慢跑，固定手型
8. 学生分成 4 组进行传接棒练习
9. 小结练习情况</td><td>1. 学生仔细观察，认真听讲
2. 学生站在双圆上，逆时针方向集体练习 2~3 次
3. 2 人 1 组，在圆上逆时针方向练习，左右手交替练习 3~5 次，由慢到快
4. 学生 3~4 人 1 根泡沫棒，在圆上由慢到快循环练习交接棒
5. 学生在圆上练习 3~5 次，听清教师口令，迅速做出相对应的动作，每做出 1 个动作，积 1 分
6. 学生在圆上分成 4 组，每组 1 根泡沫棒进行传接棒练习
7. 集体在圆上逆时针方向握皮筋慢跑，左右手交替 2 次
8. 学生集体在圆上练习 3~5 次
9. 学生回忆动作要点</td></tr>
<tr><td colspan="3">设计意图：本环节充分运用 80cm 的泡沫棒，既保障安全又增加了练习的密度。在圆形场地上针对动作重难点安排了多种练习形式，充分调动学生的练习积极性，提高教学效果</td></tr>
</table>

续表

第四环节（8min）		
教学内容	教师活动	学生活动
体能游戏：“比比谁的速度快”（复习） 方法：学生在圆上站队，分成 4 组。游戏开始后，由各组排头在原地做 5 个立卧撑，然后迅速向后转，“S”形绕过本组同学，到达队尾后与前面同学击掌，待本组第二排头完成击掌后迅速做立卧撑。以此方式循环练习，待大排头完成击掌后，举手示意完成游戏 规则： 1. 必须绕着“S”形跑，不得躲过去 2. 后面的同学必须完成击掌后方可继续游戏，不得抢跑	1. 教师介绍游戏方法、规则等 2. 教师组织比赛 3. 教师强调比赛规则，进行男女生对抗赛 4. 小结练习情况	1. 学生认真听讲 2. 学生分组比赛 1~2 次 3. 学生分男女生比赛 1~2 次 4. 积极发言
设计意图：游戏环节旨在发展学生体能，尤其是力量素质，同时将灵敏性、速度、协调性等身体素质的练习融入其中，提高学生的整体运动能力		
第五环节（4min）		
教学内容	教师活动	学生活动
1. 放松（复习）：在音乐的伴奏下做各种拉伸 2. 总结本课练习情况 3. 留作业，下课，收器材	1. 教师带领学生集体练习 2. 教师小结本课的练习和比赛情况，回顾知识点 3. 作业：原地摆臂练习 50 次，3 组。教育学生爱护器材	1. 学生随教师听音乐练习 2. 学生集中听讲，参与小结 3. 帮助教师收器材
设计意图：培养学生学会身体养护的知识与方法，增强运动认知		

（三）案例点评

本课的设计将运动技能、安全防范、运动养护、兴趣培养等融为一体，将游戏、比赛、竞争贯穿始终，体现了小学阶段田径教学“不需深教，但需常练，更需经常变换形式”的特点。教学中最大限度地使用了自制软式接力棒（长 80cm），既保障学生安全、降低了学生初学接力跑的学习难度，又增加了学生的练习密度。教学手段简单实用，不花哨，体现了小学田径教学“略深教，经常练，多形式”的特点，有效地增强了学生力量、速度、灵敏性、协调性等身体素质，培养了学生的体育养护意识和安全锻炼的运动习惯。

案例提供：殷剑明（北京市房山区河北中心校）
点评专家：陈雁飞（北京教育学院）

第二章 体操运动能力教学导读与优秀案例展示

【内容简介与课标链接】

体操运动历史悠久，内容丰富。体操通过徒手、器械完成单个或组合动作的方式，充分展示了人体的力与美。对于小学生而言，学习体操不仅有助于其良好体形体态的塑造，对于其发展爬、钻、滚动、滚翻等基本运动能力也非常重要。

《义务教育体育与健康课程标准（2011年版）》水平一至水平三部分的“课程内容”部分中规定的体操类内容非常广泛，包括队列与队形、基本体操动作、轻器械体操动作、个人与集体的舞蹈动作、韵律活动等，并随着学生年龄的增长提出了从动作完成质量、复杂程度到美感的不同要求。本章精选的10篇体操案例，包括“前滚翻”“后滚翻”“跪跳起”“肩肘倒立”等符合小学生身体特点的典型体操类教学内容。

第一节　体操运动能力教学导读

一、体操项目的锻炼价值

体操类活动是人体的基本活动之一，对于促进小学生身心全面发展具有重要作用。通过体操类活动的学练，不仅能有效地促进学生身体各器官、系统的协调发展，提高生理技能和身体生长发育水平，而且能有效地塑造良好的身体姿态和优美的身体姿势；不仅能学会基本的动作技术，为进一步学习和掌握体操运动项目打下基础，而且能在学练中体验到学习的乐趣，在合作交流、互帮互学中感受到同伴的友情。同时，体操类活动还可以培养学生勇敢、果断、坚强、自信的意志品质。

小学阶段的体操类活动包括队列与队形、基本体操、技巧、韵律活动和舞蹈、跳绳、支撑跳跃、低单杠动作等内容。

（1）队列与队形：是体操类活动的主要内容之一，是培养学生良好身体姿态、形成集体意识和行为、强化组织纪律性的重要形式和手段，是贯穿小学各个年级重要的学习内容，一般在课的开始部分进行集体的练习。学生队列与队形完成情况可以反映出教师日常教学能力，是教学基本功的体现。通过学练，能提高学生注意力、观察力、自制力和动作思维能力。

（2）基本体操：包括徒手操和器械操，可以全面锻炼学生身体，促进身心全面发展，在促使学生身体协调发展，矫正不良姿态，增强骨骼、肌肉、韧带力量等方面，都具有独特的作用。基本体操能培养学生朝气蓬勃的精神面貌，增强自我表现力，培养合作意识、陶冶美的情操。教学中，一般在课的准备活动中运用较多，很多教师也将身体功能性练习、基本技能融入其中，为基本部分的学习做好铺垫。

（3）技巧：也叫“垫上运动”，是小学生非常喜欢的运动项目，对促进学生生理、心理的健康发展有重要的作用。通过练习，可以增强肌肉力量及关节、韧带的柔韧性，发展身体的协调性和灵敏性，提高平衡能力。教学中，教师可以根据学习内容与现实生活和体育锻炼相结合，体现教学内容的使用价值。

（4）韵律活动和舞蹈：是在音乐的伴奏下培养学生身体基本活动能力的一项活动，其内容丰富，形式多样。韵律活动可以采用单一动作、组合动作、成套动作、即兴动作等形式。对小学生可以起到健身、健心的作用，发展学生的协调性、柔韧性和动作节奏感、表现力，陶冶情操。

（5）跳绳：是一项老少皆宜、简便易行、锻炼价值较大的体育活动。经常练习跳绳，可以促进人体运动器官和内脏功能的发展，有助于保持体态健美，提高反应能力和心肺功能，增强腿部、肩带力量，发展灵敏性、协调性、耐力等身体素质。跳绳的方法多种多样，不受场地限制，具有很强的挑战性。

（6）支撑跳跃：是器械体操项目之一，是一项借助支撑跳跃的练习锻炼身体的活动，包含了跑、跳、撑（推）、落等动作。在教学中，教师要以技能学习为主，以各种支撑跳跃的能力练习为辅，将发展支撑跳跃能力的练习与支撑跳跃技术的学习相结合。

（7）低单杠动作：是在低单杠上做各种悬垂与支撑的游戏和锻炼身体的方法，通过简单的支撑、悬垂、摆动等动作，全面锻炼学生的身体，发展学生的肌肉力量及柔韧性、灵敏性、协调性等体能，培养学生勇敢、刻苦、不怕困难的精神。

二、体操运动项目特性

1. 小学阶段的体操内容由易到难，符合学生身心发展的特点

小学阶段的体操内容从基本的滚动、滚翻到器械（单杠动作、双杠动作、支撑跳跃）等，依据学生身心发展的特点进行，深受学生喜爱，而且练习的形式、内容丰富，重点使学生树立良好的体操意识和安全意识，提高基本运动能力。

2. 具有较强的锻炼价值，能全面提高学生的身体素质

小学阶段的体操教学能有效、全面地发展学生身体素质，特别是对学生的灵活性、

协调性、灵敏性及时间感、空间感有很好的促进作用，能全面、有重点地锻炼身体。

3. 保护与帮助是体操运动的重点教学内容

保护与帮助是体操教学特有的，保护与帮助的方法是每位体育教师必须掌握的最基本的教学方法和辅助技能。教师不仅要自己会，还必须指导学生掌握。在初学动作时，需要师生间、同伴间的帮助；待基本掌握后，需要同伴间进行保护。由此可见，保护与帮助运用的时机也是有所不同的。

4. 体操具有一定的艺术性和表现性

体操运动带来的是美和力量的展示，能够有效地纠正不良的身体姿态，并通过身体姿态展示美。在教学中，教师要充分利用这一特性，通过优美的示范、展示等，让学生具有初步的体操意识，能够在自己的生活中有意识地进行学习和锻炼，指导自己或家人培养良好的身体姿态。

5. 体操教学要有创新意识

在学生掌握基本的技能后，教师要引导学生开拓思路，将所学技能与生活实际相结合，创设一定的运动情境，体验学以致用。另外，教师要注意要求学生不能大意，注意安全防范，提高练习兴趣，发挥自主练习积极性。

三、体操专项运动能力的构成

（1）身体素质方面：体操运动技能的掌握需要身体多个部位的协调用力，锻炼的部位也会因动作而有所变化。例如，跪跳起需要较强的腰腹力量，仰卧推起成桥需要较好的柔韧素质，单杠则需要较强的支撑力量。因此在教学中教师既可以有重点的侧重，也可以全面发展。体操是力与美的体现。

（2）身体机能方面：体操运动能有效改善学生心血管机能，通过动静相结合的练习，可以促进学生自我调控，调整练习节奏和速率，调整空间感、时间感，促进身体的发展。

（3）意志品质方面：体操运动内容丰富，形式多样，深受学生喜爱，且具有很好的欣赏价值。因此在教学中，教师要注意引导学生感受同伴间合作交流、互帮互学的品行，更要注重培养学生勇敢、果断、坚强、自信的意志品质，引导学生学会欣赏，学会锻炼。

四、小学生发展体操专项运动能力的教学原则

1. 注重发展相关体能

体能是运动能力的外在表现之一，是提升运动能力的基础。因此，体能的提高对学生掌握体操技能有很好的作用。教学中教师结合项目的特点，注重发展与体操相关的体能，例如发展学生的腰腹力量、灵敏性、协调性、平衡能力等素质，并结合学生的发展不断提高要求。体能练习可作为课课练或辅助教学内容，在掌握技能的同时提高体操课的运动负荷，能够做到课上、课外、家庭作业相结合，帮助学生养成锻炼习惯。

2. 注重遵循教学原则

在教学中，教师要遵循体育教学原则，根据体操运动的特点，循序渐进地引导学生掌握技能，给学生更多自主学习的机会和时间，让学生在体验中学会动作，掌握技能。

3. 注重保护与帮助

保护与帮助是体操教学特有的，是教学的重点内容之一，教学中要尽量做到人人都练习，个个会保护。同时要注意培养学生相互观察与分析问题的能力，同伴间能够找到问题并给予动作提示。

4. 养护与锻炼并重

体操教学中动静相结合的动作较多，例如，仰卧推起成桥后，学生基本上处于静止状态。练习一定次数后，教师要引导学生放松一下身体，使肌肉感觉恢复到最佳状态。课前认真检查所用器械的牢固性、安全性，要制订具体的保护帮助措施，严肃课堂纪律，避免危险。

5. 课内与课外相结合

对于能力较弱或胆小的学生，教师在课堂上要多鼓励，尽量创设不同的练习要求，树立信心。同时也可以留作业，重点提高某一方面的身体素质，通过体能的发展促进技能的提高。

第二节　体操运动能力优秀案例展示

本节中的 10 篇体操类教学案例的知识点分布如表 2 所示。

表2　体操类教学案例的知识点分布

具体教学内容	技巧类	器械类
水平一	11. 前滚翻 12. 仰卧推起成桥 13. 仿生动作	—
水平二	15. 跪跳起 16. 后滚翻 17. 有人扶持手倒立	14. 跳上成蹲撑—起立—挺身跳下
水平三	18. 侧手翻 20. 肩肘倒立	19. 单杠——跳上正撑前翻下

案例11　前滚翻

授课对象　一年级

（一）案例设计思路

1. 学习内容的价值与特点

（1）价值：前滚翻是技巧的基础动作，也是一种自我保护的方法。通过练习能够训练学生身体协调性、准确性和平衡能力，发展学生柔韧性、灵敏性等素质，培养学生勇敢、果断等优良品质，促进学生身心协调发展。

（2）特点：前滚翻是许多运动项目练习的辅助性手段，动作由头部（枕骨）开始，经颈、肩、背、腰、臀等身体部位绕横轴依次触垫的动作方法，是为今后二年级的连续前滚翻打基础。

2. 整体设计思路

根据一年级学生的年龄、身体特征，他们具有好动、好玩、好思考、模仿力强、注意力易分散等特点。因此，本课设置了让学生容易接受的内容，采用情境式教学，通过层层铺垫，让学生在玩中掌握基本的运动技能，培养学生的想象力及自我表现欲望，带动学生自觉主动地参与练习。

（二）案例呈现

<table>
<tr><td>内容</td><td colspan="2">1. 技巧：前滚翻
2. 游戏："小刺猬采果子"</td></tr>
<tr><td>目标</td><td colspan="2">1. 认知目标：初步了解前滚翻不仅是一项身体技能的学习，还是一项自我保护的方法
2. 技能目标：学习前滚翻动作技术，体会抱紧身体成球状完成滚翻动作
3. 体能目标：发展学生身体的灵敏性、柔韧性、协调性等身体素质，提高身体的基本活动能力
4. 情感目标：建立良好的协作关系，树立安全意识，培养学生团结友爱的集体观念</td></tr>
<tr><td>重难点</td><td colspan="2">重点：低头、提臀、团身
难点：滚动圆滑，方向正，动作协调</td></tr>
<tr><td colspan="3">第一环节（5min）</td></tr>
<tr><td>教学内容</td><td>教师活动</td><td>学生活动</td></tr>
<tr><td>1. 集合、整队、报数
2. 师生问好
3. 宣布本课内容
4. 安排见习生
5. 队列练习
（1）原地踏步，立定
（2）三面转法</td><td>1. 提前到上课地点
2. 立正、面对学生
3. 讲话清楚、简练
4. 根据情况，合理安排
5. 教师提示要领</td><td>1. 体育委员整队，成四列横队
2. 学生齐喊"先对正再看齐"，声音洪亮
3. 注意力集中
4. 听从教师安排
5. 学生练习
集体练习 2~3 次</td></tr>
</table>

续表

设计意图：通过对课堂要求的提示及队列练习，提高学生的注意力。“先对正再看齐”让学生有队列看齐的意识，能够快速找到自己的位置，保证全部精神放在课堂中		
第二环节（10min）		
教学内容	教师活动	学生活动
1. 垫上操 （1）头颈运动 （2）肩胸运动 （3）体转运动 （4）腹背运动 （5）腿部运动 （6）全身运动 2. 专项准备活动 滚动练习	1. 跟随音乐散开，找到自己的位置 2. 教师口令指挥，并领做 3. 教师及时提示动作要领 要求：动作规范 不同方向的滚动练习	1. 找到自己的位置 2. 听口令及音乐练习 要求：动作准备幅度大 分组练习不同方向的滚动练习。练习 2~3 次 要求： 1. 滚动找好方向 2. 严肃认真
设计意图：通过听音乐，让学生跟着音乐节奏进行热身。通过垫上操热身，让学生充分活动各肌肉关节，为主要教学内容的学习做好铺垫		

续表

第三环节（12min）		
教学内容	教师活动	学生活动
前滚翻 动作方法：蹲撑，两手撑垫，同时屈臂、低头；然后两脚蹬地、提臀收腹，重心前移团身向前滚动。前滚时，枕骨、颈、肩、背、腰、臀部一次触垫，接着抱小腿团身成蹲撑 教学重点：低头、提臀、团身 教学难点：滚动圆滑，方向正，动作协调	1. 情境导入：“小刺猬保卫自己的本领多好，你们想学吗？看一看小刺猬使用哪个垫子做滚动的。” 2. 教师示范前滚翻，学生观察 3. 引导学生说一说：着垫的位置、身体姿态 4. 让学生像教师这样试一试 5. 提问：怎样才能团身紧 6. 指导学生 2 人 1 组，把垫子垫高。“小刺猬”滚下山坡，体会团身向前滚动 7. 设疑：从坡上往下滚与在平地滚还有哪个地方用力（引出蹬地动作） 8. 组织学生练习，巡视指导，注意动作的连贯性 9. 保护学生演示前滚翻动作 10. 教师讲解保护与帮助方法 （1）蹬地练习 （2）滚翻后扶后背 11. 学生做保护与帮助动作 12. 学生展示，教师进行评价	1.“想”，积极回应，兴趣高昂 2. 认真观察教师动作 3. 积极发言，说一说教师的前滚翻的动作方法 4. 在自己的垫子上做模仿练习 3~4 次 5. 积极发言，团身紧的方法：大腿靠近胸部，低头 6. 2 人 1 组，把垫子（踏板）布置成斜坡，从高往下滚动练习，团身紧。练习 2~3 次 7. 边练习边思考与平地练习有什么不同。学生体会“要用力蹬地，加大力量”。练习 3~4 次 8. 继续练习，体会用力蹬地动作。练习 2~3 次 9. 学生做动作，教师保护与帮助 10. 认真观察保护与帮助的方法 （1）练习蹬地速度 （2）注意保护与帮助的手扶位置 11. 学生练习保护与帮助，练习 2~3 次 12. 优秀同学展示
设计意图：本环节练习形式采用情境导入，设疑，提示学生练习时注意观察着地部位，让学生自主模仿练习，调动学生兴趣。通过分组斜坡练习，为学生降低前滚翻的难度，在滚翻过程中体会团身紧、蹬地的力量和滚翻的速度。保护与帮助练习，互帮互助，动作过程中提示动作要注意的地方，增强学生保护与帮助的意识，同时增加了责任感。		

续表

第四环节（10min）		
教学内容	教师活动	学生活动
“小刺猬采果子” 游戏方法： 将学生分为10组，每组4人，从起止线出发，滚翻过“平原”（小垫子），跨过“小河”（障碍小栏架），滚下“山坡”（斜坡垫子），采到对面的果子，迅速跑回放到本组篮子里，击掌交接，下一名同学出发。在规定时间内采摘的果子最多的为胜 游戏规则： 1. 每个障碍都要通过 2. 击掌后才能出发	组织学生游戏 教法： 1. 教师讲解方法及规则 2. 组织学生成游戏队形进行 3. 组织学生开始游戏 游戏要求： 1. 按照规则进行 2. 组内团结一心 3. 认真对待游戏	学法： 1. 听教师讲解 2. 快速组成游戏队 3. 开始游戏 要求： 1. 遵守游戏规则 2. 本组队员团结一心 3. 游戏过程中要认真
设计意图：游戏环节把本节课学到的练习串联在一起，能更好地巩固动作，让学生身体更好地记住动作。以小组为单位进行游戏，让学生体会集体团队的重要性		
第五环节（3min）		
教学内容	教师活动	学生活动
1. 集合、放松 2. 总结本课情况 3. 布置课后作业 4. 宣布下课，收器材	1. 跟音乐做放松练习，教师示范 2. 教师小结本课情况 3. 安排课后作业 （1）跳绳100次 （2）蹲跳起10次 ×3组 4. 安排学生收器材	1. 学生随教师听音乐练习，模仿教师动作 2. 学生集中听讲 3. 按要求完成课后作业 4. 帮助教师收器材 要求： 1. 身体放松、伸展 2. 认真听小结 3. 积极认真完成课后作业
设计意图：在轻松的音乐下做放松练习，总结本课的练习情况，掌握学生的收获情况，为下次课做好铺垫		

（三）案例点评

前滚翻是深受学生和教师喜爱的一项技巧类教学内容，特别是低年级的学生，他们爱模仿，身体的灵活性和柔韧性较好。因此，在本节课的教学中，教师紧紧抓住学生的特点，创设学生喜欢的运动情境，运用唱游的形式，让学生在玩中学、学中玩、玩中创，充分感受参与体育学习的乐趣。在教学中，把故事与教学内容有机结合，构成了新的教学情境，同时充分利用学生已有的知识，让学生在实践中去掌握技能。在教学过程中，充分发挥学生的主体作用，注重培养学生的自主锻炼和创新意识。在学习方法上，运用了自主学习方式，给学生创设多种活动场景，让学生在活动中掌握技能和拓展能力。特别要注重培养学生的实际能力，把教学内容和游戏有机结合起来，关注发展与前滚翻相关的体能，促进学生身体素质和运动技能的提高。同时，注重培养学生互相学习、团结协作的优良品质和集体主义精神。

案例提供：闫杰（北京第二实验小学大兴实验学校）
点评专家：梁吉涛（北京市大兴区教师进修学校）

案例12　仰卧推起成桥

授课对象　二年级

（一）案例设计思路

1. 学习内容的价值与特点

（1）价值：仰卧推起成桥是发展学生柔韧性的重要案例。通过练习，发展学生肩背、腰腹和髋部的肌肉力量和弹性，以及关节的灵活性；培养学生顽强、不怕困难的精神和同学间相互帮助的品质；为今后体操技巧项目的学习打下基础。

（2）特点：仰卧推起成桥动作符合低年级学生的身心发展特征。它是一项全身运动的项目，在动作的瞬间需要蹬地、挺髋、推手、抬头，全身协调用力。学习仰卧推起成桥动作既可以提高学生肩、腰、胸部的柔韧性和灵活性，以及上肢力量，又可以培养学生勇敢顽强的意志品质。

2. 整体设计思路

在小学的体操技巧教学中，“水平一”的仰卧推起成桥，“水平二”的靠墙手倒立、有人扶持手倒立，“水平三”的侧手翻，都是需要以上肢有力支撑作为基础的动作。对学生肩带的柔韧性和力量有一定的要求。因此，学好仰卧推起成桥，对今后小学体操技巧项目的学习有十分重要的作用。《义务教育体育与健康课程标准（2011 年版）》中多次提到了要发展学生的体能。针对仰卧推起成桥的动作特点和学生的实际情况，在单元设计中，以仰卧推起成桥的技能学习为主，完成仰卧推起成桥所需要的体能练习为辅，体能是技能的前提，技能是体能的展现。在课堂学习中采用学生喜爱的模仿小动物、小游戏竞赛等形式，不断提高学生学习仰卧推起成桥所需要的体能。引入小组合作学练、小组讨论探究的教学方法，提高学生的学习兴趣和课堂实效性。实现通过仰卧推起成桥的学练，提高学生肩、胸部的柔韧性和灵活性，达到加大动作幅度、提高动作质量、增强动作表现力的目的。

（二）案例呈现

内容	1. 技巧：仰卧推起成桥 2. 第三次课游戏：“赛马”
目标	1. 认知目标：了解并掌握仰卧推起成桥动作的技术和方法 2. 技能目标：90% 以上的同学能够独立完成动作，其余同学能够在小伙伴的帮助下完成动作 3. 体能目标：发展学生身体的协调性、灵活性、柔韧性和肌肉力量 4. 情感目标：培养学生顽强拼搏，勇于克服困难的意志品质，使学生认识到伙伴间相互帮助、共同协作的重要性和快乐
重难点	重点：蹬地、挺髋、抬头与两手推撑的协调配合 难点：动作连贯协调

续表

第一环节（3min）		
教学内容	教师活动	学生活动
1. 集合、整队、师生问好 2. 宣布本次课的内容要求 3. 检查服装，安排见习生 4. 队列练习 （1）三面转法练习 （2）齐步走—立定	1. 提前到上课地点 2. 立正、面对学生 3. 鼓励学生认真听讲，积极练习 4. 教师指导学生进入场地 5. 教师提示队列练习动作要领	1. 在指定地点集合，成四列横队等待教师上课 2. 目视教师，声音洪亮 3. 精神集中，听清内容 4. 学生集中注意力进行三面转法、齐步走—立定练习 练习要求：动作整齐、规范
设计意图：良好的常规教育，可以让学生形成正确的身体姿势，养成动作迅速、准确、令行禁止的良好作风。培养学生严格的组织性、纪律性和集体主义精神		
第二环节（8min）		
教学内容	教师活动	学生活动
1. 准备活动 （1）绕场慢跑 （2）游戏“领头羊” （3）韵律操热身 2. 游戏：“捉螃蟹”	1. 边引领学生入场慢跑，边讲解游戏方法，口令指挥并带领学生变换动作 2. 调动学生积极性，激发学生学习兴趣 3. 教师放音乐并领做 4. 教师讲解捉螃蟹动作要领及方法，并示范 5. 学生自主练习，教师巡视指导 6. 组织游戏，看谁在动作标准的前提下追上旁边的同学	1. 学生在教师口令指挥下绕场慢跑，并模仿教师变换动作 2. 学生在音乐伴奏下跟随教师在垫子上练习垫上热身操。动作整齐，节奏感强，热身充分 3. 学生认真听捉螃蟹游戏规则 4. 学生用直臂支撑的动作做模仿小螃蟹听口令走练习 5. 听教师口令进行“捉螃蟹”游戏 练习要求： （1）遵守规则，有序进行 （2）听从口令，反应迅速
设计意图：通过有针对性的热身操和游戏，使学生在热身的同时做好安全教育。充分活动了肩背部的肌肉和韧带，为仰卧推起成桥动作的学习做好准备。“捉螃蟹”游戏加强了对学生上肢力量的锻炼		

续表

第三环节（19min）		
教学内容	教师活动	学生活动
仰卧推起成桥 仰卧推起成桥练习方法： 仰卧垫上腿分开 屈腿夹肘肩上撑 挺髋推手腰用力 抬头挺胸桥完成 重点：蹬地、挺髋、抬头 难点：协调配合	1. 教师引领学生做展髋练习 （1）教师口令指挥分腿跪立仰头挺腰展髋练习 （2）教师喊节奏引领学生“撑小船”展髋练习 （3）教师口令指挥学生“摇小船”展髋练习 2. 教师引领学生做肩胸练习 （1）教师示范跪坐垫上双手头后交叉摸肩展肩练习 （2）教师组织学生相互抻拉肩练习 （3）教师引领学生共同做模仿小飞机起飞的展肩练习 3. 教师口令引领学生做仰卧垫上分腿顶髋练习 4. 教师组织学生做 2 人 1 组仰卧垫上分腿顶髋触球练习 5. 教师出示挂图，提示帮助保护动作，组织学生分组练习 6. 教师讲解评价方法，组织学生分组练习，相互评价 7. 教师示范，学优生示范 8. 教师讲解、组织游戏：“过隧道” 9. 教师引领学生集体展示 10. 教师小结	1. 展髋类动作练习 （1）学生四列横队，听口令做挺腰展髋练习 2 次 （2）学生跟随节奏做“撑小船”展髋练习 4 次 （3）学生和教师共同口令做“撑小船”展髋练习 3~4 次 2. 肩胸类动作练习 （1）学生模仿教师动作，动作规范 2 次 （2）学生 2 人 1 组，相互抻拉肩练习 2 次 （3）学生跟随教师做模仿小飞机起飞的展肩练习 2 次 3. 学生集体练习仰卧垫上分腿顶髋 3~4 次 4. 学生 2 人 1 组练习仰卧垫上分腿顶髋触球 2 次 5. 学生 2 人 1 组做有帮助保护的仰卧推起成桥练习 1 次 6. 学生 2 人 1 组，一人练习，一人观看，相互评价 1 次 7. 学生认真观看教师和学优生示范 8. 学生 4 人 1 组，自行搭建场地和分配角色，进行游戏“过隧道”2 次 9. 学生集体展示学习成果 3 次 10. 学生认真听讲，总结自己的优点与不足 练习要求： 1. 练习严肃认真 2. 小组合作练习有序 3. 帮助保护认真到位

续表

设计意图：本环节针对学生完成技能动作存在的问题展开练习，采用模仿小帆船、模仿小飞机、2 人 1 组的抻拉肩等练习解决学生普遍存在的肩胸柔韧性差、打不开肩及撑不住的问题。设计分腿顶髋及分腿顶髋触球的练习，是为了提高学生蹬地、挺髋的动作技能。通过这些练习，帮助学生掌握本课的教学重点——蹬地、挺髋、抬头与两手推撑的协调配合，进一步提高学生完成技能所需要的体能。注重小组合作与探究，加强对学生合作意识和团队精神的培养		
第四环节（7min）		
教学内容	教师活动	学生活动
游戏：“赛马” 规则：前后 4 人 1 组为 1 个“骑马”小队，进行接力比赛 方法：第一个人骑在瑜伽球上，听到开始口令才可以出发。到指定位置，绕过标志物回到起点，下一个人出发。哪个小队先完成，则获得胜利	1. 教师讲解游戏方法和规则 2. 教师强调比赛规则，将学生分成 4 人 1 组，进行练习 3. 组织比赛，提醒遵守规则 4. 小结比赛情况	1. 学生集中注意力听教师讲解方法和规则 2. 学生以小组为单位，每人尝试练习 1~2 次，练习活泼有序 3. 学生在教师口令下开始比赛 4. 学生认真听教师总结游戏情况 练习要求： 1. 遵守游戏规则 2. 练习认真有序 3. 动作协调，注意安全
设计意图：本课设计了骑花生球“赛马”的游戏。因为花生球特殊的构造，骑起来并不简单。学生在练习时经常会摔跤或是干跑不动地方。练习中既锻炼了学生上下肢协调配合的能力，又培养了学生不怕困难、顽强拼搏的精神品质		
第五环节（3min）		
教学内容	教师活动	学生活动
1. 集合、放松 放松操“虫儿飞” 2. 总结本次课的学习情况 3. 安排作业，收拾器材，宣布下课	1. 放松操“虫儿飞” （1）教师讲解要求 （2）教师放音乐领做 2. 教师小结本课的学习和比赛情况 3. 作业：回家为爸爸、妈妈展示仰卧推起成桥的学习成果	1. 放松操 （1）学生跟随音乐节奏 （2）学生跟随教师，动作到位 2. 学生集中听讲 3. 帮助教师收器材 练习要求： 充分活动、放松身体 认真听讲，回收器材注意安全
设计意图：采用智力游戏放松的方法，使学生在身体放松的同时开动脑筋，在愉悦中结束课程		

（三）案例点评

教学中紧紧抓住运动项目的本质设计教学环节，让学生有真正的实际获得感，让学生体验到成功的快乐，收获了自信心。单元计划的实施要根据学生的实际情况进行调整。例如，在第二次课上，当教师讲解抬头动作时，学生虽然理解意思却不能很好地辨别方向。所以，教师设计了在小垫子上贴圆点儿贴画，让学生去看，来帮助他们完成抬头动作的环节。为了提高学生的仰卧推起成桥技能，教师将发展仰卧推起成桥技能的相关体能练习融入教学中，在本单元的每一次课中都增加了2~3个提高上肢力量或肩、胸、腰部柔韧性的体能练习，如“捉螃蟹”“推小车”“小海豹爬”等。教师根据教学进度合理使用器材和教具。在第一次课中教师使用了大屏幕来帮助低年级同学快速掌握动作技术，并使用新鲜有趣的花生球来提高学生的学习兴趣，克服恐惧心理。在第二次课中，教师有效地运用挂图和口诀以及垫子上的小贴画，帮助学生快速掌握抬头和推手技能。

案例提供：王玲（北京市大兴区旧宫镇第一中心小学）
点评专家：张庆新（北京教育学院）

案例13　仿生动作

授课对象　二年级

（一）案例设计思路

1. 学习内容的价值与特点

（1）价值：仿生动作与这一阶段学生的年龄特征相符合，易引起学生的学习兴趣，有益于培养学生观察、想象、创新和表现能力，有助于发展学生腹背和上肢肌肉力量，以及上下肢协调性、灵巧性，提高控制身体的能力。

（2）特点：本设计选择了具有中国特色的鸡、虎、龙三种动物让学生进行模仿。

在单人仿生动作的基础上，还拓展到双人和多人配合的仿生动作。这样能够有效避免单人重复练习的枯燥无味，发展儿童观察、想象和模仿的能力，以及灵敏性、协调性、柔韧性、力量等身体素质。

2. 整体设计思路

本设计的整体思路是“中国风”。动物形象的选择以十二生肖为主，单人模仿鸡形，使学生的肩、颈、腰以及上肢得到协调运动；双人虎形使学生的腰腹及下肢得到充分活动；龙形突出集体配合。在运动中发展学生的灵敏性、协调性等身体素质，锻炼观察、判断等能力。自始至终，学生都在模仿动物的动作，动作编排由易到难。通过组织竞争性游戏来巩固学习成果，激发学生的练习兴趣，提高控制身体的能力。

（二）案例呈现

<table>
<tr><td>内容</td><td colspan="2">1. 技巧：仿生动作（第一次课）
2. 体能游戏：“孙悟空大闹天宫”（复习）</td></tr>
<tr><td>目标</td><td colspan="2">1. 认知目标：明确仿生动作要领，了解仿生动作价值
2. 技能目标：
（1）80% 的学生能够形象地模仿出动物的动作；70% 的学生能够完成双人和多人的仿生动作。
（2）在游戏中学生能够正确运用所学动作进行躲闪
3. 体能目标：发展学生观察、想象和模仿的能力，增强学生的腹背和上肢肌肉力量，以及上下肢协调性、灵活性
4. 情感目标：培养学生果敢、坚毅及与同学之间相互帮助等优良品质，促使学生身心协调发展</td></tr>
<tr><td>重难点</td><td colspan="2">重点：身体各部位的协调配合
难点：形神兼备</td></tr>
<tr><td colspan="3">第一环节（5min）</td></tr>
<tr><td>教学内容</td><td>教师活动</td><td>学生活动</td></tr>
<tr><td>1. 集合、整队、报数
2. 师生问好
3. 宣布本课内容
4. 安排见习生</td><td>1. 提前到上课地点
2. 立正、面对学生
3. 讲话清楚、简练
4. 根据情况，合理安排</td><td>1. 铃声响后在指定地点集合，成四列横队
2. 目视教师，声音洪亮
3. 精神集中，听清内容</td></tr>
</table>

续表

5. 队列练习 "小动物"快集合 方法：学生分为老虎、小马、小羊、小兔子等队	5. 教师提示要领 排头学生迅速到位，其余学生边看齐边找好间隔距离	4. 服从教师安排，做适合的活动 5. 学生听到哨音快速集合站队 "先分后合"（2 人 1 组→4 人 1 组→大组→全班）
设计意图：将学生分为不同动物队，既便于低年级学生记忆，又能够调动学生的积极性。同时在队列练习上加入了音乐内容，活跃课堂气氛		
第二环节（10min）		
教学内容	教师活动	学生活动
1. "生肖模仿操" （1）鼠探头——头部 （2）牛耕田——上肢 （3）蛇行进——腰部 （4）兔跳跃——下肢 （5）猴摘桃——全身 （6）马奔跑——原地跑 （7）猪伸懒腰——拉伸	1. 指导学生四列体操队形散开 （1）模仿老鼠觅食的动作 （2）模仿老牛耕田的动作 （3）模仿蛇舞动的动作 （4）模仿兔子蹦蹦跳跳的动作 （5）模仿猴子爬树摘桃子的动作 （6）模仿小马奔跑的动作 （7）模仿小猪伸懒腰的动作 要求：精讲要领，可采用正面和侧面示范	1. 两臂侧平举散开成体操队形 学生先放慢节奏模仿教师动作，熟练以后随音乐节奏进行练习。 要求：认真观察教师动作，积极模仿和练习
2. 专项游戏 小动物找家 方法：2 人双手相连搭成 1 个"小房子"，房子里面住着 1 只"小动物"。听到"刮风了"口令，"房子"整体移动去找"小动物"；听到"下雨了"口令，"房子"不动，"小动物"们重新找家。听到"狂风暴雨"口令，学生打乱顺序重新组合 规则：在指定点位上组合，房子和小动物要配合默契	2. 教师指导学生分成 3 人 1 组 （1）教师讲解游戏方法，请两名学生协助示范 （2）教师巡视指导，强调一定要模仿的形象到位	2. 学生报数"1、2、3"，然后 3 人结组 （1）学生听清方法，认真观察示范，然后听口令练习 （2）游戏 3~5 次
设计意图：通过"生肖模仿操"，让学生进行充分模仿练习，激发学生进一步学习的兴趣。通过游戏"小动物找家"，让学生明白上下肢协调配合的重要性，为主要教学内容的学习做好铺垫		

续表

第三环节（12min）		
教学内容	教师活动	学生活动
仿生动作 1. 单人：“鸡形” 方法：一手在头上做“鸡嘴”，一手在体后做“鸡尾”，根据情况也可以双臂左右伸开做“鸡翅”。除此以外，还可以根据自己的理解模仿各种各样的“鸡形” 重点：头、颈、肩、手臂等部位的协调运动 难点：动作连贯、协调	1. 教师讲解“鸡形”方法，并组织学生分散练习 （1）雄鸡报晓：模仿雄鸡高唱，气势磅礴，自然大方。身法大开大合，颈部时伸时缩。步型以虚步为主，辅以丁步、独立步 （2）雄鸡争霸：2 人 1 组用手模仿斗鸡。手“啄到”对方肩部可得 1 分，规定时间内，得分多者为胜	1. 学生分散 （1）进行练习 2 min （2）学生分散，练习 1 min
2. 双人：“虎形” 方法：2 人 1 组，1 人直立在前做“虎头”，双手在胸前做“虎爪”。1 人在后上身前屈，双手放在前一个人的腰部 重点：“虎头”动作形象，“虎身”紧随其后 难点：双人配合默契	2. 教师讲解“虎形”方法 （1）猛虎下山：两人一组模仿猛虎下山的各种姿态 （2）猛虎觅食：“老虎”在规定时间内去抓“食物”（单人）	2. 学生 2 人 1 组练习 （1）进行练习 2 min （2）学生在规定范围内，进行练习 3 min
3. 多人：“龙形” 方法：学生分成 4 个大组。每组 1 个绳梯，每人手握绳梯举过头顶，以绳梯相连前行，听到鼓声在规定范围里“舞龙”。组与组之间不能相撞，队不能断 重点：“龙身”衔接连贯 难点：同学之间的协调配合	3. 教师讲解“舞龙”方法，分成 4 个大组进行 4. 小结练习情况	3. 学生以组为单位“组龙”，在规定范围内，进行练习 4 min
设计意图：本环节练习安排了单人、双人、多人等多种形式，旨在充分调动学生兴趣。通过模仿动物的练习激发学生的想象力、创新力，同时让学生明白团队精神的重要性		

续表

<table>
<tr><th colspan="3">第四环节（10min）</th></tr>
<tr><td>教学内容</td><td>教师活动</td><td>学生活动</td></tr>
<tr><td>体能游戏：“孙悟空大闹天宫”（复习）
方法：在规定范围内，学生分散站开，1 人头戴金箍扮演孙悟空，其他同学扮演天兵天将。在规定范围里被“孙悟空”抓到的“天兵天将”则成为“孙悟空”的化身，和原身一起抓“天兵天将”
规则：必须在规定的区域内跑动，抓人者不能在跑动中用手推人，或者用脚绊人</td><td>1. 教师讲解游戏方法、规则，然后组织比赛
2. 教师强调比赛规则，增加难度：2 个人抓
3. 引导学生自选难度：1 个人抓，2 个人抓，3 个人抓
4. 小结练习情况</td><td>1. 学生集中听讲
2. 学生分组练习，然后比赛 3~5 次
3. 学生继续练习 3~5 次
4. 学生自己选择场地练习 3~5 次</td></tr>
<tr><td colspan="3">设计意图：游戏环节引入中国传统故事“大闹天宫”的场景，再次将学生练习热情推向高潮。学生在游戏过程中发展奔跑、躲闪，判断、合作等能力</td></tr>
<tr><th colspan="3">第五环节（3min）</th></tr>
<tr><td>教学内容</td><td>教师活动</td><td>学生活动</td></tr>
<tr><td>1. 集合、放松
“春到花果山”
2. 总结本课练习情况
3. 留作业，下课，收器材</td><td>1. 带领学生随音乐节奏模仿春天大地复苏、鲜花开放的情境，由分散站队还原成集合队形
2. 小结本课的练习和比赛情况
3. 作业：模仿 2 种小动物前行的方法。教育学生爱护器材</td><td>1. 随教师听音乐模仿练习
2. 学生集中听讲
3. 帮助教师收器材</td></tr>
<tr><td colspan="3">设计意图：把仿生动作进行到底，使学生达到身心放松的目的</td></tr>
</table>

（三）案例点评

本节课结合低年级学生身心发展的特点，以情境教学为主要组织形式，引导学生模仿常见的小动物的姿态，感受肢体运动与仿生动作练习的完美结合，发展学生的想象力和创编能力。其具体表现在：十二生肖中的具有典型特点的小动物贯穿课程始终，从准备活动的模仿操，到基本部分的仿生动作练习，再到结束部分的模仿

续表

练习，通过单人、双人、多人模仿等形式，提高学生学习兴趣，激发创造热情，让学生充分体验、感受运用肢体展示美的方法。本节课还巧妙地结合了“中国风”来创设情境，创编游戏，潜移默化地向学生渗透民族传统知识，将传统文化与体育教学有机地结合在一起。学生在这种情境中玩中练，练中思，思中学，掌握技能的同时学会了方法，力量、速度、灵敏性、协调性等身体素质也得到了发展。

案例提供：张晶（北京市通州区运河小学）
点评专家：韩月仓（北京市通州区运河小学）

案例14　跳上成蹲撑—起立—挺身跳下

授课对象　四年级

（一）案例设计思路

1. 学习内容的价值与特点

（1）价值：跳上成蹲撑—起立—挺身跳下是学生最先接触的支撑跳跃项目，需要身体各部位有良好的控制和配合才能够完成。对发展学生的灵敏性、协调性和平衡能力，加强同伴间的互相协作和配合度，学会从高处跳下时的自我保护能力，培养勇敢、果断、克服困难的精神等，都具有积极的作用。

（2）特点：跳上成蹲撑—起立—挺身跳下的上箱动作是整个动作的关键。上箱必须具备两个前提条件：一是支撑提臀，臀高于肩；二是收腹提膝，脚高于手。同时对学生心理素质也有所要求。将支撑提臀、收腹提膝的动作在不同平台上练习，借助多项游戏活动进行演练，既可以缓解学生的恐惧心理，又可以帮助学生掌握支撑、支撑提臀、收腹提膝的用力顺序及评价方法，增加练习的趣味性、竞争性，促使学生积极主动地投入学习之中。

2. 整体设计思路

本设计根据跳上成蹲撑—起立—挺身跳下的动作特点，结合四年级学生喜欢游戏、比赛的心理需求，充分利用分层递进的游戏，帮助学生尝试、体验、感悟用力方法；借助合作比赛，引导学生发现动作、学习动作、完善动作；依靠简化、直观评价要领的方法以及量化评价的比赛目标导向，激发学生提高动作技能的积极性、主动性；通过调整器材高度的方法，让每个学生都体会到成功的乐趣，满足所有学生的内心需要，从而让学生在玩中学，乐中练，练中悟，赛中升，切实提高动作质量。

（二）案例呈现

<table>
<tr><td>内容</td><td colspan="2">1. 跳上成蹲撑—起立—挺身跳下（第二次课）
2. 游戏：“海狮跳绳”（复习）</td></tr>
<tr><td>目标</td><td colspan="2">1. 认知目标：学习跳上成蹲撑—起立—挺身跳下动作方法，力争所有学生掌握动作要领，理解评价方法
2. 技能目标：85%的学生在保护帮助下能够完成上箱动作，40%的学生能做到踏跳有力，并腿轻巧落箱，空中动作舒展，落地轻巧平稳
3. 体能目标：发展学生上下肢、肩带、腰腹力量，提高学生平衡性、协调性、灵敏性等素质
4. 情感目标：发展学生勇敢、果断的精神，树立良好的沟通、合作、学习氛围，培养安全及规则意识</td></tr>
<tr><td>重难点</td><td colspan="2">重点：支撑提臀
难点：收腹屈膝，屈膝上提</td></tr>
<tr><td colspan="3">第一环节（4min）</td></tr>
<tr><td>教学内容</td><td>教师活动</td><td>学生活动</td></tr>
<tr><td>1. 集合、整队、报数
2. 师生问好
3. 宣布本课内容
4. 安排见习生</td><td>1. 提前到上课地点
2. 立正、面对学生
3. 讲话清楚、简练
4. 根据情况，合理安排</td><td>1. 铃声响后在指定地点集合，成 4 列横队
2. 目视教师，声音洪亮
3. 精神集中，听清内容
4. 服从教师安排，做适合的活动</td></tr>
</table>

续表

<table>
<tr><td>5. 队列练习
（1）原地三面转法
（2）跑步走—立定</td><td>5. 教师提示要领
以跑步走为例：
预令时，提踵，两手迅速握拳提到腰际；发出“走”口令时，前脚掌先着地，身体重心前移，两臂前后自然摆动向前跑出；发出“立定”口令时，再跑两步后，左脚向前大半步着地，两拳收于腰际后，右脚靠拢左脚，成立正姿势</td><td>5. 学生分 2 个层次练习
（1）集体按常规练习 2~3 次
（2）要求队列整齐，精神饱满</td></tr>
<tr><td colspan="3">设计意图：借助队列练习培养学生服从命令听指挥的良好习惯，树立良好的学习风貌以及团队协作意识，发展学生勇于进取、积极向上的良好品质</td></tr>
<tr><th colspan="3">第二环节（7min）</th></tr>
<tr><th>教学内容</th><th>教师活动</th><th>学生活动</th></tr>
<tr><td>1. 准备活动
（1）扩胸运动
（2）振臂运动
（3）腿部运动
（4）腹背运动
（5）全身运动
（6）模拟三级跳
（7）整理运动</td><td>1. 指导学生成四列体操队形散开
（1）教师口令指挥，并领做
（2）教师及时提示动作要领
要求：提示精要，示范标准</td><td>1. 组织：两臂侧平举迅速散开，成体操队形
学生和教师一起热身
要求：认真热身，动作到位</td></tr>
<tr><td>2. 专项游戏
（1）站立推手
方法：两人面对面站立，直臂指尖向上、掌心相对。游戏开始，两人直臂顶肩用力，看谁可以推动对方</td><td>2. 教师指导学生分成两人一组
（1）站立推手
①教师讲解游戏方法，然后请 1 名学生协助示范
②教师巡视指导，强调推手用力方法，做到直臂顶肩用力</td><td>2. 学生身高接近的两人一组
（1）站立推手
①学生听清方法，认真观察示范，然后 2 人 1 组进行练习
②比赛练习 3~5 次</td></tr>
</table>

续表

<table>
<tr><td>（2）“海狮跳”
方法：练习蹲（跪）撑。开始后，双臂伸直前移快速撑地，同时两脚用力蹬地，提臀收腹，屈膝上提，脚尖在前，脚背绷直，稍作支撑静止后还原成蹲撑</td><td>（2）“海狮跳”
①教师讲解动作要领及方法，并示范
②学生自主练习，教师巡视指导
③组织比赛，看谁直臂顶肩支撑，并且臀高于肩
要求：提示安全，及时纠正</td><td>（2）“海狮跳”
①学生观察动作方法，并记忆动作要领
②学生自主练习，每人练习3~5次
③学生2人1组进行评价，比赛标准：臀高于肩，两臂撑直
要求：动作标准，评价准确</td></tr>
<tr><td colspan="3">设计意图：借助“站立推手”和“海狮跳”的游戏，在激发学生练习兴趣的同时，让学生在接触主要教学内容之前，学习掌握直臂顶肩支撑的教学重点，尝试体验支撑提臀、收腹提膝的动作难点，既初步感受了动作方法和用力顺序，缓解基本部分的教学压力，又分散了教学重难点，还可以缓解学生对支撑跳跃动作的恐惧</td></tr>
<tr><td colspan="3">第三环节（17min）</td></tr>
<tr><td>教学内容</td><td>教师活动</td><td>学生活动</td></tr>
<tr><td>跳上成蹲撑—起立—挺身跳下
动作方法：
1. 助跑踏跳：有节奏，单踏双落
2. 上箱：直臂顶肩，提臀收腹，屈膝上提，上箱轻巧
3. 落地：挺胸展体，屈膝缓冲，落地平稳
重点：支撑提臀
难点：收腹屈膝，屈膝上提
保护与帮助方法：当练习者上箱时，保护者站在器械前，握其上臂；当练习者跳下时，保护者站在落点旁，扶其腰背，防止摔倒</td><td>1. 教师引导学生练习高难度的“海狮跳”
2. 教师示范讲解助跑连接“海狮跳”的方法，强调保护与帮助
3. 教师组织练习助跑踏跳后的箱上“海狮跳”
4. 教师示范上箱方法，利用挂图讲解动作方法，强调保护方法
5. 教师组织比赛“贴手印”“比臀高”练习
6. 教师组织自选场地（低箱、高箱）上箱练习，比赛谁的上箱稳定、规范
7. 教师组织自选场地（低箱、高箱）上箱练习，并尝试跳下方法
8. 小组展示，师生共评
9. 教师小结</td><td>1. 学生4人1组尝试箱上“海狮跳”4~5次
2. 学生认真观察教师动作，听清动作方法
3. 学生4人1组，练习助跑后的“海狮跳”5~6次
4. 学生认真观察教师动作，听清动作方法
5. 学生4人1组相互保护与帮助、比赛评价练习4~5次。比比谁的手印贴得准，谁的支撑手臂直，且臀高于肩
6. 学生自选场地，相互保护与帮助，相互评价练习4~5次
7. 学生自选场地，相互保护与帮助，初步尝试跳下方法2~3次
8. 小组展示，师生共同评价1~2次</td></tr>
</table>

续表

<table>
<tr><td colspan="3">设计意图：本环节练习安排了变换方式的“海狮跳”、组合“海狮跳”、“海狮跳”贴手印，以及动作比赛等多种形式的游戏比赛活动，旨在充分调动学生兴趣，帮助学生分层递进地掌握动作方法，掌握直臂顶肩支撑、提臀高于肩，以及收腹提膝、屈膝上提、脚高于手的上箱方法，学会评价方法；并借助游戏比赛的练习，利用目标吸引和成绩调动，鼓励学生通过自主练习、合作评价等方法，进一步提高动作质量，逐步完善学生动作，在发展学生运动能力的同时，让学生掌握支撑跳跃项目的动作特点，完成本节课的教学目标</td></tr>
<tr><td colspan="3">第四环节（9min）</td></tr>
<tr><td>教学内容</td><td>教师活动</td><td>学生活动</td></tr>
<tr><td>体能游戏：“海狮跳绳”
游戏方法：
2 名同学持绳于踝关节，其他同学蹲（跪）撑模仿海狮，在绳子经过自己身前时，双臂伸直前移，过绳后快速撑地，同时两脚用力蹬地，提臀收腹，屈膝上提，脚尖在前，脚背绷直，让绳子经脚下移过成蹲撑。依次完成
游戏规则：
1. 持绳同学控制绳的速度、高度
2. 速度、连接最快的小组获胜</td><td>1. 教师介绍“海狮跳绳”的方法、要求，并示范
2. 教师组织游戏
3. 教师公布成绩并小结</td><td>组织：成四路纵队
1. 学生集中听讲
2. 学生分成 4 组练习，然后比赛 3~5 次
要求：
动作协调顺畅，团队协作；遵守游戏规则，注意安全</td></tr>
<tr><td colspan="3">设计意图：游戏环节借助“海狮跳绳”的迁移，将支撑跳跃的用力方法、重难点进一步完善和强化，发展学生支撑跳跃的运动能力。同时发展学生的上下肢力量、腰腹力量和平衡能力，有针对性地发展学生的体能，培养学生重安全、勤练习、讲合作、勇进取的良好品质</td></tr>
</table>

续表

第五环节（3min）		
教学内容	教师活动	学生活动
1. 集合、放松 采用坐位体前屈的方式进行拉伸游戏 方法：学生2人1组，两腿伸直分开，脚心相对。音乐开始后，同时进行体前屈。音乐停止后，看谁先快速起立 2. 总结本课练习情况 3. 留作业，下课，收器材	1. 教师示范、讲解动作方法及要求 2. 教师指挥、组织比赛 3. 教师小结 4. 教师总结本课的练习和比赛情况 5. 作业：立卧撑10~20次。教育学生注意安全	1. 学生听清比赛方法、要求 2. 学生听音乐比赛练习 3. 学生集中听讲 4. 帮助教师收器材
设计意图：借助游戏练习，引导学生学会正确的放松方法，充分放松身体，在发展学生柔韧性的同时，训练学生的快速反应力，从而促进学生身体素质的多项提升		

（三）案例点评

（1）本课根据四年级学生喜欢游戏、勇于进取的心理，借助游戏练习，消除学生的恐惧心理，引导学生在原地“海狮跳”中掌握支撑提臀、收腹提膝的方法，掌握臀高于肩、脚高于手的要领，在克服恐惧心理的同时强化动作要点。之后将“海狮跳”迁移植到跳箱上进行练习，借助学生勇于进取的心理，人人都想挑战的愿望，实现分层递进掌握动作要领的目标，提高了学习实效。

（2）发挥学生学习小组的作用。学生练习时，互帮互助，相互纠正、相互提示，拓宽了纠正的范围。同时，简化技能评价标准，便于学生记忆，提高了纠正的针对性和准确性，有效提高了学生的动作质量，并培养了学生合作学习的意识，对学生掌握练习方法、学会学习、提高自我教育能力起到了促进作用。

（3）利用场地设计，在帮助学生掌握动作要领的同时，满足需努力学生渴望成功、优秀学生渴望展示的心理需求，让不同层次的学生均有所得。

案例提供：贾利军（北京市顺义区杨镇中心小学）

点评专家：张子恒（北京市顺义区教师研修中心）

案例15　跪跳起

授课对象　四年级

（一）案例设计思路

1. 学习内容的价值与特点

（1）价值：跪跳起是四年级技巧教学内容之一，是发展身体运动能力的重要手段。在“水平一”和三年级教材中先后出现的前滚翻、后滚翻、立定跳远、原地挺身跳、团身跳等内容，为本课内容的学习打下了坚实的理论和实践基础。跪跳起动作新颖、别致，有一定趣味性，学生学习的积极性高。经常练习，既可以促进学生腰腹力量和身体协调性，还可以培养学生坚强的意志品质和勇于克服困难的精神，有利于学生体验展示自我和合作学习的乐趣。

（2）特点：跪跳起动作需要摆臂制动和小腿、脚背压垫动作协调配合来完成。利用双臂快速摆臂制动所产生的动力配合脚背、小腿的有力压垫动作，使身体向上腾起，同时迅速提腰、收腹、收腿，完成蹲立、站立。因此，在实际教学过程中，跪跳起动作负荷较大，对学生腰腹力量及身体协调性、灵敏性、平衡能力有较高的要求。学生完成跪跳起动作富有较强的挑战性。

2. 整体设计思路

本课全面贯彻“健康第一”的指导思想，以《义务教育体育与健康课程标准（2011年版）》中“激发学生的运动兴趣，培养学生体育锻炼的意识和习惯”这一理念为理论依据，紧紧围绕以学生发展为中心，重视学生的主体地位，引导学生体验运动的乐趣，并逐步形成运动能力。

本课以“玩中学、玩中练”为主题，依据四年级学生活泼好动、争强好胜、富有想象力等特点，运用游戏闯关、小组合作等方式进行教学。课中巧妙运用辅助性器材搭配辅助性练习，帮助学生体会小腿和脚背压垫有力的动作，以及摆臂制动与压垫动作协调配合等重点技术动作；运用闯关游戏竞赛循序渐进、层层深入地强化动作技能；运用生生挑战、师生挑战等方式巩固学生运动能力。教学活动注重以兴趣入手，充分展示教学实效性，强调师生共同参与体验运动的乐趣，提高学生运动能力。

（二）案例呈现

<table>
<tr><td>内容</td><td colspan="2">1. 技巧：跪跳起（第一次课）
2. 接力游戏：齐心协力（复习）</td></tr>
<tr><td>目标</td><td colspan="2">1. 认知目标：明确跪跳起的动作要领，熟悉动作方法，了解跪跳起的锻炼价值
2. 技能目标：100% 的学生掌握摆臂制动与脚背、小腿压垫有力的动作方法；80% 的学生可以做到摆臂压垫动作协调配合向上方跳起；60% 的学生能够由高垫向低垫完成跪跳起；40% 的学生能够独立完成跪跳起完整动作
3. 体能目标：增强学生的腰腹和下肢力量，重点发展协调性、灵敏性、爆发力等身体素质
4. 情感目标：培养学生勇敢顽强的意志品质和勇于克服困难的精神，通过学习增进同学之间友谊，培养学生团结协作的集体主义精神</td></tr>
<tr><td>重难点</td><td colspan="2">重点：脚背、小腿压垫有力
难点：摆臂制动与脚背、小腿压垫动作协调配合</td></tr>
<tr><td colspan="3">第一环节（5min）</td></tr>
<tr><td>教学内容</td><td>教师活动</td><td>学生活动</td></tr>
<tr><td>1. 集合、整队、报数
2. 师生问好
3. 宣布本课内容
4. 提出课上要求
5. 安排见习生
6. 队列练习：图形跑
要求：学生跟随教师在练习场地慢跑，同时熟悉场地。最后根据教师的安排，学生找到自己的小垫子</td><td>1. 教师整队
2. 宣布内容
3. 提出上课要求
4. 根据情况，合理安排见习生
5. 教师带领学生做图形跑
注：学生四路纵队首尾相接成一路纵队，听音乐在练习场地（扇形场地）慢跑，然后教师像撒种子一样让每一名学生都找到自己的位置</td><td>1. 铃声响后在指定地点集合，成四列横队
2. 目视教师，声音洪亮
3. 精神集中，听清内容
4. 服从教师安排，做适合的活动
5. 学生分 2 个层次练习
（1）学生跟随教师慢跑热身，队列整齐，声音洪亮
（2）学生根据教师安排，到指定位置做原地踏步，精神饱满，步伐整齐</td></tr>
<tr><td colspan="3">设计意图：通过跑步队列练习集中学生注意力，增强班级凝聚力，同时熟悉场地，找到自己的活动区域</td></tr>
</table>

续表

<table>
<tr><th colspan="3">第二环节（8min）</th></tr>
<tr><th>教学内容</th><th>教师活动</th><th>学生活动</th></tr>
<tr><td>1. 自编热身操（配乐）
（1）伸展运动
（2）踏步击掌
（3）拉伸运动
（4）体侧运动
（5）跳跃运动
（6）体转运动
（7）挺身跳
（8）俯撑收腹
（9）摆臂制动
（10）整理运动</td><td>1. 教法
（1）教师喊口令、领做
（2）教师示范并讲解每个动作，向学生讲解动作要领，要求动作到位
（3）要求：精讲要领
（4）采用正面和侧面示范</td><td>1. 学法
（1）学生在自己小垫子后方站好，准备做徒手操
（2）学生认真观察教师动作并模仿练习
（3）要求：动作有力，有美感</td></tr>
<tr><td>2. 专项准备活动
“超人起飞”
方法：上臂前摆，双臂经下后摆，同时重心前倾，屈膝下蹲，双臂迅速前摆至斜上方立即制动，同时双脚用力蹬地，使身体向上腾起，空中挺身展体，落地屈膝缓冲</td><td>2. 教法
（1）教师示范完整动作，语言激励学生挑战高度
（2）教师带领学生喊口号集体练习：
口号 1：举起右臂示意
口号 2：双臂前摆，经下后摆，同时屈膝下蹲
口号 3：双臂迅速前摆至斜上方立即制动，同时双脚用力蹬地，使身体向上腾起，空中挺身展体，落地屈膝缓冲
口号 4：体操结束亮相动作
（3）指导学生自主练习，相互挑战，教师巡视指导</td><td>2. 学法
（1）学生仔细观察，认真学习
（2）学生跟随教师口号，集体练习，熟悉动作，了解发力节奏
（3）学生自主练习，相邻两个人发起挑战，比一比谁跳得高，谁的动作更舒展</td></tr>
<tr><td colspan="3">设计意图：自编热身操中涵盖了举手示意、体操结束，原地挺身跳、跪垫原地摆臂制动等动作，使学生潜移默化地建立体操意识，并提前渗透跪跳起至关重要的一些动作，比如摆臂制动、跪立小垫绷脚背等专项准备。“超人起飞”与跪跳起动作的发力节奏和上肢动作方法基本一致，使学生形成思考，两个动作之间可产生正向迁移，以更有效地发展学生的运动能力</td></tr>
</table>

续表

第三环节（14min）		
教学内容	教师活动	学生活动
技巧：跪跳起 1. 动作方法： 跪立，双臂斜上举；经下后摆后坐，上体前倾，接着双臂迅速向前上方摆，并至斜上举部位立即制动；展髋、提腰，脚背和小腿用力压垫，使身体向上腾起，迅速提膝、收腿起立 2. 要点：摆、压、提、收 3. 重点：脚背、小腿压垫有力 4. 难点：摆臂制动与脚背、小腿压垫动作协调配合	教法： 1. 示范、指导学生做跪立原地摆臂、压垫弹性起落练习 2. 游戏一："挑战彩旗" 挑战一：抽旗游戏。2 人 1 组，练习者跪立旗面，辅助者用一侧右手持旗杆。当练习者摆臂制动、压垫跳起的同时将旗子抽出，顺利抽出为挑战成功 挑战二："划旗"。2 人 1 组，练习者跪立小垫子，摆臂、压垫向上方跳起的同时，在正前方的辅助者将旗子在练习者膝下划过，顺利划过为挑战成功 3. 游戏二："更上一层楼" 方法：将 2 块小垫子组合，形成台阶，学生跪立一级台阶，通过摆臂、压垫协调配合向前上方腾起，膝盖、小腿跳上二级台阶为挑战成功 4. 游戏三："高空跳伞" 方法：学生跪立 3 层高度的小垫子，摆臂、压垫动作时身体向前上方腾起，迅速提腰、收腹，提膝、收腿，跳向一层高度的小垫子，完成蹲立 5. 教师出示挂图，讲解动作要点 6. 教师示范跪跳起完整动作（正面、侧面） 7. 组织学生练习，学生之间相互挑战，引导学生动作比稳、比美 8. 组织学生集体展示练习成果 9. 教师小结	学法： 1. 学生认真学习，积极练习，掌握摆臂压垫动作方法 2. 学生 2 人 1 组进行挑战，相互配合，循环练习 3~4 次 3. 学生组合小垫子进行"更上一层楼"游戏 3~4 次 4. 学生改变小垫子组合，挑战"高空跳伞"3~4 次 5.学生看挂图认真听教师讲解，明确完整动作方法 6. 学生认真看示范建立完整动作表象 7. 学生独立练习，相互挑战 3~4 次 8. 学生展示练习成果 9. 学生小结

续表

<table>
<tr><td colspan="3">设计意图："挑战彩旗"通过 2 个难度递增的游戏，使学生在游戏过程中不知不觉地掌握了摆臂制动和脚背、小腿压垫的动作方法，并且学习了上下肢协调配合、起跳时机的选择等窍门。在挑战过程中，学生还可以评价自己的掌握情况，可以根据起跳的高度来调节旗面、旗杆在膝下的长度。"更上一层楼"进一步强化摆臂、压垫动作协调配合，使身体向前上方腾起的动作方法，为后面的提膝、收腿的动作打好基础。"高空跳伞"游戏是通过降低难度的方式使学生建立跪跳起完整的动作表象，并将游戏引向师生挑战、生生挑战的高潮。同时，通过组合小垫子的方法不断激发学生参与运动的兴趣，巩固学生已形成的运动能力。然后，通过挂图和直观示范将各个分解动作完整串联，同时让学生了解评价方法，通过自评、互评、师评了解自己的掌握情况。最后，继续运用挑战比赛的手段使学生完成情境回归，引导学生跪跳起比稳，跪跳起比美，进一步提高、巩固学生运动能力，并塑造学生精益求精的精神</td></tr>
<tr><td colspan="3">第四环节（10min）</td></tr>
<tr><td>教学内容</td><td>教师活动</td><td>学生活动</td></tr>
<tr><td>游戏："齐心协力"（复习）
游戏方法：
难度一：学生用 4 块小垫子两两组合，并与 2 个小旗子组成相隔 4 米的 4 个障碍，学生 4 人 1 组，逐一"S"形穿越每一个障碍往返完成接力，用时少者为胜
难度二：方法同难度一，两人手拉手同时出发，往返完成接力。每两个人完成 2 次
游戏规则：
1. 必须在起跑线后出发
2. 击掌完成接力
3. 必须绕过每一个障碍物</td><td>1. 教师介绍游戏场地
2. 教师讲解游戏方法、规则
3. 教师组织比赛
4. 教师增加游戏难度，组织学生比赛
5. 小结练习情况</td><td>1. 学生集中听讲
2. 学生学习游戏规则、方法
3. 学生试玩 1 次，熟悉游戏规则和方法
4. 学生进行难度一的游戏比赛
5. 学生学习难度二的游戏方法
6. 学生继续游戏
7. 学生小结游戏情况</td></tr>
</table>

续表

<table>
<tr><td colspan="3">设计意图：由于主要教学内容跪跳起为体操技巧动作，主要锻炼学生腰腹、下肢力量及身体协调性。一直在小垫子区域，虽然对学生肌肉负荷较大，但对心肺功能负荷较小。因此，本课辅助教学内容安排了折返障碍跑，通过躲避障碍发展学生灵敏性、协调性等身体素质，往返跑全程大约 60m，可以充分发展学生奔跑能力，特别是难度二，需要两个学生手拉手完成折返跑 2 次，这不仅可以提高学生的心肺功能和奔跑能力，更可以培养学生团结协作、不畏艰难的体育品德</td></tr>
<tr><td colspan="3">第五环节（3min）</td></tr>
<tr><td>教学内容</td><td>教师活动</td><td>学生活动</td></tr>
<tr><td>1. 集合、放松
放松小游戏：“下雨”
游戏方法：
“下小雨”：学生用十个手指尖在腰腹和上下肢肌肉部分轻轻按摩放松
“下中雨”：学生五指并拢，用前手掌加大力度，在全身肌肉部位轻拍，放松肌肉
“下大雨”：学生用手掌继续适当加大力度，放松肌肉
注：学生熟悉方法后，三种方式随机调换，直至“雨过天晴”
2. 总结本课练习情况
3. 留作业，下课，收器材</td><td>1. 教师讲解模仿下小雨、下中雨、下大雨的方法，并组织学生进行放松
2. 教师小结本课的练习和比赛情况
3. 作业：回家完成跪跳起 20 次</td><td>1. 学生随教师听音乐放松
2. 学生集中听讲
3. 学生帮助教师收器材</td></tr>
<tr><td colspan="3">设计意图：放松学生全身肌肉，通过模仿愉悦身心</td></tr>
</table>

（三）案例点评

跪跳起是最受学生喜爱的体操技巧动作之一。本课的设计完全凸显了跪跳起的动作特点，结构严谨、特点鲜明、设计巧妙、构思新颖。整节课环环相扣，紧紧围绕摆、压、提、收的动作要点展开教学准备部分，教师的自编操潜移默化地将体操意识和跪跳起的一些动作方法融入其中。教师大胆采用辅助教学内容，小旗子的使用很好地突破了脚背、小腿压垫有力的重点；小垫子的组合运用基本上解决了摆臂、压垫协调配合的动作难点，使学生潜移默化地形成运动技能，通过对运动技能的不断强化和巩固，提高学生的运动体能，以达到最大限度地发展学生运动能力。与此同时，本课教学采用了扇形队形，使示范无“死角”，突破了传统体操课“二对二”“一对四”教学队形的局限性。

案例提供：张健波（北京市通州区永乐店镇小学）
点评专家：张庆新（北京教育学院）

案例16　后滚翻

授课对象　四年级

（一）案例设计思路

1. 学习内容的价值与特点

（1）价值：后滚翻是技巧中滚翻类的动作。掌握滚翻技术，学生在意外摔倒时可起到一定的自我保护作用。通过练习，能够有效发展学生的灵巧性、协调性及柔韧性，培养良好的身体姿态，逐步加强自我保护的意识和能力；能够培养学生勇于克服困难的精神，提高合作学习的能力。

（2）特点：后滚翻技术需要做到后倒团身、屈臂夹肘、翻掌贴肩、推手成蹲撑动作连贯完成。要从团身练习开始，循序渐进进行练习。其中，团身和夹肘推手是完成动作的关键。

2. 整体设计思路

本设计根据教学内容特点，按照循序渐进的教学原则，将动作分解，在保证学生安全的前提下进行分步骤的模仿体验。团身和夹肘推手是后滚翻动作的基础，课上通过教法和辅助教具对这两个动作进行反复练习强化。后滚翻对于灵敏性、协调性、柔韧性等身体素质有较高要求，所以本课针对后滚翻倾向于上肢、腰腹和头颈部运动，运动负荷偏小的特点，辅助教学内容安排合作性、竞争性很强的游戏“换物赛跑”，提高了学生课堂上的运动负荷及心率，激发学生的练习兴趣，提高运动能力。

（二）案例呈现

<table>
<tr><td>内容</td><td colspan="2">1. 技巧：后滚翻（新授）
2. 合作游戏：换物赛跑（复习）</td></tr>
<tr><td>目标</td><td colspan="2">1. 认知目标：清晰后滚翻的动作要领，了解后滚翻的实用价值；初步感知掌握后滚翻对于自我保护的重要性
2. 技能目标：
（1）80% 的学生能够掌握后滚翻团身紧凑、夹肘翻掌贴肩及时的动作；50% 的学生能够独立完成后滚翻动作
（2）发展学生上下肢的灵活性、协调性
3. 体能目标：增强学生的腰腹和上肢力量，重点发展身体控制能力和协调性素质
4. 情感目标：培养学生的勇敢、果断、勇于克服困难的优秀品质和善于观察的能力，在活动中表现出良好的相互协作意识与配合能力</td></tr>
<tr><td>重难点</td><td colspan="2">重点：团身紧凑，夹肘翻掌贴肩及时
难点：夹肘翻掌贴肩及时</td></tr>
<tr><td colspan="3">第一环节（3min）</td></tr>
<tr><td>教学内容</td><td>教师活动</td><td>学生活动</td></tr>
<tr><td>1. 整队，报告人数
2. 师生问好
3. 宣布本课内容，安排见习生
4. 检查常规
5. 队列练习
（1）稍息、立正、看齐、报数
（2）原地转法
（3）齐步走—立定</td><td>1. 提前到上课地点
2. 立正、面对学生
3. 讲话清楚、简练
4. 根据情况，合理安排
5. 教师提示要领
向右转为例：
右脚跟，左脚尖，为轴转体 90°；两臂夹紧身体，后脚前移并脚跟</td><td>1. 铃声响起前在指定地点集合，成四列横队
2. 铃声响起后军体委员整队，向教师报告人数
3. 目视教师，声音洪亮
4. 精神集中，听清内容
5. 听教师口令做动作
要求：精神集中，动作整齐一致</td></tr>
<tr><td colspan="3">设计意图：以师生问好、队列练习，对学生进行遵守纪律、听从指挥的教育。在整齐一致的练习中感受集体教育，养成集体主义良好品质。在教师的适时评价下，树立学生中的良好榜样</td></tr>
</table>

续表

第二环节（5min）		
教学内容	教师活动	学生活动
1. 一般准备活动 小学生广播体操《希望风帆》 2. 专项准备活动 （1）颈部加强练习 （2）双人压肩 （3）双人钻圈 （4）背人 （5）腕、踝、指关节 （6）翻掌贴肩推手练习	1. 指导学生四列体操队形散开 （1）在广播操音乐口令指挥下，教师面对学生领做 （2）要求：动作用力到位 （3）采用镜面示范 2. 教师指导学生分成 2 人 1 组 （1）教师讲解练习方法和动作要求 （2）教师口令指挥，教师喊“1、2、3、4”，并及时强调用力、评价学生表现	1. 两臂侧平举迅速散开成体操队形 2. 学生面向教师，在广播操音乐口令指挥下，教师面对学生集体练习 3. 要求：态度认真，动作用力到位 学生选择身高接近的 2 人 1 组 1. 学生听清方法，然后 2 人 1 组进行练习 2. 翻掌贴肩推手练习 8~10 次
设计意图：通过集体做小学生广播体操《希望风帆》，由上到下充分活动身体，为后滚翻练习做好必要的热身；通过专项准备活动，对后滚翻学习时受力较大的头、颈、肩、腰、上肢做针对性的拉伸，做好充足的热身，避免学生在学习过程中意外受伤；练习翻掌贴肩推手动作，让学生感受并基本掌握这个动作，为后滚翻学习打下基础		
第三环节（12min）		
教学内容	教师活动	学生活动
后滚翻 动作要点口诀： 蹬地、并腿、臀下坐 低头、团身、夹肘翻 重点：团身紧凑，夹肘翻掌贴肩及时 难点：夹肘翻掌贴肩及时 保护与帮助：保护者单膝跪在练习者侧后方，当练习者翻至肩部着垫时，一手提肩，另一手提推臀部助其滚翻	教法： 1.教师讲解示范团身前后滚动，提出练习要求，指导学生练习，评价学生表现 2. 教师讲解示范屈肘翻掌和夹肘翻掌团身滚动动作，提出练习要求，指导学生模仿练习 3. 教师讲解示范蹲撑后倒滚动手撑垫动作，提示翻掌要及时、撑垫要用力，指导学生练习，评价学生表现 4. 教师介绍口诀，出示评价标准，指导学生进行自评、互评	组织：圆形队面对圆心站立，每人 1 块垫子，2 组斜坡 1. 学生认真观察教师动作，模仿练习团身前后滚动动作 要求：团身紧凑 2. 学生认真观察教师动作，按要求模仿练习，体会夹肘动作 要求：夹肘要紧 3. 学生认真观察教师动作，按要求模仿练习蹲撑后倒滚动手撑垫动作 要求：翻掌要及时、撑垫要用力 4. 学生参照评价标准进行自评、互评

续表

<table>
<tr><td></td><td>5. 教师讲解示范完整后滚翻动作及保护与帮助方法
6. 提出动作练习要求及保护与帮助要求，指导学生分组练习，巡视、指导，强调团身紧凑、翻掌及时、推手有力
7. 集中纠正错误，学优生展示，强调动作要点
8. 提出动作要求，指导分组练习，巡视、纠正
9. 表扬学优生，总结</td><td>5. 学生认真观察教师的完整动作及保护与帮助动作
6. 学生分组练习，轮流做，2 个组长保护。学习有困难的学生在有坡度的垫子上完成练习
7. 学生认真观察学优生展示，集体熟悉口诀，明确动作要点
8. 分组练习，互相观察、互相纠正
9. 各组学优生展示，互评
要求：服从指挥，互相合作，注意安全</td></tr>
<tr><td colspan="3">设计意图：本环节练习通过直观的教师示范、学生观察模仿和学生之间合作练习体验，通过 3 个教学步骤的实施，循序渐进地让学生逐步熟悉和掌握后滚翻的前期动作；利用沙包有效解决了腿部并拢的问题，利用有坡度的垫子作为上课的辅助教具，有效降低滚动难度，注意分层教学；在课前对几名组长进行保护与帮助的训练，课上充分发挥了组长的骨干作用，保证了学生的练习次数与本课的练习密度</td></tr>
<tr><td colspan="3">第四环节（10min）</td></tr>
<tr><td>教学内容</td><td>教师活动</td><td>学生活动</td></tr>
<tr><td>游戏：“换物赛跑”
游戏方法：各组游戏前横排站于圆弧外，开始后每组头名同学持排球跑到圆心对应的垫子前将球于空盘内放好，换软式排球跑到队尾，将球通过本组每名同伴依次传递到本组第二名同伴手中，第二名同伴开始持球进行换物接力，依次进行。当本组每名同学都参与 1 次后，头名同学持球再次跑到圆心时将球放好，举起小红旗，完成比赛。最先完成的队获胜。传递球必须依次通过每名同学的手</td><td>教法：
1. 教师讲解方法、规则
2. 指导分组练习，及时指导纠正
3. 指导学生分组比赛 2 次
4. 总结经验，再次比赛
5. 教师评价学生表现</td><td>组织：学生分为 3 组
1. 学生集中听讲
2. 学生分组练习，然后比赛 2 次
3. 小组进行总结，再次比赛
要求：遵守规则， 注意安全</td></tr>
</table>

续表

<table>
<tr><td>游戏规则：
1. 传递软式排球时，必须按同伴之间的顺序手递手传递，不得越过中间同伴，否则判罚停 3s
2. 放在垫子上的软式排球不能滚出空盘，否则队员要将球重新放好后继续比赛</td><td></td><td></td></tr>
<tr><td colspan="3">设计意图：游戏环节利用创编游戏“换物赛跑”，让学生在激烈的竞争下，在小组合作中养成合作意识和积极向上的团队品质。本节课的后滚翻练习运动量较小，这个游戏以传递和折返跑为主，有效地提高了学生的运动负荷，将灵敏性、速度、协调性等身体素质的练习融入其中，提高了相关的运动能力</td></tr>
<tr><td colspan="3">第五环节（3min）</td></tr>
<tr><td>教学内容</td><td>教师活动</td><td>学生活动</td></tr>
<tr><td>1. 放松活动
身体拉伸练习
2. 小结，师生再见
3. 留作业，收器材</td><td>1. 教师面向学生，镜面带领学生进行拉伸练习
2. 教师小结本课的练习和比赛情况
3. 组织学生收拾器材，教育学生爱护器材</td><td>1. 学生随教师听音乐练习
2. 学生集中听讲
3. 学生帮助教师收器材</td></tr>
<tr><td colspan="3">设计意图：通过在舒缓音乐伴奏下进行拉伸练习，使学生得到身心放松，心率得到恢复</td></tr>
</table>

（二）案例点评

本课的设计和教学过程突出了学生的主体地位，在教学中关注了学生的学习过程，教师努力为学生提供科学、自主的学习空间，同时也为学生提供展示自我的机会；教师通过循序渐进的教法，简单实用的辅助教具，有效地解决了动作的重难点；带有坡度的小垫子降低了学习难度，很好地关注了学生的差异，有效激发了学生的学习兴趣；在分组教学中，教师很好地发挥了小组长的骨干作用；在教师创设合作学习的良好氛围中，学生掌握了动作技能，体验了运动的乐趣，最终得到快乐、全面的发展。

案例提供：张福良（北京市房山区窦店镇窦店中心小学）
点评专家：韩兵（北京教育学院）

案例17　有人扶持手倒立

授课对象　四年级

（一）案例设计思路

1. 学习内容的价值与特点

（1）价值：手倒立是体操中静止动作之一。它是用手掌撑地，头部朝下，两臂和两腿均伸直的人体倒置动作。按动作完成的姿态分为屈臂屈体、屈臂直体、直臂直体、直臂屈体及双手倒立、单手倒立等。手倒立属于不稳定的平衡动作，对练习者的空间感、体位感及保护帮助者的力量要求比较高。在小学阶段学习的手倒立是难度系数最低、最基础、最简单、最易学的脚蹬墙手倒立和靠墙手倒立动作，本课选择的是和靠墙手倒立动作姿势一样的依靠同伴扶持的手倒立，也就是通过在同伴的保护与帮助下完成的有人扶持手倒立。

（2）特点：有人扶持手倒立动作是技巧手翻类动作内容之一，经常练习可以增强肩、臂和腰腹力量，体会倒立动作的时空感，为学习其他手翻类动作奠定基础。其动作要点是两臂直臂撑地面，两腿依次摆动。初学手倒立有一定的难度，尤其是在教学中，要帮助学生克服心理与生理上的困难，树立信心，在教师的指导下，循序渐进，逐步提高，坚持练习，才能把手倒立动作学会、学好。

有人扶持手倒立是用手掌撑地，头部朝下，两臂和两腿均伸直的人体倒置动作，要求上肢做有力支撑。对学生肩带的柔韧性和力量有一定的要求。因此，学好有人扶持手倒立，对今后小学体操技巧项目的学习有十分重要的作用。

2. 整体设计思路

针对有人扶持手倒立的动作特点和学生的实际情况，在单元设计中，以有人扶持手倒立的技能学习为主，完成有人扶持手倒立所需要的体能练习为辅。在课堂学习中，采用学生喜爱的模仿小动物、小游戏竞赛等形式，不断提高学生学习有人扶持手倒立所需要的体能。引入小组合作学练、小组讨论探究的教学方法提高学生的学习兴趣和课堂实效性。

（二）案例呈现

<table>
<tr><td>内容</td><td colspan="2">1. 技巧：有人扶持手倒立
2. 游戏：曲线接力跑</td></tr>
<tr><td>目标</td><td colspan="2">1. 认知目标：巩固提高有人扶持手倒立，能够在同伴的保护下独立完成手倒立动作，做到直臂顶肩、立腰、绷脚尖
2. 技能目标：85% 的学生在保护帮助下能够完成倒立动作，50% 的学生能做到直臂顶肩、立腰、腿伸直、抬头的技术动作
3. 体能目标：发展学生的上肢、腰腹的力量，身体协调配合，提高学生维持身体平衡的能力
4. 情感目标：培养学生勇敢果断、克服困难、战胜自我的优良品质，以及互帮互助、团结协作的精神</td></tr>
<tr><td>重难点</td><td colspan="2">重点：双腿摆、并及时到位，直臂顶肩、腰立直
难点：身体协调配合</td></tr>
<tr><td colspan="3">第一环节（3min）</td></tr>
<tr><td>教学内容</td><td>教师活动</td><td>学生活动</td></tr>
<tr><td>1. 集合，整队，师声问好
2. 宣布本次课的内容要求
3. 检查服装，安排见习生
4. 队列练习
（1）三面转法练习
（2）齐步走—立定</td><td>1. 提前到上课地点
2. 立正、面对学生
3. 鼓励学生认真听讲，积极练习
4. 教师指导学生进入场地
5. 教师提示队列练习动作要领</td><td>1. 在指定地点集合，成四列横队，等待教师上课
2. 目视教师，声音洪亮
3. 精神集中，听清内容
4. 学生集中注意力进行三面转法，动作一致
5. 齐步走—立定练习，队列整齐、步伐一致
练习队形：四列横队</td></tr>
<tr><td colspan="3">设计意图：良好的常规教育，可以让学生形成正确的身体姿势，养成动作迅速、准确、令行禁止的良好作风。培养学生严格的组织性、纪律性和集体主义精神</td></tr>
</table>

续表

<table>
<tr><th colspan="3">第二环节（8min）</th></tr>
<tr><td>教学内容</td><td>教师活动</td><td>学生活动</td></tr>
<tr><td>1. 准备活动
韵律操热身
（1）少儿健身操
（2）垫上练习
2. 专项准备活动
（1）腕踝关节绕环
（2）2 人 1 组压肩练习
（3）爬行游戏</td><td>1. 教师放音乐并领做，调动学生积极性，激发学生学习兴趣
2. 教师带领学生活动腕踝关节并喊口号“1、2、3、4”，同时提示动作要求
组织前后两组同学进行练习，并提示充分压肩
3.“蝎子行”“螃蟹行”（采用猜拳的方式进行热身运动）</td><td>学生在音乐伴奏下跟随教师在垫子上练习垫上热身操，动作整齐，节奏感强，热身充分
1. 学生集体练习并喊口号“5、6、7、8”，动作用力做到充分活动
2. 学生 4 组变 2 组进行练习，两人互相配合充分活动
3. 学生用直臂支撑的动作做模仿蝎子行、螃蟹行听口令进行练习 2~3 次，遵守规则，动作规范</td></tr>
<tr><td colspan="3">设计意图：通过有针对性的热身操和主要关节活动，使学生在做好热身活动的同时，充分活动了肩背部的肌肉和韧带，为有人扶持手倒立动作的学习做好准备</td></tr>
<tr><th colspan="3">第三环节（19min）</th></tr>
<tr><td>教学内容</td><td>教师活动</td><td>学生活动</td></tr>
<tr><td>有人扶持手倒立
动作方法：双脚前后站立，双手撑地与肩同宽，手臂伸直，双腿依次上摆，接着顶肩、立腰、头稍仰，眼视两手，直膝绷脚，脚尖并齐，成直体倒立形态
重点：双腿摆、并及时到位，直臂顶肩、腰立直</td><td>1. 教师引领 2 人 1 组进行原地摆腿练习
（1）教师示范原地摆腿动作
（2）利用辅助带进行原地摆腿练习
（3）教师巡视并指导原地摆腿动作练习
2. 教师利用图板讲解动作及保护方法，并示范
（1）教师利用图板讲解动作及保护方法
（2）教师做示范动作</td><td>1. 2 人 1 组进行原地摆腿练习
（1）学生 2 人 1 组原地摆腿练习 2 次
（2）4 人 1 组利用辅助带进行练习 2 次
（3）学生在教师提示和保护下进行练习 2~3 次
2. 完整动作和保护方法
（1）学生认真听讲并仔细观察完整动作
（2）学生观看教师示范，在教师的鼓励下建立信心</td></tr>
</table>

续表

难点：身体协调配合 保护与帮助方法： 保护者站在练习者侧方和前方，双手扶其腿部，帮助其完成手倒立动作	3. 教师引领学生进行完整动作练习 4. 教师巡视指导，帮助动作有困难的学生完成动作并建立信心 5. 教师示范，并提出更高要求 6. 教师给出评价标准，并规范体操基本姿态 7. 学优生展示，教师引导学生说出本课重难点 8. 教师引领学生小组展示 9. 教师小结	3. 学生4人1组进行完整动作练习3次（1人练习，3人进行保护帮助），相互提醒技术动作 4. 在同学、教师的帮助下大胆尝试完成动作2次 5. 学生根据自己的能力进行练习2次（可减少保护同学） 6. 4人1组练习，小组及个人认真观察，根据标准进行评价 7. 认真观看学优生示范2次，积极回答问题 8. 学生小组展示学习成果3次 9. 学生认真听讲，总结自己的优点与不足
设计意图：本环节针对学生完成技能动作存在的问题展开练习，“蝎子行”“螃蟹行”（采用猜拳的方式进行热身运动）游戏加强了对学生上肢力量的锻炼。利用辅助带进行练习，提高学生的摆腿能力。通过教师示范引领，增加学生信心。在同学的保护与帮助下，互相观察、互相提示，正确完成动作。注重小组合作与探究，加强对学生合作意识和团队精神的培养		
第四环节（4min）		
教学内容	教师活动	学生活动
游戏：曲线接力跑 游戏方法：分成人数相同的4个队，纵队面向障碍物站好。听到口令后向前跑出，依次绕过障碍物折返跑回，用右手击后一位同伴的右手方可跑出，最先跑回的队为获胜 游戏规则：起跑不越线，击掌后跑出，依次绕障碍物，先回为获胜	1. 教师讲解游戏方法和规则 2. 教师强调比赛规则，引导学生组成游戏队形进行游戏 3. 组织比赛，提醒遵守规则 4. 教师小结比赛情况和进行安全教育	1. 学生集中注意力听教师讲解方法和规则 2. 学生组成游戏队形，做好游戏准备 3. 学生在教师口令下开始比赛 4. 学生认真听教师总结游戏情况 练习队形：四列横队 练习要求：快速把体操垫码放成障碍物，准备游戏
设计意图：针对本节课设计中上肢力量运用比较多的情况，游戏采用了以奔跑为主的下肢练习游戏，使学生上下肢力量得到全面发展		

续表

第五环节（3min）		
教学内容	教师活动	学生活动
1. 集合、放松 听音乐拉伸放松 2. 教师总结本次课的学习情况 3. 安排作业，收拾器材，宣布下课	1. 听音乐和学生一同练习 2. 小结本课的学习和比赛情况 3. 作业：回家在爸爸、妈妈的帮助与保护下展示有人扶持手倒立的练习成果	1. 听音乐，跟随音乐进行拉伸放松，注意动作舒展，积极练习 2. 学生集中听讲 3. 帮助教师收拾器材 练习队形：四列横队 练习要求：认真听音乐，放松，闭眼，调整呼吸
设计意图：采用听音乐进行拉伸练习，不仅身心得到放松，也提高了身体柔韧性		

（三）案例点评

手倒立是体操中静止动作之一，它改变了人体正常的直立行走状态，利用肌肉的紧张收缩，提高大脑支配肢体的能力。它是用手掌撑地，头部朝下，两臂和两腿均伸直的人体倒置动作，属于不稳定的平衡动作，对练习者的空间感、体位感及保护帮助者的力量要求比较高。在本课的教学中，坚持以《义务教育体育与健康课程标准（2011 年版）》为依据，遵循循序渐进的教学原则，按照运动技能形成的规律及学生身心发展的特点，由易到难，层层深入地引导学生体验学习的过程，通过简单、高效的教学方法帮助学生掌握运动技能，教会学生学习方法。教学中注重技能传授的系统性；充分发挥小组合作学习的作用，让学生体会成功的快乐，提高学习效率；注重学生身体素质的发展，能够结合运动项目的特点增强灵敏性、协调性等素质的发展。

案例提供：李强（北京市大兴区旧宫镇第一中心小学）

点评专家：胡峰光（北京教育学院）

案例18　侧手翻

授课对象　五年级

（一）案例设计思路

1. 学习内容的价值与特点

（1）价值：侧手翻是技巧手翻类动作内容之一，经常练习可以增强肩、臂和腰腹力量，体会翻转动作的时空感，为学习其他手翻类动作奠定基础。

（2）特点：侧手翻的动作要点是两臂依次推撑地面，两腿依次摆动，然后两手依次推离以形成翻转的动力。初学侧手翻有一定的难度。在教学中，一方面要帮助学生克服心理与生理上的困难，树立信心；另一方面要遵循循序渐进的教学原则，逐步提高动作要求和质量，使学生提高自学自练的能力，真正做到“学会学习和锻炼”。

2. 整体设计思路

授课班级学生已经掌握了一些技巧动作，学会了蹬墙手倒立、靠墙手倒立和有人扶持的手倒立技术，已经克服了头朝下的畏难情绪，这对侧手翻的学习起到了积极作用。完成侧手翻需要撑、蹬、摆协调连贯，要求学生要有一定的上肢力量、核心力量和身体协调性。为了让学生拥有完成侧手翻所需要的运动能力，在单元教学中增加了发展上肢力量和身体协调性的练习内容，如“蟹行”“蜘蛛行”“小蚂蚁搬家”等，这些都有助于学生掌握侧手翻技术动作。

在教学中，通过固定分组的练习形式，给学生充分的练习时间和思考时间，通过多思多想和小组成员的互帮互学，提高学生自我解决问题的能力。通过有效的保护和帮助的方法（如在软硬合适的大垫子上练习）消除学生顾虑，保护学生安全；教师和部分学生上手一对一保护和帮助完成动作有困难的学生，帮助他们掌握技术动作，提高完成动作的质量。在学练的过程中培养学生勇敢、果断、顽强、自信的意志品质。

（二）案例呈现

<table>
<tr><td>内容</td><td colspan="2">1. 技巧：侧手翻（第五次课）
2. 游戏："大风吹，小风吹"（复习）</td></tr>
<tr><td>目标</td><td colspan="2">1. 认知目标：学习侧手翻动作方法，掌握动作要领，掌握评价标准
2. 技能目标：85% 的学生能够做到蹬地、摆腿、撑垫、推手、展体的动作连贯、协调
3. 体能目标：发展学生的上肢、腰腹力量，增强身体的平衡、协调能力
4. 情感目标：培养学生勇敢果断、克服困难、战胜自我的优良品质，以及互帮互助、团结协作的精神</td></tr>
<tr><td>重难点</td><td colspan="2">重点：依次撑垫、依次蹬摆、依次推手
难点：手脚支撑点落在一条直线上</td></tr>
<tr><td colspan="3">第一环节（3min）</td></tr>
<tr><td>教学内容</td><td>教师活动</td><td>学生活动</td></tr>
<tr><td>1. 集合、整队、报数
2. 师生问好
3. 宣布本课内容
4. 安排见习生
5. 队列练习
（1）向左、右、后转
（2）向后转走</td><td>1. 提前到上课地点
2. 立正、面对学生
3. 讲话清楚、简练
4. 根据情况，合理安排
5. 教师提示要领
口令："向后转—走！"预令和动令都落在右脚</td><td>1. 铃声响后在指定地点集合，成四列横队
2. 目视教师，声音洪亮
3. 精神集中，听清内容
4. 服从教师安排，做适合的活动
5. 在教师指挥下练习
（1）集体按常规练习 2~3 次
（2）要求精力集中，精神饱满。听到口令后，左脚向前半步，脚尖向右约 45°，以两前脚掌为轴，向后转 180°，出左脚，向新的方向行进。后转时两臂自然前后摆动不得外张</td></tr>
<tr><td colspan="3">设计意图：通过开课式和队列练习，了解学生基本情况；集中学生注意力；培养良好的身体姿态，发展学生的体能，提高学生的方位感；培养雷厉风行的作风，增强相互配合的能力</td></tr>
<tr><td colspan="3">第二环节（4min）</td></tr>
<tr><td>教学内容</td><td>教师活动</td><td>学生活动</td></tr>
<tr><td>准备活动
1. 随音乐慢跑并进入练习场地
2. 垫上韵律活动操</td><td>引导学生跑到练习场地
教师口令指挥，并领做
教师及时提示动作要领
要求：提示精要，示范标准</td><td>跑到固定位置，迅速站好
学生和教师一起热身
要求：认真热身，动作到位</td></tr>
</table>

续表

<table>
<tr><td colspan="3">设计意图：通过听音乐慢跑让学生在欢快的音乐中进行慢跑热身。其中穿插各种变换练习可提高学生的练习兴趣，培养学生的团队意识。通过垫上功能动作热身，将发展相关体能练习融入其中，为技能的学习打下基础。激活学生侧手翻需要的肌肉，做好运动安全的预防</td></tr>
<tr><td colspan="3">第三环节（28min）</td></tr>
<tr><td>教学内容</td><td>教师活动</td><td>学生活动</td></tr>
<tr><td>1. 侧手翻
动作方法：
两臂上举，上体略向右倾，左腿侧举；接着迅速向左倒体，左脚落地屈膝，右腿向右侧上摆，同时左脚蹬地，接着左右手依次撑地，经分腿倒立过程，两手顺势依次推离垫子，两脚依次着地（六点尽可能成一条直线），成侧立
重点：依次撑垫、依次蹬摆、依次推手
难点：手脚支撑点落在一条直线上</td><td>1. 介绍本节课评价方法及学习要求
2. 指导学生复习有人扶持手倒立成分腿
3. 安排学生 4 人 1 组翻过不同高度（胸前、肩、头上）的皮筋
4. 设疑：在完成侧手翻后两腿怎样站立才能使动作稳
5. 教师示范完整动作，提示观察要点：推手，绷脚尖，两脚依次分开，落地平稳
6. 师生共同总结动作要点
7. 组织学生练习及展示
8. 利用动作示意图，再次强调动作要点
9. 组织学生分组练习，用脚踢悬挂物进行侧手翻练习
10. 组织优秀学生展示
11. 指导学生提高动作质量，分组练习，提示学生及时推手
12. 组织学生自评
13. 据评价结果，自主选择场地，进行完整动作练习</td><td>1. 听教师介绍本节课评价方法及学习要求
2. 复习有人扶持手倒立成分腿 2~3 次
3. 4 人 1 组翻过不同高度（胸前、肩、头上）的皮筋 2~3 次
4. 思考：在完成侧手翻后两腿怎样站立才能使动作稳
5. 观看教师示范完整动作，观察要点：推手，绷脚尖，两脚依次分开落地平稳
6. 与教师一起总结动作要点
7. 练习完整动作及展示 3~4 次
8. 观看动作示意图，学习动作要点
9. 分组练习，用脚踢悬挂物进行侧手翻练习 3~4 次
10. 观看优秀同学展示
11. 注意动作质量，分组练习，同伴之间互相提示及时推手
12. 学生自评
13. 根据评价结果，自主选择场地，进行完整动作练习 3~4 次
练习队形：圆形队，4 人 1 组（固定分组和临时结组相结合）
要求：
1. 练习认真严肃
2. 保护和帮助认真负责
3. 及时提示同伴，提示动作要求，练习 3~4 次</td></tr>
</table>

续表

<table>
<tr><td>2. 游戏：“大风吹，小风吹”
游戏方法：全班围成一圈。每人脚下踩 1 块小垫子，A 站在最中间呼喊“大风吹”，其他人问：“吹什么？”A：“吹所有男生”等指令。符合条件的学生必须离开自己的垫子再找 1 块垫子站好，没有垫子的学生到中间发问，循环进行。“小风吹”则与之相反
规则：
1. 给出的特征必须准确无异议
2. 先到先得到垫子
3. 最后没有垫子的学生做立卧撑 1 次，再开始游戏</td><td>练习队形：圆形队，4 人 1 组（固定分组和临时结组相结合）
组织学生进行小组练习：
1. 教师讲解游戏方法及规则
2. 引导学生组成游戏队形进行游戏
3. 组织学生开始游戏：先分别提示特征，然后再混合提示特征
要求：
1. 遵守规则、注意安全
2. 认真练习</td><td>1. 听教师讲解游戏方法及规则
2. 快速组成游戏队形进行游戏
3. 开始练习
（游戏时间 3min）
要求：
1. 遵守规则、注意安全
2. 认真练习</td></tr>
<tr><td colspan="3">设计意图：通过分腿倒立体会倒立时分腿的身体感觉，为完整动作练习做准备，同时增进同伴间的互相信任。通过翻皮筋，解决学生屈髋、屈膝、不绷脚背等错误动作。根据学生练习时出现的蹬摆不够、推手不及时、两脚落地不能分开立等问题，进行引导、示范，学生观看教师示范，观看要点是推手、两脚开立等。通过反复观看示范，完整练习，解决本节课依次撑垫、依次蹬摆、依次推手的教学重点；通过在限制线内的练习帮助学生突破本节课手脚支撑点落在一条直线上的教学难点。脚踢悬挂物练习，进一步解决屈髋、屈腿、不绷脚背的问题，还可以激发学生练习兴趣</td></tr>
<tr><td colspan="3" align="center">第四环节（3min）</td></tr>
<tr><td align="center">教学内容</td><td align="center">教师活动</td><td align="center">学生活动</td></tr>
<tr><td>放松整理活动
韵律放松
小结、讲评，布置作业，安排收拾器材</td><td>教法：
1. 带领学生听音乐，进行放松
2. 教师领做，师生共同进行放松活动
作业：双臂支撑 10s × 4 组</td><td>学法：
1. 听音乐，跟随教师进行放松
2. 认真观察模仿教师动作，师生共同进行放松活动
认真听教师小结，下课</td></tr>
</table>

续表

设计意图：通过音乐放松，一方面帮助学生放松身心，另一方面教会学生放松身心的方法。通过小结帮助学生认清学习中出现的问题，为下一步学习奠定基础

（三）案例点评

侧手翻是人教版小学五年级至六年级技巧手翻类动作内容之一，动作难度比较大，尤其是对力量的要求更大，经常练习可以增强肩、臂和腰腹力量，体会翻转动作的时空感，为学习其他手翻类动作奠定基础。侧手翻的动作要点是两臂依次推撑地面，两腿依次摆动，然后两手依次推离以形成翻转的动力。初学侧手翻有一定的难度，教师在深入理解课标的基础上制订了切实可行的教学计划，教学效果比较显著。教学以“以学生发展为中心，帮助学生学会体育与健康学习”的理念为指导，采用简单高效的教学方法，帮助学生学会学习与思考。同时，有计划、有目的地开展教学，制订切实可行的教学计划，注重发展学生的身体素质。关注差异，区别对待，确保每一名学生享受成功的喜悦。关注学生的学习，使评价的时间、内容、形式、指标更加贴近学生的学习。运动负荷合理，给学生充分的练习时间。

总之，本课紧紧围绕“以学生发展为中心，帮助学生学会体育与健康学习”的理念，以 4 人为 1 组的基本的练习形式，采用简单有效的教学手段和方法，发挥教师的主导作用，帮助学生进一步掌握侧手翻技术，提高了课堂教学的实效性，促进了学生身心的发展。

案例提供：吴雁（北京市大兴区旧宫镇第一中心小学）
点评专家：张庆新（北京教育学院）

案例19　单杠——跳上正撑前翻下

授课对象　五年级

（一）案例设计思路

1. 学习内容的价值与特点

（1）价值：单杠运动主要有支撑、摆动、屈伸、回环、转体、翻转和悬垂等动作。系统地进行单杠运动能有效地发展学生上肢、肩带、躯干肌肉群力量和柔韧性，提高身体协调、平衡和支撑悬垂能力，它能帮助人们摆脱生活、工作中遇到的一些困境，是个人自救能力的组成部分。

（2）特点：单杠运动支撑面狭窄，杠面易滑，学生重心不稳，易产生害怕心理，需要学生勇于克服困难，顽强、果断地完成练习，对学生良好心理的形成和意志品质的培养有积极的促进作用。

2. 整体设计思路

五年级单杠教学内容——跳上正撑前翻下，技术动作主要是以支撑、摆动、平衡、翻转和悬垂为特点，对学生上肢、肩带、腰腹力量的发展有明显的练习效果，同时还可以发展学生的柔韧性、灵敏性、协调性、平衡能力等素质，形成健美的体态；培养坚毅、勇敢、果敢、顽强的优良品质。本节课是五年级单杠教学的第二次课，学习的内容是跳上正撑前翻下动作，重点是腹部紧贴杠，难点是前翻时速度不宜太快。杠上成支撑—前翻下动作难度比较大，对于学生的上肢、腰腹力量有相当大的要求，学生不容易掌握。个别学生上肢、腰腹力量不足，在前翻下时容易出现前翻速度太快、手脱杠、腹部不能贴紧杠等情况，所以要让学生对动作建立直观的概念，同时做好相互的保护和帮助措施。

（二）案例呈现

内容	1. 单杠：跳上正撑前翻下（第二次课） 2. 游戏："旋风跑"
目标	1. 认知目标：了解单杠的技术特点，记住动作顺序，在头脑中建立完整的动作表象 2. 技能目标： （1）70% 的学生能够完成跳上正撑前翻下动作，并做到直臂顶肩、腹部贴杠；50% 的学生能够做到动作轻巧、姿势优美 （2）在游戏中，学生能够正确运用步法进行旋转 3. 体能目标：增强学生的腰腹和上肢力量，发展学生的柔韧性、灵敏性、协调性、平衡能力等素质 4. 情感目标：培养学生勇敢、顽强、不怕困难的进取精神及体育健身的兴趣
重难点	重点：支撑直臂顶肩，前翻下时腹部贴杠，轻巧落地 难点：克服恐惧心理，有效控制身体位置与姿态

第一环节（5min）

教学内容	教师活动	学生活动
1. 体委整队，报告人数 2. 师生互相问好 3. 教师宣布本课内容和要求 4. 合理安排见习生 5. 原地转法 6. 齐步走—立定	1. 提前到上课地点等待 2. 立正、面对学生 3. 语言简练、清晰 4. 根据情况，合理安排 5. 教师提示转法的要领 6. 教师提示队列的要领，要求口号声音洪亮	1. 指定地点集合，成四列横队 2. 目视教师，声音洪亮 3. 注意力集中，听清本课内容 4. 服从安排，做适当的运动 5. 学生向左、右、后转 6. 学生齐步走—立定，喊口号"1、2、3、4"

设计意图：通过常规教育和队列练习，培养学生良好的组织性、纪律性，养成学生服从命令听指挥的习惯

第二环节（10min）

教学内容	教师活动	学生活动
1. 准备活动 （1）头部运动 （2）肩部运动 （3）扩胸运动 （4）体转运动 （5）腹背运动 （6）跳跃运动 （7）整理运动 （8）活动手腕、脚踝	1. 指导学生四列横队成体操队形散开 2. 教师带领学生做准备活动 3. 要求：动作准确到位	1. 两臂侧平举成体操队形散开 2. 学生跟随教师练习 3. 要求：认真观察教师动作，积极练习

续表

2. 专项准备活动 （1）立卧撑接直腿前滚翻 （2）仰卧大腿面贴胸练习	1. 教师指导学生 2 人 1 组练习 2. 教师讲解并示范动作方法，学生协助 3. 教师巡视指导，强调动作方法及要领	1. 学生听清方法，认真观察教师示范，然后 2 人 1 组进行练习 2. 每项练习 2~3 次
设计意图：引导学生在运动前做好准备活动，避免运动损伤。通过专项准备活动的练习，为后续教学做好铺垫		
第三环节（15min）		
教学内容	教师活动	学生活动
单杠——跳上正撑前翻下 要点： 跳上成正撑时，要挺胸抬头、挺髋、绷腿和脚背，两臂撑直，使身体保持平衡。前翻下时，上体前倒、腹部紧贴杠，屈臂拉杠屈膝成蹲悬垂慢落地 教学重点：支撑直臂顶肩，前翻下时腹部贴杠，轻巧落地 教学难点：克服恐惧心理，有效控制身体位置与姿态	引导学生进入练习场地 1. 复习跳上正撑挺身下的动作，教师强调保护方法及练习顺序 2. 点评复习情况 3. 提问：还有什么下杠的方法吗？引出新课内容 4. 教师讲解并示范屈臂前倒体挂杠的动作及保护方法 5. 教师巡视指导 6. 纠正错误，强调腹部紧贴杠 7. 出示挂图，教师讲解并示范完整的动作方法，给学生树立完整的动作表象 8. 教师巡视指导 9. 针对学生腹部贴杠不准确的问题，教师出示彩色贴纸，帮学生找到正确贴杠位置 10. 教师巡视指导，强调动作要领，提出更高的要求 11. 优秀生展示，教师点评 12. 教师总结	学生 2 人 1 组，3 组在同 1 块练习场地站好 1. 学生练习，保护及时，注意安全 2. 学生复习 2~3 次，优秀生展示 3. 学生讨论、思考后回答 4. 学生认真听讲、仔细观察 5. 学生分组模仿练习 2~3 次 6. 学生继续练习 7. 学生认真听讲，仔细观察 8. 学生分组练习 3~5 次，体会动作要领，保护动作准确到位 9. 根据要求，贴准位置 10. 学生练习 3~5 次，体会技术动作和保护和帮助的方法 11. 推选出本组练习最好的学生进行展示，提高练习的兴趣 12. 学生认真听讲
设计意图：本环节安排了 2 人 1 组的练习形式，学生可以指导和帮助，调动了学生练习的积极性。教师的讲解示范，使学生认识到了动作的顺序，形成了正确的动作表象。通过挂图，使学生更加直观地理解了动作要领。最后的优秀生展示，学生通过自己的努力练习，被集体推选出参加展示，更加提高了学生的练习兴趣		

续表

第四环节（7min）		
教学内容	教师活动	学生活动
游戏：“旋风跑” 游戏方法：听到口令后，各队的第一组学生开始共持长杆奔跑，跑到中间的旗帜时，按逆时针方向做集体绕杆动作（形似旋风），绕过旗帜后跑回起点，把杆交给第二组，以此形式接力。待各队全体同学都跑完比赛结束，以结束的顺序为名次，决定胜负	引导学生进入游戏场地 1. 教师讲解游戏方法及规则，强调安全 2. 开始游戏 3. 教师强调规则及易犯错误 4. 增加跑的距离，继续游戏 5. 教师总结，表扬优秀学生 要求：遵守规则，注意安全	学生 3 人 1 组，共 8 组在游戏场地分两侧站好 1. 学生认真听讲 2. 学生比赛，2~3 次 3. 学生认真体会 4. 学生比赛，2~3 次
设计意图：“旋风跑”游戏发展了学生灵敏性、速度、协调性等身体素质，提高学生的练习兴趣，培养学生相互合作的精神、竞争意识和自觉遵守规则的习惯		
第五环节（3min）		
教学内容	教师活动	学生活动
1. 放松活动：瑜伽 2. 总结本次课情况，宣布下次课内容，提出要求 3. 布置作业，安排收拾器材	引导学生进入放松的圆形场地 1. 教师带领学生跟随音乐做瑜伽动作 2. 教师总结本课学生表现情况 3. 作业：单杠——跳上正撑前翻下，在有人保护和帮助下完成 10~15 次。组织学生收拾器材	学生面向圆心在圆形场地站好 1. 学生随教师听音乐练习 2. 学生认真听，及时反馈 3. 学生帮助教师收器材
设计意图：培养学生良好的身体姿态，发展表现力，激发学生的动作创新意识。		

（三）案例点评

遵循认知规律，教学过程循序渐进。先让学生复习第一课所学的跳上成支撑后摆下的动作，帮助学生巩固和提高杠上正撑的动作。然后参照图板练习上体前倒腹部贴杠动作，引导学生找到正确的贴杠位置，为前翻下动作做好准备。

教学方法灵活多样。在教学中教师通过图板和示范，结合讲解，让学生加深对动作的理解，引发学生参与练习的欲望。在主项教学的方法上，采用教师示范、贴标志、图板讲解等直观教学手段，帮助学生了解动作过程和方法，促使学生形成正确的动作表象。在整个学练过程中，认真观察学生练习情况，适时表扬、鼓励、激励学生，努力激发学生的学习积极性。

案例提供：侯栋（北京市房山区窦店中心小学）
点评专家：李健（北京教育学院）

案例20　肩肘倒立

授课对象　五年级

（一）案例设计思路

1. 学习内容的价值与特点

（1）肩肘倒立是小学体操的重点教学内容，是要求学生掌握的基本动作。它是在以前各种滚动、滚翻的基础上进行的以静力性为主的练习，它是发展学生腰腹肌力量、协调性、平衡能力、对空间的感知能力和自控能力的延伸。其目的是既要发展学生的空间感知能力和对身体的自控能力，又要在此基础上培养他们的相互协作意识、审美能力、积极乐观向上的进取精神，陶冶其情操。

（2）特点：肩肘倒立动作的重点在于伸髋立腰，双手撑腰背；肩肘倒立能有效发展学生的腰腹肌力量、协调性、平衡能力。经常练习对腰背、肩、臂等部位的肌肉力量和身体的协调性有良好的作用，可以培养学生坚强的意志和克服困难的精神。

2. 整体设计思路

本设计充分考虑了五年级学生的身心特点：身体发育处于增长率高峰阶段；集中注意能力有所发展，集中注意的时间可达 25min；已从具体形象思维向抽象逻辑思维过渡；已经有了一定的运动基础知识、技能，很好地掌握了各种滚动、滚翻等技巧动作；身体素质较好，热爱体育运动，喜欢上体育课，有较强的学习能力。因此，教师在教学中运用直观示范法的同时还采用了探究学习法、合作学习法等，多用激励手段激发学生的学习动机。注重素质与能力的培养，做到锻炼与育人相结合。

（二）案例呈现

<table>
<tr><td>内容</td><td colspan="2">1. 技巧：肩肘倒立（第二次课）
2. 游戏：“占领阵地”</td></tr>
<tr><td>目标</td><td colspan="2">1. 认知目标：进一步学习肩肘倒立的动作方法，力争所有学生掌握动作要领，理解评价方法
2. 技能目标：85%以上的学生在保护与帮助下能完成肩肘倒立动作
3. 体能目标：通过练习与游戏，增强上下肢、腹背、腰部及肩带的肌肉力量，提高学生的协调性、灵敏性等素质和快速安全通过障碍的能力
4. 情感目标：培养学生的人际交往能力与合作意识，激发学生积极参与体育活动的兴趣，养成安全参与体育活动的习惯</td></tr>
<tr><td>重难点</td><td colspan="2">重点：后倒翻臀，屈肘撑腰，伸腿展髋，紧身立腰
难点：动作连贯，支撑稳</td></tr>
<tr><td colspan="3">第一环节（4min）</td></tr>
<tr><td>教学内容</td><td>教师活动</td><td>学生活动</td></tr>
<tr><td>1. 集合、整队、报数
2. 师生问好
3. 宣布本课内容
4. 安排见习生
5. 队列练习
绕场地内图形慢跑</td><td>1. 提前到上课地点
2. 立正、面对学生
3. 讲话清楚、简练
4. 根据情况，合理安排
5. 教师提出队列要求</td><td>1. 铃声响后在指定地点集合，成四列横队
2. 目视教师，声音洪亮
3. 精神集中，听清内容
4. 服从教师安排，做适合的活动
5. 学生排成一路纵队进行慢跑练习
要求：队列整齐，精神饱满</td></tr>
<tr><td colspan="3">设计意图：借助队列练习培养学生服从命令听指挥的良好习惯，树立良好的学习风貌，进而调整下一环节的教学队形</td></tr>
</table>

续表

第二环节（7min）		
教学内容	教师活动	学生活动
1. 准备活动 （1）游戏一： 与队列练习融合，听哨声，抢垫子，做模仿操 头部运动 夹肘运动 俯背运动 仰撑举腿运动 （2）游戏二：“不倒翁”	1. 指导学生慢跑，听到哨声后，快速找到1块距离自己最近的垫子（垫子摆放成“U”形） （1）教师口令指挥，并领做 （2）教师及时提示动作要领 （3）教师组织学生进行“不倒翁”游戏 2人1组，1人站在垫子前，1人平躺在垫子上，双手抱住站立学生的小腿，下肢和腹部发力，快速收腹举腿成90°，站立学生用双手快速将练习学生的双腿推回原位，比一比30s谁的举腿次数最多 要求：提示精要，示范标准	1. 组织：学生按照教师要求的路线进行跑步练习，听到教师哨声后，快速抢到1块距离自己最近的垫子，坐下 2. 学生和教师一起热身 3. 听清教师要求，2人1组合作进行游戏 要求：认真热身，动作到位
2. 专项游戏 （1）“传送情报” 方法：通过用两脚夹住“情报板”，从前面经直腿后倒翻臀动作将“情报板”传递给后面同学传递接力。传递“情报”之前，教师先语言引导学生：为了将“情报”准确无误地传递，先进行练习两臂侧平举，再经前，两手压垫慢慢向上举腿的技术动作，在练习过程中强调身体要稳	2. 教师指导学生分成人数相等的4组 （1）教师讲解游戏方法，然后请1组学生协助示范 巡视指导，强调直腿后倒翻臀的动作方法	学生按要求分成人数相等的4组 1. 学生听清方法，认真观察示范，分组进行练习 比赛练习3~5次

续表

<table>
<tr><td>（2）“蹬自行车”
方法：练习同学仰卧在垫子上，双腿屈膝抬起，教师语言引导学生“自行车爬坡了”“马上冲刺了”怎么做，调动学生的学习乐趣</td><td>（2）蹬自行车
教师讲解动作要领及方法，并示范；巡视指导
组织比赛，看谁蹬得最快
要求：提示安全，及时纠正</td><td>2. 蹬自行车
学生观察动作方法并记忆动作要领
学生自主练习，每人练习 20~30s
要求：动作标准</td></tr>
<tr><td colspan="3">设计意图：游戏“传送情报”的动作方法和肩肘倒立的预备动作极为相似。通过游戏，可以让学生体会双手用力压垫、身体后倒、举腿翻臀的动作方法，并很好地激发了学生的学习兴趣。“情报板”上的内容为肩肘倒立的动作图解和重难点。游戏“蹬自行车”让学生体会撑住、撑稳的动作方法：想要撑得住，手型要正确，四指托背向上，拇指指向腰侧；想要立得稳，双肘要内收、夹紧。关注学生做动作的每一个细节</td></tr>
<tr><td colspan="3">第三环节（17min）</td></tr>
<tr><td>教学内容</td><td>教师活动</td><td>学生活动</td></tr>
<tr><td>肩肘倒立
动作方法：
两腿伸直并腿坐，上体前屈，胸部靠近大腿，两手触脚背；然后上体滚动后倒，两臂压垫同时腿上伸、迅速屈肘内收、手撑腰的上部，伸髋、挺腹、脚背绷直向上蹬，成肩颈和上臂支撑地面的肩肘倒立姿势
口诀：
上体前屈触脚尖
后倒压垫把臀翻
屈肘内收撑腰背
立腰伸腿要展髋</td><td>1. 教师讲解示范肩肘倒立动作
2. 学生前后 2 人 1 组，观看纸牌示意图和口诀
3. 学生进行完整动作练习
4. 教师示范后倒两臂压垫脚尖过头触地动作，组织学生进行练习。教师巡视指导
5. 肘不超过红色标志线，上臂平行，体会夹肘内收</td><td>1. 学生认真观察教师示范并思考
2. 学生观看纸牌上的图解及口诀，做压垫翻臀后撑腰举腿练习 4~6 次
3. 学生认真观察，学习肩肘倒立完整过程 1 次
4. 学生观察教师示范动作并进行练习 4~5 次
5. 根据标志线，学生继续练习 4~5 次</td></tr>
</table>

续表

重点：后倒翻臀，屈肘撑腰，伸腿展髋，紧身立腰 难点：动作连贯，支撑稳 保护与帮助方法：保护者站在练习者侧面，两手握其小腿或脚踝上提。如倒立姿势不正确，身体不能充分伸展，可用膝盖顶其背部，使其充分伸直	6. 根据学生掌握情况进行分层教学 （1）基本能够独立完成肩肘倒立动作，出现轻微屈髋问题的学生，可以通过同伴帮助，做肩肘倒立动作时，采用两脚触上方标志物（“情报”）的方法，边做边看“情报”上的动作图解，帮助其动作定型 （2）对于部分学生出现倒立不稳、立不住的学生，我们可以先让其体会：①直腿后倒屈体滚动后倒翻臀练习；②徒手屈臂夹肘、紧身立腰练习 （3）针对肥胖学生，在做后倒翻臀时可以将垫子重叠站在侧后方，用垫子推臀部和腰背，给他一个伸腿展髋的外力 7. 教师讲解示范保护与帮助练习 8. 小组 2 人合作练习 9. 1 人举纸板，1 人脚绷直够纸板练习 10. 找优秀学生展示 11. 评价	6. 学生分组进行练习 3~4 次 7. 认真观察保护与帮助动作方法，肩肘倒立完整动作 1~2 次 8. 两人一组，结合小纸板，改进动作再次练习 3 次 9. 学生表演（生互评、师评）1 次 10. 回顾练习过程 1 次
设计意图：本环节练习安排了分层教学。通过分层教学，针对学生不同的差异，合理解决学生所出现的问题，对症下药。而挂图和口诀将分解动作完整串联，尤其是小纸板的使用，从准备活动的“传送情报”，到基本部分学生观看口诀及挂图，再到提高阶段利用小纸板纠正学生绷脚背问题，一物多用，避免了集中看口诀及挂图等问题。而学生也通过多层次评价方法，充分了解自己所掌握的情况		

续表

<table>
<tr><th colspan="3">第四环节（9min）</th></tr>
<tr><td>教学内容</td><td>教师活动</td><td>学生活动</td></tr>
<tr><td>游戏：占领阵地
游戏方法：
以中间同学为基准，左边同学称为 A 队，要将垫子合上；右边同学称为 B 队，要将垫子打开。听到哨声发令开始，听到哨声结束，看合上和打开的垫子哪个数量多，多的队获胜
游戏规则：
1. 不允许压垫坐垫
2. 不允许改变垫子原先位置，比如叠垫子
3. 在分垫子时不要推挤冲撞，要注意安全</td><td>1. 教师介绍“占领阵地”等方法、要求，并示范
2. 教师组织游戏
3. 教师公布成绩并小结</td><td>组织：成四路纵队
1. 学生集中听讲
2. 学生分成 2 组练习，然后比赛 3~5 次
要求：
动作协调顺畅，团队协作
遵守游戏规则，注意安全</td></tr>
<tr><td colspan="3">设计意图：游戏环节在强化学生协调用力、发展体能的同时，还开发了学生积极动脑的能力，培养了他们的团结协作的精神</td></tr>
<tr><th colspan="3">第五环节（3min）</th></tr>
<tr><td>教学内容</td><td>教师活动</td><td>学生活动</td></tr>
<tr><td>1. 集合、放松
采用坐在垫子上听音乐进行拉伸的方式
方法：学生根据音乐的节奏，跟随教师一起做拉伸放松。音乐停止后，看谁先快速起立
2. 总结本课练习情况</td><td>1. 教师示范、讲解动作方法及要求
2. 教师指挥、组织比赛
3. 教师小结
4. 教师总结本课的练习和比赛情况</td><td>1. 学生听清比赛方法、要求
2. 学生听音乐比赛练习
3. 学生集中听讲
4. 帮助教师收器材</td></tr>
<tr><td colspan="3">设计意图：引导学生放松的同时，发展学生的柔韧性和快速反应能力</td></tr>
</table>

（三）案例点评

1. 本课以知识技能为学习主线，以游戏为载体。教学环节紧密，教法步骤清晰。通过教师讲解示范配合动作示意图突出知识技能教学，学生观看，然后进行在保护与帮助下练习，独立完成动作练习，两人小组进行合作式、讨论式学习，分组展示与评价等多层次系统化的练习，让学生找出问题与不足，对学生掌握知识点、技能要点的情况进行查漏补缺，突出肩肘倒立时后倒翻臀、屈肘撑腰、伸腿展髋、紧身立腰的教学重点、难点。

2. 教学方法有趣、有效。通过小游戏“传递情报”和“蹬自行车”与所学技能有效链接，激发了学生的学习兴趣。在分解练习中，通过后倒翻臀练习、徒手夹肘练习及在保护与帮助下的练习解决学生动作立不住、立不直的难题，效果显著。

3. 教学手段符合运动技能形成的规律。教学中要合理安排教学进度，比如本节课重点就是解决学生的后倒夹肘翻臀，脚背绷直可以放在第三或第四次课，而且不一定一次课就要求学生完成一个单元的重难点，应结合学生的实际身体素质运用适宜的教学手段。

案例提供：周笑南（北京第二实验小学通州分校）
点评专家：金卫华（北京第二实验小学通州分校）

第三章 篮球运动能力教学导读与优秀案例展示

【内容简介与课标链接】

篮球运动形式活泼，具有很强的趣味性和竞技性，深受广大青少年喜爱，在我国中小学的开展和普及程度很高。篮球是典型的全身性运动，围绕投篮为中心，串联了走、跑、跳、投等各种动作。同时，它还是一项攻守交替、集体对抗的运动项目，具有增强学生体质、促进身心发展、培养合作意识和集体主义精神等多重教育价值。

《义务教育体育与健康课程标准（2011年版）》在“课程内容”部分中提出，水平一到水平三的学生应该了解、学习和掌握一些小篮球[1]游戏、动作方法和技术动作组合。本章精选的10篇篮球案例，每篇案例都有一个比较明确的技术动作主题，在教学设计中提倡凸显篮球项目的综合性、游戏性、对抗性、竞技性和集体性等特点，尽可能避免“单一技术动作”的反复练习和学习。

[1] 相对成人篮球，小篮球运动更适合12岁及以下学生，故本书根据日常表达习惯分别使用“篮球”“小篮球”两种表述，不做硬性区分。

第一节　篮球运动能力教学导读

一、小篮球项目的锻炼价值

区别于成人篮球而言，小篮球运动是专门适合12周岁及以下的男孩和女孩进行的运动项目。小篮球运动更符合少年儿童的身心特点，对他们的身心全面健康发展有着重要的作用。

（1）发展孩子的基础运动能力，包括走、跑、跳等，让孩子在篮球活动中，通过不同的运动方式，熟悉自己的身体并学会控制。

（2）发展孩子的平衡和协调能力，例如通过上下肢的配合、手脚的配合来完成复杂的动作，提高肌肉适时、自动紧张和放松的能力，为发展孩子运动和生活中的动作控制能力奠定良好的基础。

（3）发展孩子的柔韧性和灵敏性等素质。柔韧性是指身体各个关节的活动幅度、肌肉和韧带的伸展能力。灵敏性是视觉感受在大脑皮质的转化，运用已形成的动力定型应对突然变化的情况。小篮球运动的技术动作可以提高孩子身体活动的幅度，提高身体动作的效率，防止受伤。球场上瞬息万变的比赛情况可以锻炼孩子的神经反应速度和肌肉反应能力，提高身体灵活性。

（4）发展孩子的速度和爆发力。小篮球运动当中频繁地启动、急停、转身、摆脱等，无不是对孩子们速度和爆发力的锻炼。

（5）发展孩子的耐力和空间感知能力。小篮球运动攻守转换快，运动持续时间长，运动强度大，是对孩子耐力非常好的锻炼方式，能够帮助孩子提升体能和抗疲劳能力，增加注意力集中的时间。孩子们的时空感知能力，主要表现在对时间和空间的判断与控制能力上，是他们的协调性、灵敏性、速度和力量等素质在时间和空间上的综合反映。小篮球运动是一项立体运动，因此，发展学生的时空感知能力是尤为重要的。

二、小篮球项目特性

1. 针对性

小篮球运动对于参与人员的年龄有明确的要求，只能是周岁年龄 12 岁或 12 岁以下的男孩和女孩。针对这个年龄的孩子的身心特点设置了专门的“小篮球规则”，将他们们分成 U8、U10 和 U12 三个层次，为他们准备更低的篮筐、更小的球和更适合的小场地，采用 4 对 4 或 5 对 5 的比赛形式。所有的一切都是专门为这个年龄段的孩子享受篮球运动的快乐而设计的，让孩子们在能力所及的范围内开展较为合理的篮球活动或比赛，而不是将就成人的篮球规则和要求。

2. 游戏性

这一阶段的小篮球运动更多的是以游戏的形式进行，让孩子们能够感受到篮球运动的快乐，通过不断的体验和尝试，逐渐对篮球运动产生稳定而持久的兴趣。

游戏的方法和难度更贴近孩子的实际情况。U8 年龄段的孩子的游戏更多是以身体基本运动能力为主，同时加强对球的感知和认识。U10 年龄段的孩子的游戏可开始引入（但不能用严格训练的方式）涉及运球、传球、投篮、防守之类的技巧。U12 年龄段的孩子开始进行有组织的比赛，但是规则不应该严格，要根据孩子的实际情况进行适当修改。

3. 友善性

小篮球运动具有友善、和谐的特点，这一特点从一开始的游戏到最后的比赛贯彻始终。尤其是比赛的过程中会出现高强度对抗，比赛的竞争也有可能很激烈，但是小篮球比赛对于胜负结果并不是很看重，看中的是在比赛过程中的体验和收获。例如，小篮球规则中有一个“友爱原则”，即当比分差距大于或等于 20 分时，比赛胜负已定，比分定格。此时双方的比赛可以变换规则进行，采用负方得分加倍、双方交换部分队员等形式继续比赛，为的就是不让孩子因为大比分的落后而放弃了对篮球运动的喜爱，尽可能多体验篮球的乐趣。

4. 教育性

小篮球运动相比较成人篮球运动的要求，对于孩子们的教育效果更明显，因为孩子们能够在符合自身特点的小篮球氛围内去体验和接受教育。小篮球练习和比赛能够真切地培养孩子的集体主义精神、抗挫折能力、勇于进取的拼劲、尊重对手、公平竞争等良好的道德品质。同时，小篮球运动作为一种社会交往方式，也重视交往的礼仪行为，也就是小篮球礼仪，包括赛前的相互致意、加油，赛中的团结合作、相互鼓励、互相帮助，赛后的感谢对手、教练和裁判员等。这些都是对队员的正面教育，为将来树立正确的人生观和价值观奠定基础。

三、小篮球专项运动能力的构成

小篮球专项运动能力主要包括体能、技战术能力、心理能力三个方面。

（1）小篮球体能体现在对于速度、柔韧性、灵敏性、协调性、力量、空间感知能力的综合应用上。小篮球游戏和比赛中各种情况不断变化，对体能要求相对较高，孩子们需要通过不断地练习，努力提高速度、柔韧性、灵敏性、协调性、力量、空间感知能力等素质，提高上下肢配合能力，并持续根据场上情况变换应用。

（2）小篮球技战术能力体现在对运球、投篮和传接球等基本技术的实战应用效率，能够根据场上发生的情况，合理地选择技术动作，以达到完成进攻和做好防守的目的。这需要在平时的教学中，始终以比赛作为教学的根本目的，将技术的教学融入真实情境中，反复练习，巩固孩子们对于特定情况下的应对方法。随着比赛经验的逐渐积累，进一步过渡到能够在非特定情境下正确应用技术的能力。

（3）小篮球的心理能力体现在动机、情绪和意志品质上。在平时的教学中，教师要引导孩子们享受篮球运动带来的快乐，体验游戏和比赛过程中的感悟，提升参与运动的积极性。教会孩子控制自己在小篮球运动中的情绪，会观察、懂思考，对活动中出现的问题进行梳理，快速找出解决问题的方法。让孩子在活动中形成团结协作、不骄不馁、勇于进取、公平竞争、尊重对手等良好品质。

四、小学生发展小篮球专项运动能力的教学原则

1. 从篮球运动的思路把握教学内容

从篮球运动的角度重新审视小篮球教学内容，将现有孤立的技术点有机结合成一条线，再加上拓展的必要内容编织成网络。通过增强不同内容之间的关联性，让我们的篮球教学更接近实际的篮球运动情境。

2. 利用大单元计划，扎实学习小篮球技战术内容

大单元计划由于时间充裕，更有利于安排多样的技战术内容的学习和巩固，通过连续的课程学习，让学生有更多的时间和机会练习单个技术和组合技术，并加以应用。

3. 课的设计活动方法多样

课程设计要精讲多练，以学生的练习为主，安排多样的练习方法，在有限的时间内尽可能多地设置不同的练习形式，让学生体验不同的练习感受。这样既增加了课的练习密度和强度，也提升了学生练习的积极性。

4. 基于比赛的教学

课程当中一定要安排技战术的应用环节，也就是比赛的教学方法，这对于学生掌握该技战术的应用至关重要，只有在真正的比赛情境下，学生才能真正懂得技术的应用内涵，知道特定情况下该如何从容应对，而不是惊慌失措或者盲目做动作造成失误。应用比赛的教学是小篮球教学的精髓，也是能真正抓住学生兴趣的好方法。特别说明，一定不要用远离比赛的游戏方法做替代，那样小篮球教学就失去了灵魂，也失去了学生的心。

第二节　篮球运动能力优秀案例展示

本节中的十篇篮球类教学案例的知识点分布如表3所示。

表3　篮球类教学案例的知识点分布

具体教学内容	运球	传接球	投篮
水平一	21. 拍按球 22. 原地运球 23. 原地体前变相运球 24. 原地运球	—	—
水平二	25. 不同方向拍运球 26. 高运球、低运球 27. 行进间曲线运球	—	—
水平三	29. 体前变向换手运球 30. 交叉步运球突破	—	28. 行进间高手投篮

案例21　拍按球

授课对象　一年级

（一）案例设计思路

1. 学习内容的价值与特点

（1）价值：篮球是我国最普及的体育运动项目之一，也是儿童身体锻炼的重要手段。拍按球是学习篮球最重要的基础练习之一，学生通过拍按球教学能够熟悉球性，为后续教学打下坚实的基础。同时，拍按球教学对于增强小学生上肢力量，手眼、手脚协调配合能力，以及提高身体的灵敏性、协调性等素质有很大帮助。

（2）特点：注重拍按球的手型、手触球的位置、球的落点，以及手眼、手脚的协调配合能力。

2. 整体设计思路

在低段教学中，由于学生年龄偏小，所以枯燥的篮球术语学生很难听懂，也不感兴趣，课堂的学习效果就会大打折扣。因此，本课中采用拟人化教学，让学生先和篮球交朋友，主动地去了解篮球的形状、特征等。针对低段学生的年龄特点，将篮球形象地比喻成学生喜爱的小动物，将拍按球转化成驯化小动物。在教学中要将拍按球和儿时的拍打球区分开，生动地讲解“多接”和“多送”，要引导学生随着篮球的“性子”来，不和篮球“较劲”。否则“它会疼，你也会疼”，它就不会“听你的话”了。教学中要循序渐进、由易到难，逐步让学生掌握拍按球的手型、部位、力度及球的落点。

（二）案例呈现

<table>
<tr><td>内容</td><td colspan="2">1. 小篮球：拍按球
2. 游戏：“遛小宠物”比赛</td></tr>
<tr><td>目标</td><td colspan="2">1. 认知目标：帮助学生了解拍按球时的手型、触球部位，建立和篮球的感情
2. 技能目标：
（1）90% 的学生能够完成拍按球动作，并做到手型和触球部位正确；60% 的学生能够做到运球时手眼、手脚协调配合
（2）在游戏中帮助学生学习手指拨球的动作
3. 体能目标：增强学生的上肢力量，重点发展学生的灵敏性和协调性等素质
4. 情感目标：培养学生的爱心，告诉他们爱是相互的。同时培养学生勇于克服困难的意志品质</td></tr>
<tr><td>重难点</td><td colspan="2">重点：拍按球的手型、手触球的部位
难点：手和球的结合</td></tr>
<tr><td colspan="3">第一环节（5min）</td></tr>
<tr><td>教学内容</td><td>教师活动</td><td>学生活动</td></tr>
<tr><td>1. 集合、整队、体育委员报告人数
2. 师生问好
3. 宣布本课内容
4. 安排见习生
5. 队列练习
（1）三面转法
（2）踏步走—立定</td><td>1. 提前到达上课地点
2. 立正、面向学生
3. 语言清晰、简练
4. 根据情况，合理安排见习生
5. 教师讲解队列练习方法并提出动作要求
向右转为例：
以右脚跟，左脚尖为轴转体 90°；两臂夹紧身体，后脚前移并脚跟</td><td>1. 铃声响后在指定地点集合，成四列横队
2. 目视教师，报数声音洪亮
3. 精神集中，听清内容
4. 服从教师安排，做适合的活动
5. 学生可以和教师一起喊口令，加深对踏步节奏感的理解</td></tr>
<tr><td colspan="3">设计意图：要通过队列练习建立学生的纪律意识和集体意识，学会互相尊重。利用学生和教师一起喊口令的方法吸引学生注意力，并加深学生对踏步节奏感的认知</td></tr>
</table>

续表

第二环节（10min）		
教学内容	教师活动	学生活动
1. 一般准备活动：徒手操 （1）头部运动 （2）振臂运动 （3）扩胸运动 （4）腰绕环 （5）膝绕环 （6）活动手腕、脚腕	1. 指导学生成四列体操队形散开，教师示范并和学生一起口令练习徒手操	1. 两臂侧平举迅速散开成体操队形，学生和教师一起喊口令并做准备活动 要求：口令声音洪亮，动作舒展到位
2. 专项准备活动 （1）压手指 方法：两手掌心相对，五指分开，指肚相对下压，其余部位不互相接触，充分地拉伸手指 （2）抓手指 方法：两手五指张开，随后用力握拳，连续数次，充分活动指关节 （3）接反弹球游戏 将球举过头顶，让球自由落下，然后试着用头、肩、手背、膝或脚去触及球	2. 专项准备活动时，教师要向学生说明拍按球练习前压手指和抓手指的作用。 用接反弹球的游戏，让学生体会球落地后的反弹：落地的力量越大，球反弹得越高	2. 学生要了解专项准备活动的重要作用并和教师一起认真完成。 按教师的提示进行接反弹球的游戏
设计意图：通过一般准备活动和专项准备活动，为接下来的篮球教学做好铺垫。而让一年级的小学生和教师一起喊口令，不仅能利用小学生好动好说的天性吸引他们的兴趣，还能让他们对课堂有归属感，认为自己是课堂的“主人”		

续表

第三环节（12min）		
教学内容	教师活动	学生活动
小篮球：拍按球 动作方法： 微屈膝，抬头，五指张开，手心空出，有节奏地拍按球的上部 重点：拍按球的手型及手触球的部位 难点：手和球的结合	1.教师带着学生和篮球玩小游戏，让篮球绕着自己转几圈，看看谁的球（“小宠物”）最“听话” 2.讲解篮球的形状和特性，告诉学生要想和篮球“交朋友”，就要摸清它的“脾气”。篮球是圆的，所以和球接触时手也要变成半圆形，同时五指张开，掌心空出 3.教会学生拍按球时两脚的站位及球的落点 4.教师讲解示范，告诉学生在拍按球时要学会和自己的“小宠物”合作，向上弹时，多接一点，向下落时，多送一点。这样，他们的“小宠物”才会听自己的话，不会乱跑 5.教师引导学生试着用拳头、手侧、手背及手掌拍按球，并提问：用哪个部位运球控制球更容易？用对比的方式加深学生对正确运球部位的印象 6.教师请优秀学生展示，邀请同学们一起看，谁的“小宠物”最“听话” 7.教师展示二三种花样运球方法，抛砖引玉，激发学生想象力，鼓励学生开动脑筋，引导学生自创花式运球方法并勇于向大家展示 8.教师简单介绍行进间运球（“遛宠物”），让学生发现和原地运球时触球部位的不同，为今后的教学打下基础	1.学生蹲或坐在地上，模仿教师的动作，用两只手控制球，让球围绕自己身体转圈，尽量把球控制在自己身体周围。试着和自己的“小宠物”“交朋友” 2.学生和教师一起徒手学习拍按球时的手型。再试着和自己的小篮球磨合，体会手型和球怎样才能契合 3.学生认真模仿教师的脚下动作 4.学生用心体会如何跟自己的“小宠物”合作。做到动作柔和，放松而有力度。左右手各拍按球80~100次 5.学生按要求体会用拳头、手侧、手背和手掌运球的不同，并说出自己的感觉和意见 6.学生通过练习有所提高，并敢于在他人面前展示自己 7.学生在教师的引导下，以组为单位，积极开动脑筋，在拍按球手型正确的前提下自创各种运球方法 8.学生用心观察教师动作，然后试着“遛遛自己的小宠物”，感受行进间运球的不同，看看自己能不能控制好球

续表

<table>
<tr><td colspan="3">设计意图：本环节着重以拟人化的教学方法和语言把学生带入和小篮球“交朋友”的情境中，让学生乐于学，并在游戏中掌握技术动作。通过小组学习和优秀学生展示等环节激发学生的学习热情。在自创花式运球环节，充分发挥学生的总体作用，激发他们的想象力、创造力，把课堂还给学生，把时间和主动权还给学生</td></tr>
<tr><td colspan="3">第四环节（10min）</td></tr>
<tr><td>教学内容</td><td>教师活动</td><td>学生活动</td></tr>
<tr><td>体能游戏：“遛小宠物”比赛
方法：将学生分成人数相等的 4 组，每组学生前各有 5 个间隔 2m 的标志桶，每组 1 个小篮球。由每组第一名学生开始，依次用手推球的后下部，让球绕过所有标志桶并返回和后面同学接力，直至最后一人完成，先完成的组获胜</td><td>1. 教师介绍“遛小宠物”游戏的方法和规则
2. 教师演示游戏的具体方法
3. 游戏中适当地增加标志桶个数并缩小桶之间的距离，加大游戏的难度，增加游戏的趣味性
4. 教师及时总结游戏结果，并给予学生必要的肯定和鼓励</td><td>1. 学生集中听讲
2. 学生分组练习，然后比赛 1~2 次
3. 难度加大，学生再比赛 1~2 次</td></tr>
<tr><td colspan="3">设计意图：通过“遛小宠物”的游戏让学生初步接触手指拨球的动作，为今后的教学埋下伏笔。同时利用游戏激发学生的竞争意识、团队意识并培养学生勇于克服困难的意志品质。在游戏的同时发展学生的腿部力量和灵敏性、协调性等素质</td></tr>
<tr><td colspan="3">第五环节（3min）</td></tr>
<tr><td>教学内容</td><td>教师活动</td><td>学生活动</td></tr>
<tr><td>1. 集合、放松
“哄小宠物睡觉”
2. 总结本课练习情况
3. 留作业，下课，收器材</td><td>1. 教师组织学生抱球做摇小船动作。在音乐伴奏下放松身心
2. 进行课后小结</td><td>1. 学生随教师听音乐练习
2. 学生集中听讲
3. 学生帮助教师收器材</td></tr>
<tr><td colspan="3">设计意图：告诉学生运动的规律，在剧烈运动后要进行放松活动</td></tr>
</table>

（三）案例点评

本课的设计通过小篮球拍按球的内容，发展了学生的灵敏性、协调性等身体素质，同时也增加了学生的上肢力量。通篇教学设计，教师都贯穿以情境和游戏教学，用拟人的手法把小篮球变成学生的“好朋友”和“小宠物”，拉近了学生和篮球的距离，更拉近了学生和教师的距离。让整个课堂在活泼、快乐、有趣且有序的氛围中进行。真正地让学生成为课堂的“主人”，在课堂中主动地学习、创新、发挥自己的想象力，并努力克服困难完成学习任务。

案例提供：刘磊（北京市石景山区古城第二小学）
点评专家：刘志国（北京教育学院）

案例22　原地运球

授课对象　一年级

（一）案例设计思路

1. 学习内容的价值与特点

（1）价值：在小学体育教学中，篮球是颇受学生喜爱的一项体育运动。原地运球是篮球运动中最基本的技术，也是学习复杂运球技术的基础。通过练习能够提高学生的速度、灵敏性、协调性等素质，对于培养学生顽强的意志品质和团队协作精神等有着重要的意义。

（2）特点：运球时，上臂带动前臂、前臂带动手腕、用指根以上部位按压球的正上方，掌心空出，球触地瞬间，指尖指向球。球弹起后，手触球并随球向上抬，反弹至腰胯之间时，运球手再次用力按压球，反复练习。无球手护球，头向前看。根据原地运球的动作与形式，可设计多种游戏进行教学，避免枯燥。

2. 整体设计思路

原地运球技术是篮球课堂教学的首要内容，它肩负着激发、培养学生的学习兴趣，让学生认识、了解篮球运动，传授、推广篮球技术的重要任务。因此，在本课中，融入了多方面、多类型的篮球元素。以游戏的形式，让学生乐于参与、体验、学习篮球相关的知识与技能，发展学生的灵敏性、协调性、速度、力量等素质，从而提高学生的篮球运动能力。

（二）案例呈现

<table>
<tr><td>内容</td><td colspan="2">1. 篮球：原地运球（新授）
2. 体能游戏："保卫萝卜"（复习）</td></tr>
<tr><td>目标</td><td colspan="2">1. 认知目标：明确原地运球的动作要领，了解其锻炼价值
2. 技能目标：
（1）通过观察模仿、反复体验练习、口诀提示、游戏竞赛等手段，让 80% 以上的学生能够做到五指张开、连续按压球的正上方，20% 的学生能够在降低难度的条件下完成原地运球动作
（2）在游戏中学生能够正确运用所学技术
3. 体能目标：发展灵敏性、快速反应等素质，提高上肢小肌肉群力量
4. 情感目标：通过游戏，让学生学会合作，懂得谦让，培养学生的团队意识</td></tr>
<tr><td>重难点</td><td colspan="2">重点：手接触球的位置
难点：手指弹性按压，有节奏控制球</td></tr>
<tr><td colspan="3">第一环节（2min）</td></tr>
<tr><td>教学内容</td><td>教师活动</td><td>学生活动</td></tr>
<tr><td>1. 集合、整队、报数
2. 师生问好
3. 宣布本课内容
4. 安排见习生
5. 师生一起加油</td><td>1. 提前到上课地点
2. 立正、面对学生
3. 讲话清楚、简练
4. 根据情况，合理安排
5. 组织学生面向中心喊"加油"</td><td>1. 铃声响后在指定地点集合，成四列横队。由体育委员整队，并向教师报告人数
2. 目视教师，声音洪亮
3. 精神集中，听清内容
4. 服从教师安排，做适合的活动
5. 面向中心伸手喊"加油"</td></tr>
<tr><td colspan="3">设计意图：师生一起喊"加油"，互相鼓劲，形成团队合作的意识，体现篮球运动的集体性特点</td></tr>
<tr><td colspan="3">第二环节（4min）</td></tr>
<tr><td>教学内容</td><td>教师活动</td><td>学生活动</td></tr>
<tr><td>1. 一般性准备活动
（1）认识场地线（边线、底线、中线、三分线、中圈）
（2）考察学生掌握情况</td><td>1. 教师组织学生成两路纵队跑步（学生人数多成两路纵队、人数少则成一路纵队）
（1）教师带领学生沿场地线跑，并教会学生线的名称
（2）教师说线的名称</td><td>1. 学生边跑，边与教师互动
（1）学生跟随教师跑步，并识记场地线名称
（2）听名称找线</td></tr>
</table>

续表

<table>
<tr><td>（3）考察并做任务（前后跳、左右跳、单脚跳、连续纵跳）
2. 专项准备活动
多种方式的拍球</td><td>（3）教师说线的名称，并布置任务
2. 教师组织学生找点练习运球
（1）教师组织学生尝试各种运球
（2）教师鼓励、激发学生创新运球方法</td><td>（3）听名称找线，并完成规定练习
2. 学生自由找点练习运球
（1）学生主动尝试多种运球
（2）学生发挥想象力拍球练习</td></tr>
<tr><td colspan="3">设计意图：通过认识场地线，让学生进一步了解篮球运动场地，便于日后开展篮球教学。教师说名称，学生找线，能提高学生的灵敏性素质。多种方式的拍球能培养学生的创新能力，引出主要教学内容</td></tr>
<tr><td colspan="3">第三环节（21min）</td></tr>
<tr><td>教学内容</td><td>教师活动</td><td>学生活动</td></tr>
<tr><td>小篮球：原地运球（新授）</td><td>1. 教师示范讲解原地运球动作方法
（1）教师组织学生练习，提示学生注意运球手动作
（2）教师讲解保护球方法，并组织练习，教会学生用身体与手臂保护球
2. 游戏一：“高人矮人”（教师指挥学生高运球与低运球）
（1）教师组织学生原地高运球与低运球
（2）教师变换位置组织学生高运球与低运球
3. 游戏二：“运球石头剪刀布”
（1）教师与学生共同体验“运球石头剪刀布”游戏，边做边说规则
（2）教师组织学生 2 人 1 组，体验游戏</td><td>1. 学生观看动作，学习方法
（1）学生练习，注意体验运球手法
（2）学生学习护球手的动作，领会用身体与手臂形成的圆柱体去保护球
2. 学生进行“高人矮人”游戏（学生按教师指令练习高运球与低运球）
（1）学生面向教师练习高运球与低运球
（2）学生看着教师原地运球，脚下动起来，始终面向教师
3. 学生边运球边做“石头剪刀布”游戏
（1）学生与教师共同体验“运球石头剪刀布”游戏，输的人原地低运球 3 次
（2）学生 2 人 1 组，体验游戏</td></tr>
</table>

续表

	4. 游戏三："闭眼运球" （1）教师组织学生体验看球运球5次＋抬头运球5次＋闭眼运球5次，循环练习 （2）教师组织学生2人1组，1人闭眼运球，1人睁眼边原地运球，边给同伴数数。比谁闭眼运球数量多 5. 游戏四："交换阵地" （1）教师示范讲解"交换阵地"方法 （2）教师组织学生2人1组，练习近距离（约1.5m）"交换阵地"游戏，两人同时原地运球5次，然后无球跑动，去运对方的球，反复练习 （3）教师组织学生体验远距离（约3m）"交换阵地"游戏 （4）教师组织学生4人1组（正方形），体验"交换阵地"游戏	4. 学生按要求做闭眼运球游戏 （1）学生体验看球运球5次＋抬头运球5次＋闭眼运球5次，循环练习 （2）学生2人1组，1人闭眼运球，1人睁眼边原地运球，边给同伴数数。比谁闭眼运球数量多 5. 学生按要求进行游戏 （1）学生认真听讲，并观看游戏方法 （2）学生2人1组，体验近距离（约1.5m）原地运球5次，而后无球跑动，"交换阵地"去运对方的球，反复练习 （3）学生体验远距离（约3m）"交换阵地"游戏 （4）学生4人1组（正方形），体验"交换阵地"游戏
设计意图：本环节设计安排了4个游戏，练习形式多样，旨在充分调动学生的学习兴趣。首先，学生通过观看教师的示范，建立了正确的原地运球动作概念，知道了运球时要保护好球。然后，通过"高人矮人"游戏，学生掌握了原地高运球、低运球的方法；教师变换位置，学生面向教师运球，可以防止学生运球时脚下站死。通过"运球石头剪刀布"游戏，引导学生眼睛关注非运球手，养成运球不看球的习惯，提高学生手控制球的能力。"闭眼运球"游戏，让学生体验从看球运球到抬头运球，再到闭眼运球的感觉，让学生逐渐减少对眼睛的依赖，培养学生手控制球的能力，养成运球不看球的好习惯，以便更好地适应篮球比赛。"交换阵地"游戏，能够巩固学生原地高运球技术，发展学生快速奔跑的能力，同时也能增强同伴之间的默契度		

续表

第四环节（10min）		
教学内容	教师活动	学生活动
游戏："保卫萝卜"（复习） 游戏方法： 方法：在规定范围内，2人1组，边运球边抢断对方的球 规则： 1.不准抱着自己的球去抢断别人的球，只能边运球边断球 2.抢断球注意安全，也不要犯规	1.教师讲解"保卫萝卜"游戏规则，演示方法 2.教师指导学生游戏 3.提出改进措施，组织学生多人进行游戏 4.教师进行小结评价	1.学生学习游戏方法与规则 2.学生2人1组体验游戏 3.学生多人进行比赛 4.学生与教师进行交流
设计意图：学生在游戏中体验到了"一心二用"。在保护好球的状态下，去抢断别人的球，培养了抬头运球、抢断球的意识，提高了运球能力。游戏环节体现了竞争与合作两方面，让学生明白了既要有个人能力，又要学会与他人合作，这与篮球比赛的要求是一致的。学生们在收获友谊的同时，速度、灵敏性、协调性等身体素质也得到了提升。在比赛中，学生们学会了遵守规则、尊重对手，友谊第一、比赛第二		
第五环节（3min）		
教学内容	教师活动	学生活动
1.集合、放松（音乐）结合球的放松练习 2.总结本课练习情况 3.留作业，下课，收器材	1.教师带领学生做有球的拉伸练习 （1）双手持球上举，眼看球，脚跟提起 （2）双手持球放头后，向一侧拉伸 （3）两脚开立，体前屈，球触地，双手推球向前或后 2.教师小结本课的练习及学生表现 3.作业：原地运球左右手各100次。教育学生保护好自己的"小伙伴"——小篮球	1.学生随教师听音乐练习 2.学生集中听讲 3.帮助教师收器材
设计意图：有球的拉伸放松，给学生提供更多的接触球的机会。教会学生拉伸的方法，并养成正确的运动习惯		

（三）案例点评

篮球课是小学生一直非常喜爱的教学内容，本课教师将多种篮球元素融入本课的设计，构建全面系统的学习体系，将篮球知识与技能由浅入深地渗透、教授给学生。运用“高人矮人”“运球石头剪刀布”“闭眼运球”“交换阵地”等游戏，帮助学生掌握原地高运球与低运球技术，学会保护球的方法，培养运球不看球的意识。运用单人、双人及多人合作游戏，让学生深刻体会到团结协作的重要性。本课注重在学练中全面发展学生的各项身体素质，提高篮球运动能力。

案例提供：陈威（北京市通州区漷县镇中心小学）
点评专家：魏敬（北京市通州区漷县镇中心小学）

案例23　原地体前变向运球

授课对象　二年级

（一）案例设计思路

1. 学习内容的价值与特点

（1）价值：原地体前变向运球是体前换手变向运球的基础动作。
（2）特点：简单实用、动作迅速、易与其他动作衔接。

2. 整体设计思路

在日常教学中，我们发现学生原地体前变向运球手触球的部位还不是很准确，因此设计了“小轨道”的游戏，利用胶带在地面上贴好宽度约 20cm 的“小轨道”，在“小轨道”内进行原地的小弧度变向运球，这样就可以控制球左右运行的轨迹了，再通过大幅度变向练习引导学生手触球的侧上方，重点强调手要向斜下方拍按球。

学生基本上可以做到手向斜下方拍按球，但发现学生小臂的跟随动作还不够明显，于是结合低年级学生的年龄特点，利用“小轨道”内的标志（乖巧可爱的“地鼠”）增加学生的学习热情，利用球的落点来击打“地鼠”。通过教师示范引导学生思考怎样才能打得准，引导学生掌握动作要领：手向斜下方拍按球并且小臂有明显的跟随动作。

通过前两个游戏的练习，大多数同学可以掌握手触球的部位和拍按球的方向，但是身体重心左右移动不明显，重心过高。为此，设计了模仿钟摆的小游戏，两名同学一组，练习者利用两脚踝内侧的两个实心球，体会重心的左右移动，要求脚踝一定要碰到脚内侧的实心球。然后进行几次原地大力运球后变向接触摸身前标志桶（1根标志桶）的练习，引导学生在变向时降重心，重心要随着变向左右移动。

让学生尝试 3 次原地大力运球后变向接触摸身前异侧标志桶（2 根标志桶）的练习，发现同学们的控球能力有所不同。所以，采用分层教学，让学生根据自己的能力来选择原地大力运球的次数，同伴做小裁判员，检查在原地大力运球和变向时手是否触标志桶。

加大难度进行“闯关”游戏，看看谁能挑战由三次原地大力运球后变向接触摸身前异侧标志桶，递减到一次原地大力运球后变向接触摸身前异侧标志桶。连续完成就要求学生手拍按球的部位要更准确，小臂跟随触桶的速度和身体重心的左右变化要逐渐加快。

（二）案例呈现

内容	1. 小篮球：原地体前变向运球（新授） 2. 体能游戏：滚球射门（复习）
目标	1. 认知目标：让学生了解原地体前变向运球，手要向斜下方用力拍按球的动作方法 2. 技能目标：学生初步掌握原地体前变向运球手向斜下方用力拍按球的动作方法，发展身体柔韧和协调的能力 3. 情感目标：通过游戏活动，培养勇于挑战的精神和同伴之间的协作能力
重难点	重点：向斜下方拍按球 难点：身体重心有变化

续表

第一环节（5min）		
教学内容	教师活动	学生活动
1. 集合整队，报告人数 2. 师生问好 3. 教师宣布本课内容 4. 队列练习 （1）原地转法练习 （2）行进间裂队、并队走，立定	1. 提前到上课地点，检查场地、器材是否符合上课及安全要求 2. 立正站好，与学生问好 3. 清晰、简洁地讲解课堂内容、要求和任务 4. 安排见习生 5. 教师提示要领，用口令和手势指挥学生队列	1. 铃响后在指定地点集合，成四列横队 2. 立正站好，精神饱满，声音洪亮 3. 认真听清内容及要求和任务 4. 服从教师安排，做适合的活动，学生检查服装等是否存在安全隐患 5. 学生在教师口令和手势下练习
设计意图：培养学生良好的课堂行为习惯，使学生快速进入课堂状态，进而调动学生的学习积极性，激发学生的学习兴趣		
第二环节（8min）		
教学内容	教师活动	学生活动
1. 篮球韵律操 2. 专项准备活动 各种姿势的原地运球	1. 指导学生成四列体操队形散开 学生听音乐做操 要求：动作用力、到位，节奏感强 2. 教师示范并带领学生练习 要求：拍按球有力，尽量抬头运球	两臂侧平举迅速散开成体操队形 学生认真观察教师动作 要求：学生认真观察教师动作，动作用力 学生听清方法，认真观察示范
设计意图：通过篮球韵律操，提高学生球感，激发学生进一步学习篮球的兴趣。通过专项准备活动，为基础部分的教学打下基础		
第三环节（14min）		
教学内容	教师活动	学生活动
原地体前变向运球 动作方法：以右手为例，右手按拍球的右后上方，使球从自己的体前右侧反弹到左侧前方。两手依次交替运球	1. 教师讲解示范原地体前变向运球的动作方法和要求 2. 教师讲解示范并组织学生利用“小轨道”进行游戏 3. 教师组织学生进行“小轨道”的分组展示 4. 教师讲解示范并组织学生进行“打地鼠”小游戏 5. 教师组织学生进行“打地鼠”的展示	1. 学生认真听讲并观察教师示范动作 2. 学生认真观察并运用地上的平行线进行“小轨道”游戏 要求：向斜下方用力拍按球，尽量不出“小轨道” 3. 学生进行展示并相互评价 4. 学生认真观察并进行“打地鼠”小游戏 要求：前臂要有跟随的动作，落点准确

续表

	6. 教师讲解示范并组织学生进行模仿钟摆的练习 7.进行几次原地大力运球后变向接触摸身前标志桶（1个标志桶）的练习。教师巡视并指导学生动作 8. 根据能力选择原地大力运球的次数，完成变向触摸身前异侧标志桶（2 个标志桶） 9. 教师讲解示范并组织学生进行“闯关”游戏的练习 10. 教师组织学生进行“闯关”游戏的展示 11. 教师小结	5. 学生进行展示并互相评价 6. 学生认真听讲并进行模仿钟摆的练习 要求：脚踝要碰到脚内侧的实心球 7. 学生利用标志桶进行体前变向运球的练习 8. 学生根据自身能力选择练习内容 9. 学生认真听讲并进行“闯关”游戏 要求：前臂的跟随动作和重心的左右变化要明显 10. 学生进行展示并互相评价 11. 学生认真听讲
设计意图：通过胶带、标记点、标志桶等多种辅助器材，将教学方法和评价方式直观量化地体现出来		
第四环节（10min）		
教学内容	教师活动	学生活动
游戏：“滚球射门” 游戏组织：3 人 1 组，A 同学、B 同学相距 6~8m 面对面站立，作为射手；C 同学作为“球门”，分腿站在 A 同学、B 同学中间 游戏规则：游戏开始，A 同学、B 同学“滚球射门”，C 同学同时作为裁判统计得分，先到 10 分者为胜者，留在场上与 C 同学进行比赛，失败者转作“球门”	1. 教师示范讲解游戏方法和规则 2. 学生进行练习 3. 学生进行比赛 4. 比赛拓展：作为“球门”的同学边喊口诀“开开关关，关关开开”（“开”时分腿，“关”时并腿），边随口诀节奏做分并腿跳，射手寻找时机“射门” 5. 教师点评	1. 学生认真听游戏规则 2. 认真练习 3. 积极参与比赛
设计意图：游戏环节将灵敏性、速度、协调性等身体素质的练习融入其中，提高相关的运动能力		

续表

第五环节（3min）		
教学内容	教师活动	学生活动
1. 放松 “太极篮球” 2. 讲评 3. 宣布下课	1. 教师带领学生练习 2. 教师小结本课的练习和比赛情况 3. 作业：利用课外活动或业余时间练习原地体前变向运球	1. 学生随教师听音乐练习 2. 学生集中听讲 3. 帮助教师收器材
设计意图：为学生的健康发展奠定基础，促进学生良好锻炼习惯的养成		

（三）案例点评

实施一定的量化指标监控，使得动作的主要环节都以量化的指标来作为参照指标，这就使得学生在练习每一动作技术时不得不有意识地思考正确的技术要领和动作规范，以达到使自己做完每一次动作后都能按量化指标完成练习。若学生在做某一技术动作的练习时未能按照量化要求进行，则证明动作一开始就未能按正确技术要领和做法完成，所练习的动作是错误的。学生根据自己所做动作偏离目标的距离，及时修正动作，避免错误动作继续存在，从而提高学生自我鉴别练习动作正误的能力，使学生对技术动作的练习由被动变为主动，由原来教师对学生技术动作的定性评价变为教师根据学生所做动作的量化指标进行定量分析。这一教学方法的改变对学生形成正确的动作技能起到了良好的促进作用。

案例提供：王琪（北京市西城区黄城根小学）

点评专家：何雪（北京市西城区教育研修学院）

案例24　原地运球

授课对象　二年级

（一）案例设计思路

1. 学习内容的价值与作用

（1）价值：篮球是世界上最受欢迎的体育项目之一，也是小学生非常喜爱的一项体育运动。在一年级至三年级体育课堂教学中学生学习了篮球入门技术，如拍球、抛接球基本的球性练习和游戏。经常参与篮球运动，对发展学生各项素质，提高身体协调性、灵敏性有很大帮助，同时还能培养学生团结协作的意识。

（2）作用：运球技术是篮球技术的基础之一，也是比赛中最常用的技术。篮球运球技术主要运用于增加控球时间以便摆脱防守和队友相互配合完成传球或投篮。小学生初学篮球时有一定的难度，易犯一些错误，这就需要学生持之以恒，通过不断的练习提高自身的控球能力。小学一年级、二年级学生专注力较差，原地运球练习要求注意力高度集中，可有效提高学生的专注力水平。

2. 整体设计思路

本单元以学习原地运球技术为主，每节课创设多个情境练习，利用自制器材辅助教学，创设多个挑战性小游戏贯穿整个课堂。通过小游戏巩固学生篮球基础技术动作，提高控球能力，为学生今后学习篮球战术打下基础。

（二）案例呈现

内容	1. 小篮球：原地运球 2. 游戏：“巧过独木桥”（复习）
目标	1. 认知目标：通过观看视频与熟记小口诀，进一步学习原地运球的动作方法，使学生建立完整的原地运球动作概念 2. 技能目标：85% 以上的学生能够上下肢相互配合，提高控球能力 3. 体能目标：发展学生力量、灵敏性、速度、协调性等身体素质 4. 情感目标：通过课堂教学培养学生认真仔细、刻苦坚持的精神和团队协作的意识，通过游戏体验篮球运动的乐趣，为进一步学习奠定基础

续表

<table>
<tr><td>重难点</td><td colspan="2">重点：上下肢相互配合提高控球能力
难点：运球时要抬头</td></tr>
<tr><td colspan="3">第一环节（5min）</td></tr>
<tr><td>教学内容</td><td>教师活动</td><td>学生活动</td></tr>
<tr><td>1. 集合、整队、报数
2. 师生问好
3. 宣布本课内容
4. 安排见习生
5. 队列练习："快快集合"游戏</td><td>1. 观察学生站队情况
2. 向学生问好
3. 引入情境，宣布教学内容及要求
4. 根据情况，合理安排
5. 教师讲解要求：
散开时，注意距离，跑动速度要适中，不能快速跑
集合时，迅速、整齐、安静。位置要准确
安全教育：不能相互拥挤</td><td>1. 体育委员组织集合站队、报数
2. 集体向教师问好
3. 认真聆听本课学习内容及要求
4. 服从教师安排，做适合的活动
5. 学生站成四列横队，听教师口令练习
要求：
散开时跑动不宜过快，注意同学之间相互的距离
集合时注意不跟同学相互拥挤，要以最快速度完成练习，为集体争得荣誉</td></tr>
<tr><td colspan="3">设计意图：明确本节课的教学内容，让学生明确本节课的学习任务
队列练习：锻炼学生令行禁止的能力，培养学生良好的纪律意识和集体意识</td></tr>
<tr><td colspan="3">第二环节（7min）</td></tr>
<tr><td>教学内容</td><td>教师活动</td><td>学生活动</td></tr>
<tr><td>1. 关节活动操
（1）手指活动
（2）体侧活动
（3）腹背活动
（4）绕球练习
（5）抛球、接球练习</td><td>1. 发出口令指导学生成体操队形散开
（1）教师播放音乐，领做五节活动操
（2）教师跟随音乐示范并提示动作要点
要求：精讲要领并采用镜面示范</td><td>1. 听教师发令两臂侧平举迅速散开成体操队形。跟随教师动作，听音乐做关节操
要求：认真观察模仿教师动作，动作准确到位</td></tr>
</table>

续表

<table>
<tr><td>2. 专项游戏
“跳跳蛙”游戏
方法：前后 2 人 1 组，1 人原地模仿青蛙跳跃，1 人在其身后单手按在模仿者肩背处，随着音乐上下运动
规则：练习者手不得离开模仿者肩背处，模仿者跳跃 4~5 次之后相互交换角色</td><td>2. 教师指导学生分成前后 2 人 1 组
（1）教师讲解游戏方法，然后请 1 名学生协助示范
（2）讲师巡视指导，强调练习者手要随模仿者身体跳跃上下运动</td><td>2. 学生前后 2 人 1 组
（1）学生听清游戏方法，仔细观察示范，然后 2 人 1 组进行练习
（2）2 人分别完成 4~5 次跳跃之后交换角色再练习</td></tr>
<tr><td colspan="3">设计意图：充分活动身体，将原地运球动作融入专项游戏当中，为主的学习打好基础</td></tr>
<tr><td colspan="3">第三环节（15min）</td></tr>
<tr><td>教学内容</td><td>教师活动</td><td>学生活动</td></tr>
<tr><td>原地运球
1. 复习之前学习原地运球动作要领
动作要领（以右手为例）：两脚前后站立，膝关节微屈，右手掌心空出按压球的正上方
2. 学习本节课原地运球技术</td><td>1. 设计情境引导学生开始复习上次课教授内容：运球手型和触球位置
2. 总结练习情况，继续跟随情境引导学生观看视频，指导学生学习本课内容
3. 利用摆放小跳绳引导学生完成挑战游戏
（1）“圈上运球”游戏
要求：把小篮球控制在圆圈内
（2）“红绿灯”游戏
要求：
红灯——停止运球；绿灯——运球；黄灯——换手运球（提高难度）
（3）“十字形运球”游戏
要求：两脚站在十字形对角，运球手控制篮球在身体的右前方（左前方）</td><td>1. 跟随情境引导复习上次课学习内容，熟悉运球手型和触球位置
2. 积极回答问题做总结。跟随情境观看动作视频规范动作并学习本课运球技能
3. 学生认真完成挑战游戏
（1）把跳绳摆放成圆形，利用原地运球技术做“圈上运球”游戏
（2）学习“红绿灯”游戏的方法。遵守游戏规则，开展游戏
（3）把跳绳摆放成十字形，在十字形上练习原地运球技术</td></tr>
</table>

续表

<table>
<tr><td colspan="3">设计意图：学生在挑战游戏（1）中，通过控制篮球落点进一步锻炼了学生原地运球技术动作；接下来挑战游戏（2）中，通过交通标志的提示功能让学生明白了在运球时要抬起头来，随时观察场上的变化并做出正确的判断；最后挑战游戏（3）则是综合上两个游戏的特点，既要控制好手中的小篮球，还要能抬头观察场上变化，从而进一步强化学生控制球的能力</td></tr>
<tr><td colspan="3">第四环节（10min）</td></tr>
<tr><td>教学内容</td><td>教师活动</td><td>学生活动</td></tr>
<tr><td>游戏：“巧过独木桥”（复习）
方法：前后四人一大组，两两结合为一小组，利用摆放的跳绳来制作成“独木桥”,2个小组分别在“独木桥”的两端，利用手臂相互拖住2个篮球的方式沿着“独木桥”行走，当在“独木桥”上相遇后，利用巧妙的方法能够相互到达“独木桥”的对岸
规则：①行走过程中手臂上的篮球不能掉，掉落即为失败。②相遇后过“独木桥”时掉落“独木桥”范围外，即为失败，得1分。③到达对岸即为成功，得3分。</td><td>1. 讲解“巧过独木桥”游戏方法，并组织学生小组讨论“过桥”方案
2. 组织学生进行第一轮的“巧过独木桥”游戏
3. 教师强调比赛规则
4. 引导学生在此改变“过桥”方案
5. 总结练习情况</td><td>1. 认真听教师讲解游戏方法并小组一起讨论“过桥”方案
2. 分组练习，然后进行2~3次
3. 继续练习1~2次
4. 小组改变“过桥”方案，再次进行游戏
5. 总结方法</td></tr>
<tr><td colspan="3">设计意图：依据使学生上下肢均衡发展的原则和一物多用的原则，锻炼学生的下肢能力，以及积极动脑、随机应变的能力</td></tr>
<tr><td colspan="3">第五环节（3min）</td></tr>
<tr><td>教学内容</td><td>教师活动</td><td>学生活动</td></tr>
<tr><td>1. 集合、放松
听音乐拉伸身体关节
2. 总结本课练习情况</td><td>1. 播放音乐引导学生拉伸身体
2. 根据课堂情况总结游戏和比赛情况并发放小奖章</td><td>1. 学生随教师听音乐做放松练习
2. 学生集中听讲</td></tr>
<tr><td colspan="3">设计意图：让学生身体得到放松；带领学生回顾本节课的学习内容和动作要点，进一步巩固知识学习</td></tr>
</table>

（三）案例点评

创设符合学生年龄特点的情境来激发学生的学习兴趣，根据交通信号灯来自制提示教具，解决学生运球时出现的问题；利用跳绳器材的摆放作为限制手段，锻炼学生控制篮球的能力。让学生在游戏挑战中不断超越自我，体会成功的乐趣。

本课的不足之处是，在整堂课的教学中，学生都在不断练习原地运球，教师对学生掌握程度的评价还不是很到位，教师指导学生练习的时间偏短，造成对问题学生的关注力不够。今后应加强对于存在学习问题的学生进行个别指导。

案例提供：张骥（北京市通州区张家湾镇中心小学）
点评专家：史红亮（北京教育学院）

案例25　不同方向拍运球

授课对象　三年级

（一）案例设计思路

1. 学习内容的价值与特点

（1）价值：不同方向拍运球属小篮球运球技术的练习，要求小学生能较长时间将注意力集中在对球的运动状态的感知和判断上，感知触球部位、手部动作与用力之间的关系。这有助于发展小学生本体运动感知觉和小篮球运动能力，也能促进身体动作的准确、灵活与协调性。

（2）特点：向不同的方向拍运球时，手触球的部位是有区别的。向前，按拍球后上部；向后，按拍球前上部；向左，按拍球右上部；向右，按拍球左上部。学生通过练习讨论总结出动作特点。

2. 整体设计思路

本课以游戏为主要教学手段，目的是引导学生发现小篮球游戏的结构及其变化的过程与规律，逐步形成一定的创、改编小篮球游戏思路。用发现式学习法启迪学生思维，引导学生边动脑筋边练习，在不断的尝试、琢磨、体验和与同伴相互切磋、相互交流的过程中，探究并归纳出简单的动作要领。此教法不仅仅重视学生知识技能的获得，更重视认知规律发展的过程，着眼于让每个学生都能历经探究学习的过程，潜移默化地渗透给他们科学研究的方法，使他们获得从事科学研究的体验和技能。

（二）案例呈现

<table>
<tr><td>内容</td><td colspan="2">1. 篮球：向不同方向拍运球（新授）
2. 游戏：传球游戏（复习、创编）</td></tr>
<tr><td>目标</td><td colspan="2">1. 认知目标：掌握向不同方向拍运球的动作要领，了解运球基本技术价值；初步感知触球部位、手部动作与用力之间的关系
2. 技能目标：80% 的学生能够完成向不同方向拍运球动作，在游戏中运用并做到动作灵活、协调；50% 的学生能够在游戏中运用此动作
3. 体能目标：发展学生本体运动感知觉和小篮球运动能力，促进身体动作的准确、灵活与协调性
4. 情感目标：体验篮球运动的乐趣，培养团队协作能力，建立学习信心</td></tr>
<tr><td>重难点</td><td colspan="2">重点：手触球部位准确
难点：运球动作协调、灵活</td></tr>
<tr><td colspan="3">第一环节（5min）</td></tr>
<tr><td>教学内容</td><td>教师活动</td><td>学生活动</td></tr>
<tr><td>1. 集合、整队、报数
2. 师生问好
3. 宣布本课内容
4. 安排见习生
5. 队列练习
原地三面转法组合练习</td><td>1. 提前到上课地点
2. 立正、面对学生
3. 讲话清楚、简练
4. 根据情况，合理安排
5. 教师提示动作要领，统一口令，及时评价、表扬</td><td>1. 指定地点集合，成四列横队
2. 目视教师，声音洪亮
3. 精神集中，听清内容
4. 服从教师安排，做适合的活动
5. 学生依次按横排、纵队分不同队列形式做原地三面转法组合的练习</td></tr>
<tr><td colspan="3">设计意图：端正学生正确的身体姿态，集中注意力，培养学生严格的组织性、纪律性，提高学生对队列、队形的变换能力</td></tr>
</table>

续表

<table>
<tr><th colspan="3">第二环节（10min）</th></tr>
<tr><td>教学内容</td><td>教师活动</td><td>学生活动</td></tr>
<tr><td>1. 准备活动：球操
（1）伸展运动
（2）下蹲运动
（3）体侧运动
（4）体转运动
（5）腹背运动
（6）跳跃运动
（7）整理运动</td><td>1. 指导学生成四列体操队形散开
教师统一口令、领做，及时纠正动作并评价、表扬
要求：精讲要领
可采用正面和侧面示范</td><td>1. 学生两臂侧平举迅速散开成体操队形
学生持球模仿教师动作，熟练以后可以逐渐加快速度
要求：认真观察教师动作，积极模仿和练习</td></tr>
<tr><td>2. 专项游戏
（1）双人拍运球游戏
方法 1：两人面对面站立，游戏开始，两人运球同时互换位置，接对方的球后再依次完成动作。重复次数多为胜。
（2）拍运球报数
（3）花样拍运球</td><td>2. 教师指导学生分成 2 人 1 组
（1）教师讲解游戏方法，然后请 1 名学生协助示范
（2）教师巡视指导，提示学生方法并强调技术动作</td><td>2. 学生自由组合，2 人 1 组
（1）学生听清方法，认真观察示范，然后 2 人 1 组进行练习
（2）比赛 3~5 次</td></tr>
<tr><td colspan="3">设计意图：明确篮球运动需要认真做好准备活动的重要性。熟悉球性，本环节让学生在游戏中巩固原地运球要领，提高学习的兴趣</td></tr>
<tr><th colspan="3">第三环节（12min）</th></tr>
<tr><td>教学内容</td><td>教师活动</td><td>学生活动</td></tr>
<tr><td>向不同方向拍运球（新授）
动作要领：
向前运球时，目视前方，上体稍前倾，以肘为轴，用力按拍球后上方；向后，按拍球前上部；向左，按拍球右上部；向右，按拍球左上部。跑动步伐与球弹起节奏一致，手指、指根部位触球</td><td>1. 教师设疑：“大家可以向几个不同方向拍运球？”
2. 教师马上有针对性地提出：“请同学们一起试试，能不能向后运球？”
3. 教师再次提出新的问题：“向不同的方向拍运球时，手触球的部位是否有所不同？”
4. 教师以小组为单位提问，本组成员可以补充</td><td>1. 部分同学回答 3 个方向（前、左、右）如何按拍球
2. 学生分散，经过练习，同学们发现还有向后运球
3. 学生练习、小组讨论，尝试进行总结
4. 学生汇报
5. 学生观察、思考后作出评价
6. 学生练习体会
7. 学生再次练习进行动作调整</td></tr>
</table>

续表

<table>
<tr><td></td><td>5. 教师组织评价“你认为他(她)们说得对吗？做得好吗？为什么？”等问题组织学生进行相互评价
6. 教师进行完善的动作总结、归纳，讲解并示范
7. 请动作优秀的同学示范并表扬，教师用“你认为自己的动作是优秀、良好、还是合格？”等问题组织学生进行自我评价
8. 教师设计游戏：进行追踪拍运球、双人换位运球、四人换位运球游戏，巩固提高技术动作并检验学习效果
9. 小结练习情况</td><td>8. 学生分组完成游戏，在游戏中检验学习效果
9. 学生认真倾听</td></tr>
<tr><td colspan="3">设计意图：此环节运用发现式学习法启迪学生思维，引导学生边动脑筋边练习，在不断的尝试、琢磨、体验，并与同伴相互切磋、相互交流的过程中，探究并归纳出简单的动作要领。强调形成性评价与总结性评价相结合，鼓励学生进行自我评价和同伴评价，注重评价方法的多样化和实效性</td></tr>
<tr><td colspan="3">第四环节（10min）</td></tr>
<tr><td>教学内容</td><td>教师活动</td><td>学生活动</td></tr>
<tr><td>游戏：传球游戏(复习、创新)
1. 对目标传球
对准墙壁上不同标志物，相隔一定距离，通过双手胸前传接球方法进行练习
2. 迎面接力传球
迎面站立，1名学生接球后将球传给对面排头，然后快速跑至对面排尾</td><td>1. 教师首先带领学生复习原地双手胸前传接球技术动作
2. 教师引导学生将其应用到游戏中，通过小组合作创编出不同的传球游戏</td><td>1. 学生观察、练习
2. 学生分组讨论、练习</td></tr>
</table>

续表

<table>
<tr><td>3. 抢截传球
学生分成攻守两方，进攻一方的唯一手段只是相互间的传接球。防守方抢到球后变为进攻方</td><td>3. 教师巡视指导，解决发现的问题
4. 教师引导各组展示、评价，并互相学习、尝试不同的游戏方法
5. 小结练习情况</td><td>3. 学生分组创编出不同的传球游戏
（1）对目标传球
（2）迎面接力传球
（3）抢截传球
4. 每个小组把本组创编成果进行展示后，尝试其他组所创编的游戏</td></tr>
<tr><td colspan="3">设计意图：使学生在练习中体会合作与竞争。只有在与同龄人相处的过程中，特别是在经常发生各种矛盾和冲突的游戏和体育活动中，学生才能正确对待运动能力方面的差异，体验尊重和被尊重的感受</td></tr>
<tr><td colspan="3">第五环节（3min）</td></tr>
<tr><td>教学内容</td><td>教师活动</td><td>学生活动</td></tr>
<tr><td>1. 集合、放松
“太极篮球”
2. 总结本课练习情况
3. 留作业，下课，收器材</td><td>1. 教师示范太极拳起式、收式。身体和篮球融为一体，配合呼吸
2. 教师小结本课的练习和比赛情况
3. 作业：和同学、朋友创编拍运球篮球游戏</td><td>1. 学生随教师听音乐练习
2. 学生集中听讲
3. 学生帮助教师收器材</td></tr>
<tr><td colspan="3">设计意图：消除运动而产生的紧张状态，恢复生理、心理负荷，使身心得到放松</td></tr>
</table>

（三）案例点评

本课的设计以小篮球游戏贯穿教学始终，以培养学生对体育探究的能力为主，体现创造性、趣味性和实用性的教学特色，通过提问、启发、诱导的教学策略，让学生在研究中锻炼，在锻炼中研究，做到体能和智能的双向发展。不仅激发学生兴趣，而且为主要教学内容的学习起到过渡、巩固、检验学习效果的目的。因此，在今后教学设计中应充分发挥游戏、教学比赛的重要作用，使其更好地服务于教学。

案例提供：黄洁（北京市东城区和平里第一小学）

点评专家：宋占军（北京市东城区和平里第一小学）

案例26 高运球、低运球

授课对象 四年级

（一）案例设计思路

1. 学习内容的价值与特点

（1）价值：运球是篮球运动中重要的进攻技术，是个人摆脱防守，创造传球、突破、投篮得分机会的重要进攻手段，也是进攻队员发动快攻、组织全队进攻配合的纽带，是瓦解防守阵型的重要手段。高运球一般是在远离防守队员时或展开快攻时所运用的技术；低运球则是进攻队员在受到防守紧逼或抢阻时，为了保护球或摆脱防守所运用的技术。

（2）特点：高运球与低运球有其各自的特点。

高运球：两脚前后开立，双膝微屈，运球的手臂自然弯屈，以肘为轴，随球上下摆动。目视前方。原地高运球时，拍球的上方，使球落于侧前方；行进间运球时，手腕后屈，拍球的后上方，向前推进球。

低运球：两腿微屈，重心降低，上体前倾，用上体和腿保护球，同时，手短促地按拍球，球的反弹高度在膝关节以下。低运球时，拍球的部位在球的正上方。

2. 整体设计思路

本设计坚持一球到底、一物多用的原则，充分调动学生练习兴趣，以教学游戏贯穿课堂始终，在游戏中提高运球能力，培养学生良好的运球习惯，如不能低头运球、高低运球转换自如、学会用身体掩护自身运球等。尽最大限度开发篮球的各种练习方式，如篮球操、对抗赛、游戏、太极球等，提高学生对篮球的喜爱程度，促进学生对篮球球性的掌握。通过开放式竞争性游戏激发学生的练习兴趣，提高其运动能力。

（二）案例呈现

<table>
<tr><td>内容</td><td colspan="2">1. 篮球：高运球、低运球
2. 游戏：找朋友</td></tr>
<tr><td>目标</td><td colspan="2">1. 认知目标：通过本节课的学习，使学生掌握篮球的基本运球技术，记住原地运球的动作要点，明确拍球与运球的区别
2. 技能目标：90% 以上的学生在运球时能做到五指张开，以肩（肘）为轴，手指柔和地按拍球的正上方，且眼睛能离开球；10% 的学生在教师或同伴的提醒下，在原地运球时能做到五指张开，以肩（肘）为轴，手指柔和地按拍球的正上方，眼睛看球。发展协调性、灵敏性等身体素质
3. 情感目标：能服从教师和小组长的指令性要求，能遵守游戏的规则，积极地对同伴的动作进行评价，能与同伴交流成功和失败的感受</td></tr>
<tr><td>重难点</td><td colspan="2">重点：手指柔和地按拍球的正上方
难点：运球时全身协调用力，不看球</td></tr>
<tr><td colspan="3">第一环节（5min）</td></tr>
<tr><td>教学内容</td><td>教师活动</td><td>学生活动</td></tr>
<tr><td>1. 整队集合，清点人数
2. 师生问好
3. 宣布本节课内容
4. 整理服装，安排见习生
5. 队列练习：
（1）原地转法
（2）纵队齐步走
（3）纵队跑步走</td><td>1. 提前到上课地点
2. 教师观察到位
3. 教师宣布课的内容、目标，做好学习的动员、激发兴趣、调动积极性
4. 教师下令组织进行队列练习
口号：
积极主动、勇猛顽强
快速灵活、全面准确</td><td>1. 铃声响后在指定地点集合，成四列横队
要求：集合时，做到快、静、齐
2. 目视教师，报数声音洪亮
3. 精神集中，听清内容
4. 服从教师安排，听从指挥做动作
要求：精神饱满、队形整齐</td></tr>
<tr><td colspan="3">设计意图：作为体育教学，既要让学生有身体、心理的准备过程，还要有兴趣的激发过程。同时要为后面的主要学习内容做铺垫和引导，为下一步的学习奠定良好的基础。通过队列练习集中学生注意力，培养学生团队纪律性，培养集体主义精神</td></tr>
</table>

续表

第二环节（10min）		
教学内容	教师活动	学生活动
1. 热身运动 （1）小游戏：传球比快，比稳 方法：每队排头向后传球，看哪一个队传球又快又稳 （2）自主玩球——热身的过程 （3）熟悉球性——专门性的准备活动：篮球操 2. 运球练习 （坐、蹲、站姿）练习运球	1. 热身运动 （1）指导学生成四列体操队形散开 指导学生取球小游戏 （2）取球散开后让学生自由拍球 （3）教师示范引导篮球操 ①练习手和球之间的感觉 ②在练习中，控制好球，避免球掉落的现象 ③持球时，注意不要运球，积极练习 2. 运球练习 教师指导学生分成 2 人 1 组 （1）教师讲解练习方法，然后请 1 名学生协助示范 （2）讲师巡视指导，强调体会（坐、蹲、站姿）练习运球时的不同	1. 热身运动 （1）两臂侧平举迅速散开成体操队形，传球比快，比稳 （2）拿到球自由拍球 （3）篮球操：学生先放慢节奏模仿教师动作，熟练后逐渐加快速度 ①认真观察教师动作，积极模仿和练习 ②进行球性练习时，看教师示范，积极参与；练习过程中，手和球控制得当，避免球掉落；保持秩序 2. 运球练习 （1）学生在教师引导下体会（坐、蹲、站立）3种姿势运球 （2）练习高运球、低运球，进一步体会手触球的部位，以及身体各部位的协调配合
设计意图：通过传球小游戏取球到手；自主玩球，满足学生的玩球愿望，同时也是热身的过程；通过篮球操提高学生球性。3 种姿势运球游戏激发学生的练习兴趣，也复习原地高低运球的动作，同时为以后熟练控球进行竞赛、游戏做铺垫。并且引导学生讨论问题：在运球的练习中，你觉得教师主要是让你们触球哪个部位？在做不同方式的运球时，你手上的动作有什么不同（手触球的部位不同）？突出高运球、低运球不同的动作特点		

续表

第三环节（12min）		
教学内容	教师活动	学生活动
运球（高运球、低运球） 1. 原地高运球 动作方法：两脚前后开立，两膝微屈，上体稍前倾，目视前方，运球时手臂自然弯曲，以肘关节为轴，手按球的正上方，球的落点在体前侧前方，球的反弹高度在腰、胸之间 动作要点：手按球的部位正确，手脚配合协调 2. 原地低手运球 动作方法：两腿微屈，降低重心，上体前倾，用上体和腿保护球，同时，手短促地按拍球，球的反弹高度在膝关节以下。低手运球，拍球的部位在球的正上方 口诀： 两腿屈膝降重心，运球落点两脚间，以肩为轴高运球，以肘为轴低运球	运球（高运球、低运球） 1. 教师高低手运球完整动作示范 2. 教师讲解示范动作，提示重难点 3. 教师与学生一起练习 4. 有球练习，教师先示范，指导学生进行原地运球练习 5. 讲解游戏方法，进行游戏“同学、同学几点了”，要求学生运球中配合同学的手势，单数高运球，双数低运球 6. 小结练习情况 7. 出示评价板进行评价	运球（高运球、低运球） 1. 高抛球落地，两次接高运球 2. 认真听教师讲解动作 3. 集体在教师的动作分解教学指挥下练习 4. 高抛球落地 6 次后学习低运球 5. 高低运球交替练习 协同配合，跟随音乐节奏进行高低运球练习 6. 按照教师要求进行练习 7. 自评、互评

续表

<table>
<tr><td>3. 运球挑战赛：
方法：学生 1 对 1 进行挑战。开始后各自运球，靠近后破坏对方运球，并且能保证自己运球不失误的为胜利 1 次。在单位时间内看谁的胜利次数多。第二轮开始可以交换不同的对手，看哪位同学挑战胜利的人数多
要求：
1. 在注意安全的情况下，破坏对方运球，同时保护好自己运球
2. 在游戏过程中要注意安全</td><td></td><td></td></tr>
<tr><td colspan="3">设计意图：本环节练习安排了原地高运球、低运球练习，并组织运球挑战赛等，旨在充分调动学生兴趣。通过接反弹球根据高度选择高运球或低运球进行练习，显示出篮球随机应变合理判断的特点，并要求学生熟练掌握高运球、低运球技术，提高控球能力。通过评价，让学生了解自己在学习过程中的不足及其原因，提高自我认识、自我教育、自我发展能力</td></tr>
<tr><td colspan="3">第四环节（10min）</td></tr>
<tr><td>教学内容</td><td>教师活动</td><td>学生活动</td></tr>
<tr><td>游戏：“找朋友”
方法：跟随音乐找朋友，找的过程中高运球，找到了低运球，在运球同时做出指、敬礼、握手、再见等动作（同歌词）。最好交换手做。下一位队员继续，比一比，看谁找到的朋友多</td><td>1. 教师导入篮球可以让我们交到很多好朋友的理念
2. 教师讲解游戏方法、规则，然后组织比赛
3. 教师强调比赛规则，增加难度：移动交换找朋友
4. 引导学生在规定时间多找好朋友，加快学生运球移动速度
5. 小结练习情况</td><td>1. 学生集中听讲
2. 学生分组练习，然后听音乐开始“找朋友”游戏
3. 教师指导学生做标准动作
4. 比一比，看谁找到的朋友多</td></tr>
</table>

续表

要求： 1. 找朋友运球动作到位，动作标准 2. 在运球过程中不能看球		
设计意图：通过游戏环节进一步熟练掌握高低运球动作。放松心情，缓解上一环节紧张激烈的挑战赛带来的疲劳感。培养学生友好相处、共同锻炼提高的精神品质		
第五环节（3min）		
教学内容	教师活动	学生活动
集合、放松 1. 采用太极球动作进行 拉伸放松 2. 总结本课练习情况 3. 留作业，下课，收器材	1. 示范太极球动作 2. 小结本课的练习和比赛情况 3. 作业：练习高运球、低运球	1. 随教师听音乐练习 2. 集中听讲，随教师配合呼吸练习 3. 帮助教师收器材
设计意图：为学生提供接触和体验介绍太极球的机会，发展运动认知。使学生了解篮球还可以有其他的用途，进一步激发学生对篮球的兴趣		

（三）案例点评

（1）一物到底、物尽其用。整堂课从开始到结尾一球到底，充分调动学生的练习兴趣，以游戏贯穿始终，在游戏中提高运球能力，培养学生良好的运球习惯。尽力开发篮球的各种练习方式，提高学生对篮球的喜爱程度。用各种方式提高学生对篮球球性的掌握程度。

（2）辅以音乐，活跃课堂气氛。从开始的篮球操一直到课堂结束，音乐贯穿全程。配合舒缓、有节奏的音乐高运球，配合紧张、快速的音乐低运球，在音乐结尾处放松。

（3）由原地到移动衔接自然。整堂课由原地运球练习开始，在学生掌握较为熟练的情况下引入游戏，使学生自然过渡到移动中运球，并在移动中随机应变应对各种突发情况。进一步提高学生的运球兴趣，巩固学生对篮球运球的掌握程度。

案例提供：闫佳亮（北京市房山区阎村中心校）

点评专家：史红亮（北京教育学院）

案例27　行进间曲线运球

授课对象　五年级

（一）案例设计思路

1. 学习内容的价值与特点

（1）价值：行进间曲线运球是篮球比赛中最常用的摆脱对方防守的进攻手段之一。经常练习和在场上运用，对于发展身体的协调性、灵活性、速度等素质，以及提高控球能力、加快进攻速度和启迪思维、开发想象力都有积极作用。

（2）特点：这种运球的方式可以分为低姿与高姿两种，低姿运球由于身体重心低并以身护球，便于绕过对方的阻拦；高姿运球便于推进，有利于快速运球前进。

2. 整体设计思路

本设计从篮球的攻防实战出发，在练习时设计不同层次的障碍物去模仿防守人，例如，过单个障碍—连续过障碍—连续过短距离多数量障碍—连续过有一定宽度的障碍。一系列增加难度的练习，使学生有兴趣去挑战不同的难度，或能根据自己的能力去挑战不同的难度，以此激发学生的练习兴趣，提高运动能力。

（二）案例呈现

内容	1. 篮球：行进间曲线运球（新授） 2. 游戏：运物接力
目标	1. 认知目标：初步学习行进间曲线运球动作方法，学习在标志杆前换手、变向、上步、运球前进的动作方法 2. 技能目标：80% 以上的学生能够完成曲线运球的连贯动作 3. 体能目标：学生通过观察、模仿，练习掌握动作方法，提高控球能力，激发学习篮球技术的兴趣，发展身体协调能力 4. 情感目标：通过练习及游戏，培养学生不怕困难的坚强的意志品质
重难点	重点：换手，转体，跨步，探肩 难点：动作协调

续表

<table>
<tr><th colspan="3">第一环节（4min）</th></tr>
<tr><td>教学内容</td><td>教师活动</td><td>学生活动</td></tr>
<tr><td>一、课堂常规
1. 整队报数
2. 师生问好
3. 宣布课时内容
二、队列练习
跑图形练习
要求：精神饱满，动作规范</td><td>1. 检查提示学生站队
2. 问好：同学们好
3. 宣布本课内容，提出练习要求</td><td>1. 体委发口令组织学生站队
2. 问好：教师好
3. 认真听讲，遵守要求</td></tr>
<tr><td colspan="3">设计意图：本环节为课堂常规练习，培养学生常规习惯的养成，做到令行禁止</td></tr>
<tr><th colspan="3">第二环节（6min）</th></tr>
<tr><td>教学内容</td><td>教师活动</td><td>学生活动</td></tr>
<tr><td>1. 听音乐做球操
2. 专项准备活动
（1）体前变向运球
（2）2 人 1 组争抢球</td><td>1. 领做并提示要领
2. 指导示范强调动作要领
3. 巡视指导</td><td>1. 听音乐集体练习
2. 学生听讲
3. 集体练习或 2 人 1 组练习</td></tr>
<tr><td colspan="3">设计意图：通过听音乐做球操的方式，使学生活动身体各关节，达到热身的效果，避免学生在运动中受伤；通过专项准备活动，使学生既活动了身体，又为基本部分的练习起到铺垫的作用</td></tr>
<tr><th colspan="3">第三环节（15min）</th></tr>
<tr><td>教学内容</td><td>教师活动</td><td>学生活动</td></tr>
<tr><td>行进间曲线运球
要点口诀 1：
运球平稳落点准，换手变向跨步跟
要点口诀 2：
运球到位换手快，探肩护球快向前
教学重点：
换手，转体，跨步，探肩
教学难点：
动作协调</td><td>1. 复习直线运球动作
2. 示范行进间曲线运球（触球部位）
3. 出示口诀：运球平稳落点准，换手变向跨步跟
4. 指导学生分组练习过单个障碍到连续过障碍
5. 巡视，指定优秀学生到其他场地练习。优秀学生加大练习难度，连续过短距离的障碍</td><td>1. 学生分组练习
2. 学生观察教师动作
3. 学生背诵口诀
4. 学生分组尝试练习
5. 学生分组练习
6. 学生分组再练习
7. 学生原地模仿练习
8. 回到场地练习，尝试高低不同姿势过障碍的方法
9. 学生分组比赛</td></tr>
</table>

续表

<table>
<tr><td></td><td>6. 增加难度，合并小组，指导学生再练习。能力强的学生可以增加障碍的宽度，使障碍更接近于防守人的宽度
7. 出示要点口诀：运球到位换手快，探肩护球快向前
8. 尝试高低不同姿势过障碍的方法
9. 提出问题，指导比赛
10. 区别对待练习
11. 分组展示</td><td>10. 组内按能力分任务练习
11. 学生展示，自己评价</td></tr>
<tr><td colspan="3">设计意图：本环节练习安排了按能力分组的形式，根据篮球的攻防实战出发，在练习时设计不同层次的障碍去模仿防守人，例如，过单个障碍—连续过障碍—连续过短距离多数量障碍—连续过有一定宽度的障碍。一系列增加难度的练习，使学生有兴趣去挑战不同的难度或能根据自己的能力去挑战不同的难度</td></tr>
<tr><td colspan="3">第四环节（10min）</td></tr>
<tr><td>教学内容</td><td>教师活动</td><td>学生活动</td></tr>
<tr><td>游戏：投活动篮筐
游戏方法及规则：
1. 学生分为人数相等的两队，手拿特制的篮网，作为活动篮筐，在对方半场端线后，可任意移动
2. 比赛开始，进攻一方投篮，抢断后转换进攻
3. 活动篮筐不得进端线，规定时间得分多的为胜</td><td>1. 教师讲解方法及规则
2. 将学生分组
3. 各组在组长的带领下进行练习
4. 分组比赛，教师做裁判
5. 指导比赛，强调规则
6. 再次比赛
7. 宣布比赛结果并总结</td><td>1. 学生认真听讲，学习动作方法及规则
2. 学生分组练习
3. 组长带领练习
4. 学生分组比赛
5. 认真听教师讲解
6. 放松，听讲</td></tr>
<tr><td colspan="3">设计意图：通过游戏环节发展学生个人能力、合作能力、集体意识，也将灵敏性、速度、协调性等身体素质的练习融入其中，培养学生的团结协作能力</td></tr>
</table>

续表

第五环节（5min）		
教学内容	教师活动	学生活动
1. 集合、放松 2. 总结本课练习情况 3. 留作业，下课，收器材	1. 教师领做 2. 回顾学习内容，布置作业 3. 师生再见	1. 学生随教师听音乐练习 2. 学生集中听讲 3. 学生帮助教师收器材
设计意图：本环节的设计意图是放松整理，总结本课知识，布置作业，收器材		

（三）案例点评

这堂课的教学设计比较理想，篮球技术的教学和学生兴趣培养很好地结合在一起。主要教学内容行进间运球和学生的个体学习能力很好地结合，其中穿插的练习和游戏很好地提高了学生的学习兴趣，并对教学起到很好的辅助作用，可以说为教学任务的完成提供了保障。下面从教学过程、教学方法、学生活动、教师素养、教学效果 5 个方面进行评估。

教学过程：由篮球理论的导入、球性练习、原地运球和行进间的保护运球组成。整个教学过程合理流畅，一环扣一环，技术教学和练习都十分扎实，运动量适中，学生掌握也很理想。

教学方法：以提问的方式导入，示范的方式引导学生练习，教师指导纠正，教学方法多样。

学生活动：学生全程充满兴趣，积极参与，和教师配合比较默契。

教师素养：教师在本堂课中表现出了较好的教学素养，在示范和教学方法上都表现突出，但口语表达准确性一般。

教学效果：学生在教师指导下很好地掌握了篮球行进间运球，开动脑筋自立创新，积极参与运动，达到较好的效果。

总的来说，这堂课是成功的。

案例提供：张海涛（北京小学通州分校）

点评专家：崔宝春（北京通州区教师研修中心）

案例28　行进间高手投篮

授课对象　五年级

（一）案例设计思路

1. 学习内容的价值与特点

（1）价值：行进间高手投篮是小篮球运动最基础的动作之一，是攻防实战中常用的动作。整个动作结合了行进间运球和单手投篮这两个基础动作。教学重点是步法节奏和上下肢的协调配合，需要身体各部位有良好的控制和配合才能够达到。对于增强小学生速度、力量、协调性、灵敏性等素质，提高空间感知觉、节奏调节能力有很大帮助。

（2）特点：行进间高手投篮动作由跨步接球起跳、腾空举球出手和落地 3 个部分组成。其脚步动作是：跨第一步的同时接球，跨第二步时跳起，空中投篮出手，双脚同时落地注意屈膝缓冲。在实际运用时，应根据投篮的距离、角度以及防守队员所处位置来决定投篮出手的动作方法。在投篮时要控制好身体平衡。跨步的大小、快慢、方向也应根据临场情况的不同而有所变化。

2. 整体设计思路

本设计根据行进间投篮的动作特点，将技术动作分为 5 个步骤进行练习，先进行徒手的模仿练习，掌握步法节奏后，再进行持球的练习，掌握后再结合运球的投篮练习。整个设计由易到难，由简到繁，循序渐进，让学生在不知不觉中逐步掌握动作方法。小篮球运动对于学生灵敏性、协调性、柔韧性、速度、力量等身体素质以及空间感知觉都有较高要求，因此本课将身体素质练习通过竞争性游戏的形式呈现出来，以此激发学生的练习兴趣，提高其运动能力。

（二）案例呈现

<table>
<tr><td>内容</td><td colspan="2">1. 篮球：行进间高手投篮
2. 体能游戏：十字运球接力赛</td></tr>
<tr><td>目标</td><td colspan="2">1. 认知目标：了解行进间高手投篮的准备动作、主要动作、完成动作
2. 技能目标：学会行进间高手投篮的准备动作、主要动作、完成动作的基本方法
3. 体能目标：提高运球与投篮结合能力，发展学生的灵敏性、协调性等素质
4. 情感目标：培养同学之间相互观摩学习、提示动作掌握的情况。能从投篮成功中体验小篮球运动的魅力，提升自信心</td></tr>
<tr><td>重难点</td><td colspan="2">重点：跨出的第一步要大，第二步要小，用脚跟先着地
难点：步法节奏</td></tr>
<tr><td colspan="3">第一环节（5min）</td></tr>
<tr><td>教学内容</td><td>教师活动</td><td>学生活动</td></tr>
<tr><td>1. 集合、整队、报数
2. 师生问好
3. 宣布本课内容
4. 安排见习生
5. 队列练习
齐步走、立定</td><td>1. 提前到上课地点
2. 立正、面对学生
3. 讲话清楚、简练
4. 根据情况，合理安排
5. 教师提示要领，指导学生练习</td><td>1. 铃声响后在指定地点集合，成四列横队
2. 目视教师，声音洪亮
3. 精神集中，听清内容
4. 服从教师安排，做适合的活动
5. 学生集体练习</td></tr>
<tr><td colspan="3">设计意图：通过队列练习，提高学生精神面貌，增强团队凝聚力，使学生快速进入学习状态，同时培养学生正确的身体姿态</td></tr>
<tr><td colspan="3">第二环节（8min）</td></tr>
<tr><td>教学内容</td><td>教师活动</td><td>学生活动</td></tr>
<tr><td>1. 拉伸练习：腕部、颈部、肩部、腰部、髋部、腿部
2. 沿线运球练习：学生沿场地线慢跑运球，在运球过程中教师和 2~3 名学生站在边线中心处和端线中心处，做佯装抢球动作，运球学生运用身体或高低变换的运球方式来保护球
3. 小游戏：“照镜子”</td><td>1. 教师领做
2. 教师参与游戏，引导学生做沿线运球练习，要求用右手运球
3. 教师组织练习，巡视指导</td><td>1. 跟随教师练习
组织：四列横队成体操队形
2. 学生沿场地线慢跑运球游戏
3. 学生分组练习：1 人练习，1 人模仿动作</td></tr>
</table>

续表

<table>
<tr><td colspan="3">设计意图：通过各种拉伸动作充分预热身体各部位，降低受伤风险；提高身体机能，达到热身效果。通过球性练习，为主要教学内容的学习做好铺垫</td></tr>
<tr><td colspan="3">第三环节（14min）</td></tr>
<tr><td>教学内容</td><td>教师活动</td><td>学生活动</td></tr>
<tr><td>行进间单手高手投篮（以右手投篮为例）
1. 准备动作
（1）运球时，时刻观察场上情况及与篮筐的距离
（2）调整步伐
2. 主要动作
（1）右脚跨出一大步，同时双手持球
（2）左脚迈出一小步，同时用力起跳
（3）双手持球上举，右腿屈膝上抬
（4）身体腾空至最高点时，手臂上伸
（5）左手护球，右手扣腕，右手食指和中指拨球，柔和地将球投出
3. 完成动作
（1）球离手后，手臂要自然随球送出
（2）平稳落地，屈膝缓冲</td><td>1. 教师讲解并示范
2. 组织学生分组练习
（1）行进间投篮脚步动作练习
注意提示：小碎步走，听哨音后跨出第一步，第二步起跳
慢跑中跨出第一步，第二步起跳
（2）行进间有球投篮练习
①篮下 45° 角，学生右脚在前，左脚在后站立，做左脚上一步起跳的单手投篮
②篮下 45° 角，教师或同学持球。学生左脚在前，右脚在后站立，右脚向前跨一大步同时拿球，然后左脚向前跨一小步起跳，做行进间投篮练习
③篮下 45° 角，学生持球左脚在前，右脚在后站立，向前运一次球，右脚向前跨一步同时拿球，然后左脚向前跨一步起跳，做行进间投篮练习
3. 教师巡视指导，并请做动作规范的同学示范</td><td>1. 学生倾听方法，观察示范动作，初步了解完整动作
2. 学生成四列横队集体练习
观察示范并听教师哨声集体练习
3. 小组每人轮流持球，其他同学练习，每人练习 8~10 次，小组长进行组织评价
4. 分组练习，相互观察动作，相互评价，每人练习 8~10 次
5. 优秀学生示范</td></tr>
<tr><td colspan="3">设计意图：本环节教学步骤先徒手后持球，先后分为 5 个步骤，由易到难，循序渐进。旨在将复杂动作简单化，降低学习难度，提高学生学习兴趣。练习过程中强调步法节奏，上下肢动作协调配合，便于学生快速掌握动作方法</td></tr>
</table>

续表

第四环节（10min）		
教学内容	教师活动	学生活动
体能游戏：十字运球接力赛 游戏方法：A组、B组的排头同学听到开始信号后，各自沿着对角线运球跑向另外一组。然后将球交给对面C组、D组的排头同学，并排到这组末尾。接到球的同学再沿着与刚才相反方向运球，以此类推	1. 教师介绍游戏方法，讲解规则 2. 组织学生游戏 3. 小结游戏情况 提示：运球同学必须注意，在交叉点时不要重叠运球发生冲撞，要么加速运球通过，要么减速相互避让	1. 学生集中听讲 2. 学生分组练习，然后比赛2~3次 组织：学生分成4个组，每组8~10人，分别在半场的四个角上站成一路纵队
设计意图：本环节将行进间运球主要形式以游戏的方式展开练习，将灵敏性、速度、协调性等身体素质的练习融入其中，提高与小篮球运动相关的运动能力		
第五环节（3min）		
教学内容	教师活动	学生活动
1. 集合、放松游戏："抛球哈哈笑" 教师抛球到空中，学生哈哈笑；教师接住球，学生笑声停 2. 总结本课练习情况 3. 留作业，下课，收器材	1. 教师讲解游戏方法，引导学生练习 2. 教师小结 3. 作业：练习行进间投篮步法20次	1. 学生与教师共同练习 2. 学生集中听讲 3. 学生帮助教师收器材
设计意图：放松身心，尽快恢复体温和心率；回顾学习的收获；提高团队凝聚力		

（三）案例点评

本课的设计凸显了小篮球运动的特性，注重学生的体验，注重学生能力的培养。根据五年级学生的年龄特点设计教学步骤，步骤清晰，递进关系合理，从徒手练习到持球练习过渡顺畅，学生按部就班自然而然地掌握动作要领。教学形式上充分发挥小组合作学习的优势，通过相互评价与指导，让学生深入理解动作要领，不断改进，不断提高。设计中不仅注重技术的传授，还特别注重学生运动能力的提升，通过准备活动、技术教学、游戏活动不断发展学生柔韧性、速度、力量、灵敏性、协调性等素质和空间感知觉等，以达到身体全面发展的目的。

案例提供：宋占军（北京市东城区和平里第一小学）
点评专家：韩兵（北京教育学院）

案例29　体前变向换手运球

授课对象　六年级

（一）案例设计思路

1. 学习内容的价值与特点

（1）价值：体前变向换手运球是篮球运球技术的一项基本技术。从技术来讲，其方法简单实用，具有动作迅速、隐蔽突然的特点，易与其他技术动作衔接，是比赛中运用最广泛的运球突破技术；从发展身体素质来讲，变向运球技术能够很好地发展学生的灵敏性、协调性素质；从身心健康、社会适应角度来讲，学生可以通过利用这一技术摆脱防守而获得自信与成就感，培养超越对手的勇气与自信心。因此，体前变向换手运球技术具有较强的可学性、可练性和可教性。该技术的学习需要学生有一定的球性、控球能力及手脚的协调配合能力。

（2）特点：体前变向换手运球具有动作迅速、隐蔽突然的技术特点，易与其他技术动作衔接，突破时能很好地保护球，是篮球比赛中运用最为广泛的技术动作之一。

2. 整体设计思路

本设计力求以兴趣为引领，整个教学过程由浅入深、层层递进。先进行原地的练习，再进行行进间的练习；先进行手上动作的练习，再过渡到手脚配合的练习；先练单个动作，再练组合动作；先在学练中打基础，再在游戏中求提高。

针对本课重点，先是复习旧知识，采取原地换手运球和走跑交替中换手运球的练习方法，让学生充分体会变向时手的触球部位；然后引入新知识，针对难点变向换手后的转体侧身，巧妙运用标志杆之间的距离的调整来提高练习兴趣和效果。

（二）案例呈现

<table>
<tr><td>内容</td><td colspan="2">1. 小篮球：拍球比多
2. 游戏：“运输物资”</td></tr>
<tr><td>目标</td><td colspan="2">1. 认知目标：了解有关小篮球的基本知识和场地、器材知识，知道体前变向运球的方法，提高安全意识
2. 技能目标：100% 的学生知道体前变向换手运球侧身跨步的动作方法；使 85% 的学生能够做出体前变向换手运球时侧身跨步的技术动作
3. 体能目标：增强学生小肌群的力量，重点发展速度、灵敏性和协调性等素质
4. 情感目标：培养学生集体荣誉感，遵守规则、克服困难、 相互关爱和团结协作的优良品质</td></tr>
<tr><td>重难点</td><td colspan="2">重点：异侧脚向运球方向跨出
难点：转体侧身</td></tr>
<tr><td colspan="3">第一环节（5min）</td></tr>
<tr><td>教学内容</td><td>教师活动</td><td>学生活动</td></tr>
<tr><td>1. 体委整队，报告人数
2. 师生问好
3. 检查服装，安排见习生
4. 宣布课的内容
5. 安全教育和提示
6. 队列练习
（1）原地三面转法
（2）裂队、并队走</td><td>1. 注视学生站队，精神饱满
2. 问候语：同学们好
3. 介绍本课活动内容
4. 提出安全注意事项，安排见习生
5. 教师引导学生进行练习，提出要求</td><td>1. 队长整队
2. 问候语：教师好
3. 认真听本课要求
4. 认真练习</td></tr>
<tr><td colspan="3">设计意图：让学生养成良好的课堂行为习惯，培养学生正确的身体姿态，提高团结协作的能力，增强集体意识</td></tr>
<tr><td colspan="3">第二环节（10min）</td></tr>
</table>

续表

<table>
<tr><th>教学内容</th><th>教师活动</th><th>学生活动</th></tr>
<tr><td>1. 热身跑
2. 篮球操
（1）头部运动
（2）伸展运动
（3）腿部运动
（4）跳跃运动
（5）全身运动
（6）放松运动
3. 专项准备活动
（1）活动踝关节、腕关节
（2）拨球练习
（3）原地体前变向换手运球</td><td>1. 组织学生进行热身跑
2. 组织学生取球
（1）听音乐示范，带领学生练习
（2）强调手触球部位

3. 带领学生进行专项活动
（1）强调动作幅度
（2）强调动作规范
（3）强调运球节奏</td><td>模仿教师动作慢跑
1. 取球有序，传球迅速
2. 听音乐模仿教师动作进行练习
要求：动作舒展有力、节拍有序

1. 认真积极进行练习
2. 听教师口令做动作
要求：充分活动各关节，触球部位准确</td></tr>
<tr><td colspan="3">设计意图：通过篮球操和专项辅助练习，充分活动本节课内容动作练习的相关肌群和关节，快速熟悉球性，为高效练习和预防运动损伤做铺垫</td></tr>
<tr><td colspan="3">第三环节（12min）</td></tr>
<tr><td>教学内容</td><td>教师活动</td><td>学生活动</td></tr>
<tr><td>体前变向换手运球
动作方法：
右手运球向左侧变向突破时，突然改变球的方向，拍按球的右侧上方，使球从身体右侧弹向左侧，右脚迅速向左侧前方跨出，上体左转，前倾并探肩，换左手拍按球的左后侧继续加速前进
重点：
异侧脚向运球方向跨出
难点：
转体侧身</td><td>1. 复习走跑交替的体前变向换手运球动作
2. 教师示范跑动中体前变向换手运球
3. 组织学生进行原地跨步体前变向换手运球练习
4. 组织学生进行跑动中的体前变向换手运球
5. 组织学生进行在标志物处体前变向换手跑动运球
6. 优秀生进行示范，教师提出转体侧身的动作技术，并引出图示和口诀
7. 体前变向换手运球接力比赛</td><td>1. 做出在标志物处体前变向换手，异侧脚迈出的动作
2. 认真听讲，观察教师示范动作，说本课重点
3. 按教师要求进行练习，体会原地体前变向换手运球的跨步动作
4. 积极练习，进一步体会体前变向换手运球的跨步动作
5. 认真体会动作，初步尝试体验侧身动作
6. 观察优秀生示范动作，大声朗读口诀
7. 努力练习，相互评价
8. 克服困难，主动练习</td></tr>
</table>

续表

<table>
<tr><td>口诀：
换手运球要跨步
侧身转体把球护</td><td>8. 组织学生过固定防守人练习
9. 组织学生过积极防守人练习</td><td>9. 积极主动练习</td></tr>
<tr><td colspan="3">设计意图：基本部分的练习安排了 3 个主要环节：复习旧知识奠基础，引入新知识、初步掌握，提高难度、巩固新知识，意在由浅入深，层层递进；充分利用标志杆来安排教学，通过标志杆之间的距离变化来解决重难点，在激发练习兴趣的同时，提高了练习效果</td></tr>
<tr><td colspan="3">第四环节（10min）</td></tr>
<tr><td>教学内容</td><td>教师活动</td><td>学生活动</td></tr>
<tr><td>游戏：3 对 3 篮球赛
动作方法：
方法：4 人 1 组，每组出 1 名裁判，其余队员进行 3 对 3 的篮球比赛</td><td>1. 教师向学生讲解篮球比赛规则，并提出比赛方法
2. 教师组织学生进行比赛</td><td>1. 学生积极参与比赛
2. 学生进行比赛，注意安全
要求：遵守规则</td></tr>
<tr><td colspan="3">设计意图：游戏环节在巩固体前变向运球的同时，发展学生的灵敏性、速度、协调性等身体素质，激发学生的运动兴趣，增强学生的竞争意识</td></tr>
<tr><td colspan="3">第五环节（3min）</td></tr>
<tr><td>教学内容</td><td>教师活动</td><td>学生活动</td></tr>
<tr><td>1. 集合、放松
采用拉伸放松的方式
2. 总结本课练习情况
3. 留作业，下课，收器材</td><td>1. 组织学生进行放松
2. 小结本课情况
3. 宣布下课</td><td>1. 按教师要求进行放松
要求：动作舒缓，精神放松
2. 认真听讲
3. 协助教师收器材</td></tr>
<tr><td colspan="3">设计意图：通过放松练习，让学生充分放松身心；教师小结注重鼓励和表扬进步学生，培养学生自信心</td></tr>
</table>

（三）案例点评

本课的设计凸显了教师对不同学生情况的关注，关注个体差异，关注学习存在困难的学生的学习情况并加强指导。通过对器材的微调，关注学生不同情况，使每个学生都感受运动的乐趣，增强自信心。

本课组织形式新颖、多样。巧妙安排场地和器材，在练习时，通过对标志杆距离的变换，不仅激发了学生的练习兴趣，而且在增加练习难度的同时解决了本课难点，激发了学生挑战的欲望，提高了学练效果。

案例提供：卢钦龙（北京市东城区培新小学）
点评专家：史红亮（北京教育学院）

案例30　交叉步持球突破

授课对象　六年级

（一）案例设计思路

1. 学习内容的价值与特点

（1）价值：交叉步持球突破是篮球实战中常用的动作，它是衡量球员水平高低的重要标志之一。它不仅可以增强学生的力量，发展学生的灵敏性、协调性等素质，还可以培养学生勇敢顽强、机智果断的优良品质。

（2）特点：交叉步步法移动范围最大，便于发力进攻。交叉步持球突破的瞬间需要积极蹬地，启动快速突然；转体、探肩与跨步相连；放球离手，应在轴心脚离地之前。完成动作的体能损耗适中。

2. 整体设计思路

根据交叉步持球突破的技术特点，在保证学生安全的前提下，通过辅助教具，使学生体验交叉步持球突破在实战中的应用。交叉步持球突破不仅对灵敏、协调、柔韧性、速度、力量等身体素质有较高要求，而且对身体重心的变化要求也很高。所以，本课不仅要解决交叉步持球突破过程中技术的难题，还需要解决身体重心变化的问题。通过竞争性游戏，不仅可以激发学生的练习兴趣，还可以提高学生的运动能力。

续表

（二）案例呈现

<table>
<tr><td>内容</td><td colspan="2">1 小篮球：交叉步持球突破（新授）
2. 体能游戏：曲线运球接力（复习）</td></tr>
<tr><td>目标</td><td colspan="2">1. 认知目标：初步了解交叉步持球突破的动作要领及交叉步持球突破的运动价值，初步掌握交叉步持球突破在比赛中应用的时机及意义
2. 技能目标：
（1）80% 的学生能够在辅助教具的帮助下完成交叉步持球突破，且做到身体重心平稳，能体会到重心的变化
（2）在游戏中，学生能够正确运用行进间运球和变向的动作方法
3. 体能目标：增强学生的下肢力量，重点发展速度、灵敏性和协调性等素质
4. 情感目标：培养学生勇敢顽强、机智果断的优良品质和团结合作、勇于竞争的意识</td></tr>
<tr><td>重难点</td><td colspan="2">重点：蹬跨，转体探肩，蹬地运球加速
难点：跨步和放球的时机</td></tr>
<tr><td colspan="3">第一环节（5min）</td></tr>
<tr><td>教学内容</td><td>教师活动</td><td>学生活动</td></tr>
<tr><td>1. 集合、整队、报数
2. 师生问好
3. 宣布本课内容
4. 安排见习生，进行安全教育
5. 队列练习
裂队走—错肩行进—并队走</td><td>1. 提前到上课地点，检查场地、器材是否符合上课及安全要求
2. 立正站好，与学生问好
3. 清晰、简洁地讲解课堂内容、要求和任务
4. 安排见习生进行适当活动
5. 教师提示要领，用口令和手势指挥学生队列</td><td>1. 铃响后在指定地点集合，成四列横队
2. 立正站好，精神饱满，声音洪亮
3. 认真听清内容、要求和任务
4. 服从教师安排，做适合的活动。检查服装等是否存在安全隐患
5. 学生在教师口令和手势下练习</td></tr>
<tr><td colspan="3">设计意图：培养学生良好的课堂行为习惯，使学生快速地进入课堂状态，进而调动学生的学习积极性，激发学生的学习兴趣</td></tr>
</table>

续表

<table>
<tr><td colspan="3">第二环节（8min）</td></tr>
<tr><td>教学内容</td><td>教师活动</td><td>学生活动</td></tr>
<tr><td>1. 篮球操
（1）双手拨球
（2）头、腰、腿绕环
（3）扩胸运动
（4）振臂运动
（5）体转运动
（6）体前屈运动
（7）压腿
（8）左抛右接
2. 专项准备活动
（1）接球三威胁
（2）接球三威胁——上步</td><td>1.指导学生成四列体操队形散开
教师示范并讲解每个动作，与学生一同喊口令练习
要求：精讲要领
2. 教师指导学生分成 2 人 1 组
（1）教师请1名学生协助示范“接球三威胁”和“接球三威胁——上步”动作
（2）教师巡视指导，强调“接球三威胁”时身体的重心和上步时轴心脚不可以抬起来离地</td><td>1. 两臂侧平举迅速散开成体操队形
学生认真观察教师动作，与教师一同喊口令练习
要求：认真观察教师动作，动作用力
2. 选择能力接近的 2 名学生 1 组
（1）学生听清方法，认真观察示范，然后两人一组进行练习
（2）学生做自抛自接“接球三威胁”和“接球三威胁——上步”动作</td></tr>
<tr><td colspan="3">设计意图：通过篮球操练习，提高学生球感，激发学生进一步学习的兴趣。通过专项准备活动，使学生初步感知重心的变化，为基础部分的教学打下基础</td></tr>
<tr><td colspan="3">第三环节（14min）</td></tr>
<tr><td>教学内容</td><td>教师活动</td><td>学生活动</td></tr>
<tr><td>小篮球：交叉步突破
动作方法（以右脚为例）：两脚左右开立，两膝微曲，重心降低，身体前倾，持球于胸前。突破时，先做向左侧突破的假动作，然后左脚前脚掌内侧迅速蹬地，向右前方迈出一大步，上体右转，左肩下压。同时，右手运球迅速超越对手</td><td>1. 教师讲解示范交叉步突破动作方法
2. 出示辅助教具（小体操垫），用体操垫组成的“墙壁”，放置在学生的跨步脚一侧，距离脚 20~40cm，示范交叉步持球突破动作，重点体会蹬跨动作
3. 教师将小体操垫打开，竖放在学生体前，距离学生 80~100cm，教师释放交叉步突破过体操垫动作，重点体会蹬转后转体探肩动作</td><td>1. 学生观察教师示范动作，原地模仿
2. 学生到体操垫组成的“墙壁”处练习 5~8 次
3. 学生面前 1 块体操垫，练习 8~10 次
4. 学生每人 1 个手锥桶，练习 8~10 次
5. 2 人 1 组，根据能力练习 5~8 次</td></tr>
</table>

续表

<table>
<tr><td>动作要领：积极蹬地—转体探肩—放球离手—加速超越</td><td>4. 教师出示辅助教具（手锥桶），示范交叉步突破时，将手锥桶由右脚外侧推至左脚外侧
要求：左脚落地的同时，手锥桶也要同时被推至左脚外侧</td><td>6. 优秀学生展示
7. 学生体会练习 3~5 次</td></tr>
<tr><td></td><td>5. 指导学生进行 1 人防守，1 人持球交叉步突破
6. 优秀学生展示
7. 将体操垫立起来，学生接球后重心下降，观察将体操垫压到什么程度后，做交叉步突破动作速度最快，体会重心的变化
8. 拓展练习：投篮假动作后接交叉步突破
9. 小结练习情况</td><td></td></tr>
<tr><td colspan="3">设计意图：本环节练习，通过体操垫和手锥桶两种辅助器材，旨在让学生掌握交叉步突破的蹬跨、转体探肩、放球、加速各环节的技术要领，大大提高了学生的练习兴趣。通过单人练习、双人练习两种形式，促进了学生间的交流和展示。在做蹬跨、转体探肩等动作时，不仅需要学生具备相应的力量，还需要学生具备协调性和柔韧性。通过重心变化体会练习，让学生体会身体重心的控制对交叉步突破技术运用的重要性</td></tr>
<tr><td colspan="3">第四环节（10min）</td></tr>
<tr><td>教学内容</td><td>教师活动</td><td>学生活动</td></tr>
<tr><td>体能游戏：运双球接力（复习）
游戏方法：教师吹哨开始，统一从一侧运球开始，学生运双球至对面同伴手中。同伴接球后，继续运双球至对面同伴手中，如此依次重复，直至全队做完为止。先完成的队获胜
注意事项：运球过程中若出现失误，需从失误地点继续运球</td><td>1. 教师讲解游戏方法、规则，然后组织比赛
2. 教师强调比赛规则，增加难度，进行运双球接力比赛
（1）双手同时拍两球
（2）双手依次运两球
（3）双手后退拍两球
3. 小结练习情况</td><td>1. 学生集中听讲
2. 学生练习 1 次
3. 学生比赛
4. 学生增加难度后比赛</td></tr>
</table>

续表

<table>
<tr><td colspan="3">设计意图：游戏环节在复习学生运球技能的同时，将灵敏性、速度、协调性等身体素质的练习融入其中，提高了与篮球运动相关的运动能力</td></tr>
<tr><td colspan="3">第五环节（3min）</td></tr>
<tr><td>教学内容</td><td>教师活动</td><td>学生活动</td></tr>
<tr><td>1. 集合、放松
课课练（柔韧性练习）
2. 总结本课练习情况
3. 留作业，下课，收器材</td><td>1. 教师示范柔韧拉伸动作
2. 教师小结本课的练习和比赛情况
3. 作业：利用课外活动或业余时间练习交叉步突破。教育学生爱护器材</td><td>1. 学生随教师听音乐练习
2. 学生集中听讲
3. 学生帮助教师收器材</td></tr>
<tr><td colspan="3">设计意图：为学生的健康发展奠定基础，使学生了解运动后拉伸的重要性，促进学生良好锻炼习惯的养成</td></tr>
</table>

（三）案例点评

本课重在“新”，设计新颖。通过辅助教具（体操垫和手锥桶）提高学生的练习兴趣，为突破重难点、学生顺利掌握动作提供了很好的帮助。同时，通过辅助教具，降低了学生练习的难度，进一步激发了学生练习的积极性，使不同层次的学生都能够掌握动作技能。通过拓展练习，将教学内容与实战结合，为学生的技术应用奠定了坚实的基础，从而使学生感受到运动的快乐、收获成功的喜悦。将学生体能课课练内容放在结束放松环节，既能提高学生身体的柔韧性，又能起到很好的肌肉拉伸和放松作用。

案例提供：王强（北京市怀柔区长哨营满族乡中心小学）

点评专家：张庆新（北京教育学院）

第四章 足球运动能力教学导读与优秀案例展示

【内容简介与课标链接】

足球被誉为“世界第一运动”，在我国青少年中有着深厚的群众基础，深受中小学生喜爱。近年来，随着青少年校园足球运动的推广和深入，足球在小学体育教学中的地位和内容比例得到了进一步加强和提升。足球有助于促进学生的生长发育，增强体质，发展各方面的身体素质，培养勇敢顽强的意志品质和团结协作的集体主义精神。

《义务教育体育与健康课程标准（2011年版）》在“课程内容”部分对足球的要求与篮球相似，在做足球游戏、熟悉球性、学习基本运动技能的基础上，还提出要了解项目文化、比赛规则的要求。本章中的10篇足球教学案例充分结合发展小学生足球专项运动能力的要求，以游戏化的教学方式培养学生的运动兴趣和爱好。

第一节　足球运动能力教学导读

一、足球运动项目的锻炼价值

足球运动是一项充满魅力的以脚支配球为主、同场攻守对抗的集体竞赛项目，是世界上最受人们喜爱、开展最广泛、影响最大的体育运动项目，被称为“世界第一运动”。足球运动可增强学生体质和健康，特别是对增强心血管系统、呼吸系统和消化系统等的功能非常有益，能使人体的高级神经活动得到改善。在足球教学中，合理的运动负荷，循序渐进的教学方式，会改善学生身体素质方面的不足，使学生的身体素质水平得到全面的提高。

1. 重点发展学生的灵敏性与协调性等素质

小学阶段是学生灵敏性、协调性等身体素质发展的关键期。学生通过参与足球的多种有球、无球的脚下技术练习，并在同伴的互助下模拟进攻与防守的场上局面，从而利用小区域的软对抗形成比赛状态，可有效促进灵敏性与协调性等素质的发展。

2. 科学发展学生的速度与耐力素质

足球运动中多为短途加速跑或长途中速跑，进攻队员为了形成进攻压制的态势，在场上通过积极跑位完成整体进攻阵型构建，寻找最佳的破门良机。通过对无球学生跟随有球学生的跑位练习，让学生在学练中感受实战状态，可提高学生加速跑和变速跑，以及速度位移与速度转换的能力，发展学生的速度与耐力素质。

3. 适度发展学生的上下肢与核心力量

小学阶段学生的力量素质发展较为缓慢，学生通过参与足球运动中的加速跑与有球对抗性游戏，能够有效提升上下肢力量和核心力量，在跑动中越发迅速有力。

此外，还可以通过一些抛球游戏提高学生的上肢力量。但需要注意的是，由于小学生身体正处于生长高峰，力量素质的发展要适度，不要盲目追求力量素质的提升，追求传球远度和射门力量，以至于限制学生的正常生长发育，影响学生的身体健康。

二、足球运动项目特性

足球是以集体直接对抗形式，通过智力和身体技能，运用各种技术，在激烈的竞争中和在规定的时间内将球攻入对方球门，以进球多少计算胜负的运动项目。小学生足球教学的任务不仅是对足球基本技战术的教学，还有对球场意识和球感的培养，要对学生进行完整足球项目的教学。

1. 多人齐心配合的整体性

足球比赛每队 11 人上场参赛，场上的 11 人思想要统一，行动要一致，攻则全动，守则全防，整体参战的意识要强。只有形成整体的攻守，才能取得比赛的主动权及良好的比赛结果。

2. 竞争非常激烈的对抗性

足球运动是一项竞争非常激烈的对抗性项目，比赛中双方为了争夺控制权，达到将球攻进对方球门而又不让球进入本方球门的目的，展开短兵相接的争斗，尤其是在两个罚球区附近的争夺更是异常凶猛，扣人心弦。

3. 技战术结局的多变性

足球是以脚支配球为主，两队互相攻守、对抗，在规则允许下进行合理身体接触的一种集体运动项目，是一项技术上多姿多彩、战术上变幻莫测、胜负结局难以预测的非周期性运动项目，比赛中运用技战术时要受对方直接的干扰、限制和抵抗。技战术要根据场上具体情况而灵活机动地加以运用和发挥。

4. 规则、场地和器材的易行性

足球比赛规则比较简单，对场地和器材要求也不高。一般性足球比赛的时间、参赛人数、场地和器材也不受严格限制，是在学校中十分易于开展的集体性运动项目。

5. 不同角色体验的趣味性

足球运动的乐趣是在大场地中运球突破、传球配合和射门得分。它是以多位参赛者为一个团体的集体运动，因此，学生可以根据自己的身体条件扬长避短，选择场上合适的位置和角色，使得每个学生都在自己的水平上体验到足球运动的乐趣。

6. 学生体育品行的教育性

在团结协作的足球运动环境中，学生的意志品质和竞争意识得到磨炼，有利于培养其积极向上、勇于拼搏、不怕困难、吃苦耐劳的精神。同时，足球比赛中情况瞬息万变，错综复杂，对学生的思维、观察、判断、反应等能力的要求较高，可发展学生对社会环境的适应能力和竞争意识等综合素质。

三、足球专项运动能力的构成

足球专项运动能力是学生通过足球相关技术学练与足球场上实战运用所呈现的行为表现，主要包括射门能力、控球能力、运球能力和传接球能力。

1. 射门能力

射门能力是足球比赛的关键，其意义就在于射门得分获得比赛胜利。足球射门主要是利用脚背正面、脚内侧等部位完成抽射、推射等，同时还可以利用头部和躯干等部位完成射门得分。小学阶段学生的射门多以脚下技术为主，通过同伴间的配合与自我技术的出色发挥，面对球门完成具有威胁的射门。教学中，可通过固定点射门、运球射门、接传球射门、互为攻守射门游戏，来提高学生射门的合理性与准确性，并通过有限制条件的射门游戏来提高学练难度，激发学生的射门兴趣，完成高质量的射门动作，提升学生的射门能力。

2. 控球能力

控球能力是提高和发展学生足球专项能力的基础。控球能力的优劣直接或间接地影响着球队的整体水平。足球控球的主要部位包括脚背、脚内侧、腹部、胸部等。学生通过身体部位的合理运用，形成有效控球，掌控更多的控球时间。教学中，可通过多种游戏，让学生体会不同部位触球后的传球或射门，由此来提高学生身体各部位对球的控制，更好地培养学生球性，形成“人球合一”。同时利用不同的比赛情境，通过多种条件限制，让学生通过无球跑动后接球，再运控球前行，完成一系列动作后射门得分，以此来模拟比赛情境，提高控球能力，发展比赛能力。

3. 运球能力

运球能力是进攻队员快速进攻整体推进的重要手段，学生通过娴熟的运球将整体阵型全面压进，给对方的防守施压。足球运球主要有脚背外侧运球、脚内侧运球等，运球线路主要有直线运球、曲线运球等。教学中，首先要引导学生分辨动作，运用环境，结合场上形势进行科学选择与应用不同运球技术。教学中不一定给学生规定运球脚法，更多是引导学生知道脚的不同部位触球后决定着运球方向，去体会、感知运球，并通过设计不同的运球环境来让学生选择运球路线和脚法，提高学生的实战运球能力，发展学生的运球思维。

4. 传接球能力

传接球能力是球员组织进攻、变化战术、调动对方且形成射门良机的有效手段。传接球的脚法主要有脚内侧、脚背正面、脚尖等。教学中可设计发展学生传接球能力的游戏和比赛，以此来提高学生传接球的目标性与准确性。例如，三人的穿小门游戏，通过一人运用肢体形成俯卧的大门和分腿的小门，让学生通过慢传穿过小门的练习，提高传球的趣味性与准确性。同时也可以通过两人行进间的传球竞速比赛，来提高学生快速传球的准确性，为比赛中快速传球进攻奠定基础。

四、小学生发展足球专项运动能力的教学原则

1. 大单元的项目观

发展小学生足球专项运动能力的单元，应遵循大项目观或整体观。足球属于随外部情境变化可作相应变化，需要学生具有处理外界信息和预测事件发生的能力的一种开放性运动技能，更适合 15 学时以上的大单元，才能初步完成大项目观的教学内容。因此，足球教学顺序应考虑教学内容的难易度、在赛场上的运用率与乐趣点，

建议从射门＋尝试性比赛先教，然后是射门＋控球、射门＋传球、射门＋传接球，中间逐渐渗透足球规则与裁判、足球文化与礼仪、专项体能练习等，最后是正式比赛与考核。

2. 可检测的目标观

发展小学生足球专项运动能力的目标，包括单元目标和课时目标。单元目标是依据足球运动项目特性和运动项目学习规律而制订的，其大小、多少、高低影响着单元的建构，且目标必然是促进学生射门等专项能力发展，而非简单指向单个射门技术的目标。而单元目标的有效落实需要拆分到每一节课的目标中，不同课次的目标一定是沿着学生足球专项运动能力提升逻辑的程序分割和排列的。要想制订具有指导性的课时目标，还需要清晰地呈现其内部要素，即课题、条件、标准。例如，在长 10m、宽 1m 的区域内，采用脚背正面直线运球，触球次数达到 20~25 次。

3. 结构化的习得观

发展小学生足球专项运动能力更关注学生结构化的知识、技能与方法的习得，即学生学习和掌握的足球知识、技能与方法不是单一的，而是有广度、有深度的，如足球的运球+射门组合技术的学练与运用、促进左右脑协调发展的足球的左右脚运球、足球专项性球性练习、各种实战任务情境下的足球学练活动。也就是说，要从陈述性知识（是什么）、程序性知识（怎么办）、策略性知识（如何学习）3个方面入手，让学生在足球课堂上真正实现“知其然，知其所以然”，培养学生的高阶体育思维。

4. 多元化的角色观

发展小学生足球专项运动能力应结合项目特性，创设解决现实中问题的学习评价＋知行合一为一体的足球教学，提供多种角色体验，如足球竞赛者、候补队员、教练、裁判员、记录者、观众、啦啦队、组织者等；足球比赛场上的门将、后卫、中场、前锋等。让每个人的角色职责体验因为各有所长而有所不同，真实地反映小学生的足球学习能力，培养小学生的足球特长。

第二节　足球运动能力优秀案例展示

本节中的10篇足球类教学案例的知识点分布如表4所示。

表4　足球类教学案例的知识点分布

具体教学内容	运球	传接球	射门	头顶球、守门员技术等	足球战术
水平一	31. 直线运球游戏 32. 脚背正面运球	—	33. 踢球比准游戏	—	—
水平二	35. 运球变向游戏 37. 变速、变向运球	34. 脚内侧踢球	—	36. 足球守门员技术——拳击球	—
水平三	—	39. 传接球游戏	—	—	38. “撞墙”式二过一 40. 边路下底倒三角传中

案例31　直线运球游戏

授课对象　一年级

（一）案例设计思路

1. 学习内容的价值与特点

（1）价值：小足球游戏兼有锻炼身体和育人的价值，且具有很强的趣味性、竞争性、集体性，以及全面锻炼身体的特点，是小学一年级、二年级球类活动的主要教学内容之一。通过学习，可以发展学生的下肢力量、奔跑能力，以及灵敏性、协调性等身体素质；促进内脏器官机能的发展；培养学生认真学习、刻苦锻炼、合作交往的习惯和意识。

（2）特点：小足球游戏需要学生反应迅速、身体协调，培养学生的团结协作精神更是足球课教学的关键。结合新颖的器材，采用比赛、挑战的形式进行练习，既能够体现练习的针对性，又能够有效避免枯燥无味的重复性练习。

2. 整体设计思路

本设计从始至终融入足球游戏元素，根据足球课程的特点，把教学内容融于游戏的情境中。教师采用游戏的方式，通过讲解示范、自主学习、相互学习、语言鼓励等方法，让学生在学习小足球直线运球的基础上学会学习的方法。将运球的技术内容改编成学生喜欢的多种小游戏，通过游戏让学生的学习更加接近实际的足球比赛，注重学生的实践体验，不约束学生的动作，让学生更加有活力、有创造力。

（二）案例呈现

<table>
<tr><td>内容</td><td colspan="2">1. 足球：小足球游戏（新授）
2. 体能游戏：“俯撑赢家”（新授）</td></tr>
<tr><td>目标</td><td colspan="2">1. 认知目标：通过小足球游戏，使 90% 以上的学生了解运球的部位
2. 技能目标：通过各种小足球游戏，使学生可以做到运球动作正确
3. 体能目标：重点发展学生的灵敏性、协调性等身体素质
4. 情感目标：培养学生对足球的兴趣和团结合作的精神品质，使获得成功的体验，建立群体意识</td></tr>
<tr><td>重难点</td><td colspan="2">重点：球性、球感的练习
难点：脚触球力量控制</td></tr>
<tr><td colspan="3">第一环节（3min）</td></tr>
<tr><td>教学内容</td><td>教师活动</td><td>学生活动</td></tr>
<tr><td>一、课堂常规
1. 师生问好
2. 宣布本课内容
3. 检查服装，询问学生健康状况</td><td>1. 检查、提示、集合
2. 向学生问好
3. 宣布本课的内容及要求
4. 根据情况，合理安排</td><td>1. 集合、整队、报数
2. 向教师问好
3. 理解本课内容及要求
4. 服从教师安排</td></tr>
<tr><td>二、队列队形
教师喊口令，指挥学生完成队列
1. 原地转法
2. 齐步走—立定</td><td>1. 组织学生进行练习，师生口令互动
2. 小结、放松、评价
要求：队列练习中教师进行纠正
队形：学生成四列横队</td><td>按教师口令进行练习，做到排面整齐、动作一致、口号响亮
要求：保持队列队形，整齐有序
队形：保持四列横队</td></tr>
<tr><td colspan="3">设计意图：明确本节课的教学内容，让学生明确本节课的学习任务。队列队形有助于培养学生的纪律意识和集体意识，并让学生快速进入学习状态</td></tr>
</table>

续表

第二环节（8min）		
教学内容	教师活动	学生活动
1. 图形慢跑 学生在教师的带领下听音乐进行图形慢跑 2. 慢跑过程中进行专项准备活动 （1）跑动中体转 （2）跑动中上肢前绕环、后绕环 （3）高抬腿跑 （4）后踢腿跑 3. 专项准备活动 踩球舞蹈 要求动作到位协调	1. 组织学生围绕摆好的足球图形进行慢跑 2. 慢跑过程中进行足球准备活动 3. 小结、评价 要求：准备活动过程中调整呼吸 队形：一路纵队进行慢跑准备活动 4. 教师在音乐声中带领学生进行双脚交换踩球、托球等球性练习 5. 提示动作协调，身体自然放松 6. 评价、小结 要求：提示动作要点 队形：直接跑步成四列横队，对应每人自己的足球	1. 学生一路纵队进行听音乐慢跑，在教师的组织和带领下进行有规则的图形慢跑 2. 学生一路纵队进行慢跑，途中进行行进间准备活动 要求：队伍整理，动作有节奏，不踩踏器材 3. 学生在教师的带领下，听音乐进行踩球舞蹈
设计意图：跑动中进行准备活动，充分活动身体，将足球无球技术与球性练习融入准备活动，为主要教学内容的学习打好基础		
第三环节（21min）		
教学内容	教师活动	学生活动
小足球游戏 1. 快速反应（抢球） 游戏方法： （1）2 人面对面站立，相距球 0.5m 左右，教师发口令用手抢球，先抢到球为胜利 （2）2 人面对面站立，相距球 0.5m 左右，教师发口令用脚抢球，先抢到球为胜利 （3）2 人背对背站立，相距球 0.5m 左右，教师发口令用脚抢球，先抢到球为胜利 要求：力度适中、动作协调	1. 讲解并示范游戏方法 2. 口令引导学生开始游戏，计时并观察学生情况 3. 通过相距球一臂距离面对面进行抢球游戏，拓展出背对背手抢球、面对面脚抢球、背对背脚抢球	1. 学生认真观看示范，认真听规则讲解 2. 学生积极思考并参加教师组织的游戏 3. 抢球失败的学生受到蹲起 1 次或纵跳 1 次的小“惩罚”

续表

2. 分散自由运球 方法：每人 1 个足球，在规定范围内连续运球。在运球的过程中可以破坏同伴的球，成功 1 次加 1 分，比一比谁的分数最多 要求：触球部位准确，动作协调自然	1. 口令引导学生进行自由运球，提出要求：控制住球；不撞到其他同学 2. 教师巡视，观察学生运球动作 3. 教师请学生示范自由运球，提出问题：怎么才可以将球控制在自己脚下 4. 归纳学生回答，总结动作要点和共性特征 5. 教师进行动作讲解并示范 6. 教师组织学生再次进行练习 7. 教师在练习过程中进行巡视，仔细观察个别存在或普遍存在的问题并寻找动作规范的学生 8. 教师组织学生集体观看，进行优秀生展示 9. 教师再次组织学生进行练习 10. 运球过程中，同学可以破坏其他同学的运球，成功 1 次加 1 分 11. 教师统计游戏比赛结果	1. 学生拿球，认真听教师讲解要求 2. 在场地中自由运球 3. 学生展示动作，思考并回答问题 4. 学生认真聆听 5. 学生认真观看教师的示范 6. 学生进行集体练习 7. 在练习过程中熟悉球性并自主练习 8. 优秀生进行展示，其他同学进行观看、学习 9. 在教师的带领下继续进行游戏 10. 在运球的过程中破坏其他同学的运球，自己记录成绩 11. 统计结果
3. 运球过障碍接力赛 方法：4 人 1 组进行运球往返跑接力赛，最先完成为胜利 障碍（高度与曲线结合） 要求：有序进行、动作协调	教师讲解示范运球接力游戏 游戏方法：4 人 1 组进行运球往返跑接力赛，最先完成为胜利 要求：有序进行、动作协调	1. 学生认真观看教师的示范讲解 2. 同学们进行接力游戏，并为自己的队友加油助威 3. 认真聆听教师的总结与评价
4. 抢球游戏 方法：以小组为单位，场中心有 9 个足球，每出发 1 个人只能运回自己“家”里 1 个球，最先运够 3 个球为胜利（抢球过程中也可以去对方“家”中去抢球） 要求：配合默契、遵守规则	抢球接力赛 方法：以小组为单位，将学生分为 4 组，在场地四角每个角后站成一路纵队，练习的足球放在场地正中心，每出发 1 个人只能运回 1 个球，当把场地中心所有球都运完后比赛结束，统计哪个组运球最多。最多者胜利	1. 学生认真观看教师的示范讲解 2. 同学们分组进行抢球游戏并为自己的队友加油助威，在抢球的过程中可以利用多种方法进行抢球，如场地中心抢球或去其他队伍的“家”里进行抢球 3. 认真聆听教师的总结与评价

续表

<table>
<tr><td colspan="3">设计意图：增加课堂气氛，调动学生学习的积极性。通过快速反应游戏让学生更快地进入学习状态，并培养学生快速反应的能力。通过教师的教授，学生进行自主练习，培养学生自主学习的能力。通过优秀生展示的环节，让学生学会观察并学会学习的方法。再次进行练习的同时，加大练习难度，进行抢球的游戏，让学生学会在运球的同时进行观察。</td></tr>
<tr><th colspan="3">第四环节（4min）</th></tr>
<tr><td>教学内容</td><td>教师活动</td><td>学生活动</td></tr>
<tr><td>俯卧撑换腿
每侧 3 组
起始姿势：面向地面俯卧，使用前臂及脚尖支撑身体。保持肘部位于肩膀正下方
练习：身体离地，收腹。抬起一只脚，2s 后交换。反复 40~60s，其间身体应保持平直，不得摇摆或弓背</td><td>练习方法：所有学生俯撑撑地，进行练习
要求：有序进行、遵守规则</td><td>队形：学生俯撑撑地
1. 学生认真观看教师的示范讲解
2. 学生进行练习
3. 认真聆听教师的总结与评价</td></tr>
<tr><td colspan="3">设计意图：通过游戏加强学生上肢力量的练习，培养学生永不言败的精神</td></tr>
<tr><th colspan="3">第五环节（4min）</th></tr>
<tr><td>教学内容</td><td>教师活动</td><td>学生活动</td></tr>
<tr><td>1. 放松调整：放松操
2. 总结，布置作业
3. 收器材，下课</td><td>1. 放音乐，教师领做放松操
2. 总结本节课学习情况，提出课后作业和下节课学习目标
3. 宣布下课
4. 作业：利用周末时间与家长一同观看 1 场足球比赛，并在课余时间与小伙伴进行 1 次运球赛跑</td><td>1. 学生跟随教师听音乐进行模仿练习
2. 认真听讲
3. 学生集中听讲
4. 帮助教师收器材</td></tr>
<tr><td colspan="3">设计意图：让学生身体得到放松；带领学生回顾本节课的学习内容和动作要点，进一步巩固知识，发展运动认知</td></tr>
</table>

（三）案例点评

本案例抓住小足球直线运球的技术特性，将足球无球技术与球性练习融入图形慢跑、慢跑中的专项准备活动和踩球舞蹈中，激发学生的兴趣，合理引入主要教学内容。依据小学一年级学生年龄和生理、心理特点，结合足球运动项目特性，有针对性地通过快速反应（抢球）、分散自由运球、运球过障碍接力赛、抢球游戏4个游戏板块构建课堂结构，自然过渡教学，减少讲解和课堂组织时间，增加触球的频次，练习密度进一步加强；同时营造热烈的课堂气氛，引导学生在不断的体验和探索中逐步认识小足球，提升直线运球能力，享受足球运动乐趣。

案例提供：刘跃（北京市育才学校通州分校）
点评专家：张金玲（北京市通州区教师进修学校）

案例32　脚背正面运球

授课对象　二年级

（一）案例设计思路

1. 学习内容的价值与特点

（1）价值：运球是足球运动最基本的技术。脚背正面运球一般用于运球人前方无人阻挡且需要长距离运球时，如突破对手后，从对方身后接球形成单刀时。可增强学生速度、力量、协调性等素质，提高对球的控制能力。

（2）特点：脚背正面运球的特点是直线推拨，推进速度快，但路线单一。与游戏、比赛等组合起来练习可以使学生兴趣更浓。

2. 整体设计思路

本设计以培养、激发和保持学生对足球运动的兴趣和热爱为切入点，强化基本技术的训练，促进学生全面、熟练地掌握足球基本控球技术。通过场地、器材布置，积极创造良好的训练环境和氛围，以培养学生对足球的强烈爱好，提高学生积极参与足球活动的浓厚兴趣，让学生积极认真地投入训练。如在练习运球中，通过让学生在脚上套上能出声音的教具、进行运球接力比赛等形式，引导学生相互比较、相互学习，调动学生练习的积极性和主动性，学生的“球感”明显增强，以此激发学生的练习兴趣，提高运球能力。

（二）案例呈现

<table>
<tr><td>内容</td><td colspan="2">1. 足球：脚背正面运球（新授）
2. 游戏：带球射门（新授）</td></tr>
<tr><td>目标</td><td colspan="2">1. 认知目标：继续学习脚背正面运球的技术，通过本节课的学习，学生能够掌握用脚背正确部位运球的方法，进一步提高运球的能力
2. 技能目标：90% 的学生能够独立完成脚背正面运球的技术动作，在游戏中学生能够正确运用带球技术射门
3. 体能目标：重点增强学生的下肢力量，发展灵敏性和协调性等素质
4. 情感目标：培养学生勇敢果断、积极进取、顽强拼搏的竞争意识和团队协作精神</td></tr>
<tr><td>重难点</td><td colspan="2">重点：用脚的正确部位触球
难点：运球时对球的控制，上下肢协调</td></tr>
<tr><td colspan="3">第一环节（5min）</td></tr>
<tr><td>教学内容</td><td>教师活动</td><td>学生活动</td></tr>
<tr><td>1. 集合、整队、报数
2. 师生问好
3. 宣布本课内容
4. 安排见习生
5. 队列练习
向左、右转，原地踏步走，立定</td><td>1. 提前到上课地点
2. 立正、面对学生
3. 根据情况，合理安排见习生
4. 教师提示要领，讲清要求</td><td>1. 集合排队
2. 注意力集中，听清内容和要求
3. 服从教师安排，做适合的活动
4. 学生队列练习</td></tr>
<tr><td colspan="3">设计意图：通过师生语言互动，既提出课堂要求，又集中了学生注意力。队列练习是组织集体活动、培养组织纪律性的重要手段，它可以帮助学生养成身体的正确姿势，培养学生自信、坚毅的性格</td></tr>
</table>

续表

第二环节（8min）		
教学内容	教师活动	学生活动
1. 足球韵律操 2. 专项准备活动 （1）拉伸脚背 一只脚的脚尖向下指地，脚背绷直，膝关节向前顶 （2）结对绕圈 ×2 组 2 人并排跑过标志桶后，90 °转弯在标志桶中心相遇。一名球员绕另一名球员跑 1 圈，然后返回各自位置。经过标志桶时重复该动作。注意脚尖着地，放低重心 （3）快进快退 ×2 组 跑过第二组标志桶后，保持腿部弯曲并快步退回第一组标志桶处。重复此动作，每前进 2 组标志桶，后退 1 组，再继续前进。保持高频率小步跑动	1. 教师提示动作，进行适当指导并随学生一起练习 2. 教师示范并带领学生练习 3. 教师讲解跑动方法	1. 散开成体操队形 2. 学生按要求认真完成练习，充分活动各个关节，以免受伤
设计意图：热身活动让学生动手又动脑，丰富学生的想象力。在专项准备活动中突出脚背正面，预先为运球跑动的练习做铺垫		

续表

第三环节（12min）		
教学内容	教师活动	学生活动
脚背正面运球（新授） 动作要领： 以右脚运球为例，身体保持正常跑动姿势，重心稍降，步幅适中，运球时屈膝提起，脚背紧绷，脚尖指地，用脚背正面触球的中后部 重点：用脚的正确部位触球 难点：运球时对球的控制，上下肢协调 口诀： 小脚背，轻轻推 球宝宝，中后方 一步一推紧紧追	1. 组织学生 2 人 1 组复习，1 人踩球、1 人做模仿运球触球练习 2. 教师示范并组织学生进行脚背正面运球，一哨一动分解动作练习 3. 教师组织学生进行区域内自由带球 4. 教师利用模型挂图讲解动作要领，教师示范 5. 教师利用套在脚上可以发出声音的辅助教具，组织学生进行脚背运球练习。教师巡视指导 6. 教师示范触球不少于 6 次，利用脚背多次触球熟悉触球点 7. 教师集中讲解脚背运球时出现的问题，再次齐读口诀，巩固动作要领 8. 教师组织优秀同学进行脚背运球展示，并提出表扬 9. 小结练习情况	1. 学生认真练习，体会脚背触球的感觉 2. 学生做到认真观看示范，明确运球时脚与球接触的位置 3. 学生认真练习，把球控制在脚下，一步一带球 4. 在指定区域内运球，规定脚触球的次数 5. 脚上套上教具，认真找触球的感觉，用脚背正确部位触球 6. 增加带球距离，确保触球位置的准确。每次触球认真对待，时刻想着用脚背正确部位触球，力量适中。认真观看教师讲解，明确小组学习评价点，相互评价学习 7. 认真思考，听教师再次讲解动作要领与出现的问题 8. 学生大胆展示自己，其他同学认真观摩学习，适当鼓励
设计意图：通过教具使用、场地布置，积极创造良好的训练环境和氛围，以培养学生对足球的强烈爱好，提高学生积极参与足球活动的兴趣，让学生积极认真地投入训练。例如，在运球时，用触碰时能发出声音的教具套在学生脚上练习运球，极大提高了学生的学习兴趣。引导学生相互比较、相互学习，调动学生练习的积极性和主动性		

续表

第四环节（10min）		
教学内容	教师活动	学生活动
带球射门（新授） 游戏方法： 脚背正面运球到指定区域进行射门 A 队员出发，传球给 B 队员（两人 10m 间隔或用标志桶标出点），A 队员传球后行进间接回传球运球射门，可考虑多个射门点设置，标不同号码或不同颜色，听教师指令迅速运球至该点进行射门，可以用各种脚法射门。进 1 球得 1 分，得分多的小组获胜	1. 教师讲解游戏方法 2. 组织比赛 3. 小结比赛情况，表扬获胜小组	1. 学生明确规则方法 2. 按要求进行游戏
设计意图：游戏环节在复习脚背正面运球的同时，加入足球场最有魅力的瞬间：射门，进一步增强学生对足球的兴趣，提高运球、射门的运动能力，增加比赛情境，让学生顺利完成有一定压力的运球结合射门练习		
第五环节（3min）		
教学内容	教师活动	学生活动
1. 集合、放松 瑜伽操 2. 总结本节课的学习情况 3. 下课，收器材	1. 教师示范瑜伽动作 2. 教师根据课上学习情况进行总结 3. 教师教育学生爱护足球	1. 学生随教师听音乐练习 2. 学生认真听讲 3. 学生收拾器材
设计意图：学会简单的瑜伽动作，达到放松身心的目的		

（三）案例点评

以培养、激发和保持学生对足球运动的兴趣和热爱为切入点，强化足球基本技术的训练，促进学生全面、熟练地掌握足球基本控球技术，提高控球能力。以增强球感为核心，切实提高足球控球技术和能力。良好的球感是控制足球的基础和前提，如果缺乏这种球感，学生就很难在足球训练中获得任何成功体验和成就。只有大量地接触球，通过正规、全面、有目的地练习，才能获得良好的球感，学生才会很容易学会正确的踢球方法。

案例提供：佟学文（北京市房山区坨里小学）
点评专家：王春蕾（北京市房山区青龙湖小学）

案例33　踢球比准游戏

授课对象　二年级

（一）案例设计思路

1. 学习内容的价值与特点

（1）价值：踢球比准是一项发展足球射门能力的练习。脚内侧踢球适用于近距离射门，容易掌握，踢起来也比较准确。脚背正面踢球动作稍难，需要腿部有一定的力量且触球部位准确，才能将球踢准。踢球比准游戏对于发展学生下肢力量，奔跑能力，灵敏性、协调性等身体素质，以及刻苦锻炼的品质都有很大帮助。

（2）特点：踢球比准游戏重点在于将球踢准，应用于实战当中，是射门得分的重要手段之一 。在练习时要强调支撑脚的位置和脚触球部位准确。

2. 整体设计思路

本设计以小足球贯穿始终，教学中多以分组小游戏和小比赛的形式进行。进入主要教学内容以后，教师采用讲解示范、学生闯关、终极挑战等形式，逐渐加大难度，循序渐进，使学生逐步掌握技能。游戏内容是主要教学内容的延伸和拓展。教师通过游戏设置，为学生创设真实情境，在巩固本节所学技能的同时，提高游戏难度，增强实战性和趣味性。

（二）案例呈现

<table>
<tr><td>内容</td><td colspan="2">1. 足球：踢球比准游戏
2. 游戏：接地滚球射门</td></tr>
<tr><td>目标</td><td colspan="2">1. 认知目标：通过踢球比准游戏，让学生掌握脚内侧将球踢准目标的动作技能，提高学生的踢准能力
2. 技能目标：90% 的学生能够原地踢固定球完成射门；75% 的学生能够将固定球踢入球门指定区域；在游戏中接同伴传来的地滚球完成射门，提高学生射门能力
3. 体能目标：重点增强学生的下肢力量，以及灵敏性和协调性等素质
4. 情感目标：培养学生对足球运动的喜爱和勇于拼搏、互助合作的团队意识</td></tr>
<tr><td>重难点</td><td colspan="2">重点：支撑脚的位置和脚触球部位准确
难点：脚击球的位置</td></tr>
<tr><td colspan="3">第一环节（3min）</td></tr>
<tr><td>教学内容</td><td>教师活动</td><td>学生活动</td></tr>
<tr><td>1. 集合、整队、报数
2. 师生问好
3. 课堂引入，宣布本课内容
4. 安排见习生
5. 队列练习
（1）原地转法
（2）原地踏步走—立定</td><td>1. 提前到上课地点
2. 立正、面对学生
3. 讲话清楚、简练
4. 根据情况，合理安排
5. 教师提示要领</td><td>1. 铃声响后在指定地点集合，成四列横队
2. 目视教师，声音洪亮
3. 精神集中，听清内容
4. 服从教师安排，做适合的活动
5. 学生听口令练习</td></tr>
<tr><td colspan="3">设计意图：通过闯关、终极挑战情境设置的引入，调动学生学习积极性，坚定学习信心。通过队列练习，培养学生认真学习、刻苦训练的态度和良好的组织纪律性，同时展示班级队列队形的风采</td></tr>
<tr><td colspan="3">第二环节（10min）</td></tr>
<tr><td>教学内容</td><td>教师活动</td><td>学生活动</td></tr>
<tr><td>1. 小游戏：传球比快
2. 球操“嘿，加油”
3. 专项游戏</td><td>1. 指导学生成体操队形散开
2. 教师带操并提示动作
3. 教师指导学生分组</td><td>1. 两臂侧平举迅速散开，成体操队形
2. 听音乐做操
3. 明确分组</td></tr>
</table>

续表

<table>
<tr><td>传球比准
方法：学生前后 4 人 1 组，两脚开立。学生 A 将球从同伴 B 和 C 胯下踢至学生 D，学生 D 再将球从同伴 B 和 C 的胯下踢回至学生 A，然后学生 A 和 D 与学生 B 和 C 互换
规则：
（1）两脚开立时，脚的距离大约是 2 倍肩宽
（2）排尾学生带球至排头时，从队伍右侧行进</td><td>（1）讲要求，引导学生复习脚内侧踢球练习
（2）教师讲解游戏方法及规则
（3）教师巡视指导</td><td>（1）学生认真听要求复习动作
（2）学生听方法及规则
（3）学生集体练习</td></tr>
<tr><td colspan="3">设计意图：通过球操，让学生熟悉球性，并达到热身的目的。通过专项游戏激发学生兴趣，明确传得准的重要性，并为主要教学内容的学习做好准备</td></tr>
<tr><td colspan="3" align="center">第三环节（18min）</td></tr>
<tr><td align="center">教学内容</td><td align="center">教师活动</td><td align="center">学生活动</td></tr>
<tr><td>踢球比准游戏
动作方法：
支撑腿微屈，重心稍下降，用摆动腿的脚内侧或脚背正面击球的中后部，将球向前方的标志区或标志物踢出</td><td>1. 引导学生在距标志桶 1.5m 位置站立，练习踢准游戏
2. 讲解示范、看展板
3. 引导学生闯关 1：球距离标志桶 3m 远，将球从标志桶之间（80cm）踢过 10 次
4. 引导学生闯关 2：增加距离，球距离标志桶 4.5m 远，将球从标志桶之间（80cm）踢过 10 次
5. 引导学生闯关 3：球距离标志桶 4.5m 远，减小标志桶之间距离（60cm），将球从标志桶之间踢过 10 次
6. 巡视、观察并鼓励
7. 教师提示动作要点
8. 引导学生闯关 4：2 人共同踢中目标 10 次</td><td>1. 2 人 1 组，利用标志桶练习踢准
2. 认真听讲并看示范
3. 2 人 1 组，共同完成目标
4. 增加球与标志桶距离，2 人 1 组进行闯关
5. 减小标志桶之间的距离，2 人 1 组进行闯关
6. 根据本组情况，适当调整标志桶间距和球与目标的远度，练习踢准动作
7. 学生分组利用标志桶练习踢准（不同区域得分不同，右侧两标志桶之间 1 分；左侧两标志桶之间 2 分；踢中中间标志桶 3 分）
8. 学生进行闯关
9. 学生根据指定区域累加得分，进行终极挑战
10. 认真听讲</td></tr>
</table>

续表

<table>
<tr><td></td><td>9. 引导学生进行终极挑战“指哪打哪”
10. 小结</td><td></td></tr>
<tr><td colspan="3">设计意图：本环节练习以2人1组进行合作闯关和终极挑战的形式进行。4个闯关游戏和终极挑战环节，从近距离踢准到较远距离踢准，再到缩小目标，最后再加大距离踢准，由易到难、层层递进，旨在提高学生的学习兴趣，培养学生合作学习的能力，达到互相学习、鼓励，共同进步的目的</td></tr>
<tr><td colspan="3">第四环节（7min）</td></tr>
<tr><td>教学内容</td><td>教师活动</td><td>学生活动</td></tr>
<tr><td>接地滚球射门
游戏方法：4人1组，1人将球传至距离球门5m左右位置，1人完成射门，踢进得1分；未踢进不得分。得分多的组获胜
游戏规则：
（1）听哨声开始练习和比赛
（2）4人1组，1人传球，其他3人都完成射门再轮换传球人</td><td>1. 讲解游戏方法与规则
2. 观察各组游戏情况
3. 统一指挥，并统计各组比赛成绩，宣布获胜情况</td><td>1. 认真听游戏方法与规则
2. 进行组内练习并比赛
3. 小组之间比赛</td></tr>
<tr><td colspan="3">设计意图：游戏内容将主要教学内容进行更好的延伸，接同伴传来的地滚球完成射门。旨在提高学生踢准目标的同时，创设真实情境，增强实战性，发展小组团结合作、共同完成目标的能力</td></tr>
<tr><td colspan="3">第五环节（2min）</td></tr>
<tr><td>教学内容</td><td>教师活动</td><td>学生活动</td></tr>
<tr><td>1. 放松游戏
教师模仿给球打气，学生模仿给球打气时球的变化来进行放松
2. 总结本课练习情况
3. 下课，收器材</td><td>1. 教师讲放松游戏的要求
2. 教师小结本课的练习和比赛情况
3. 教育学生爱护器材</td><td>1. 学生跟随教师口令进行放松
2. 学生认真听讲
3. 学生帮助教师收器材</td></tr>
<tr><td colspan="3">设计意图：结合低年级学生想象力丰富、善模仿的特点，模仿给球打气时球的状态，使学生的身体和心理都得到放松</td></tr>
</table>

（三）案例点评

以小足球贯穿课程始终，并根据二年级学生特点，以小组合作学习，分组进行小游戏、小比赛的闯关和挑战等形式设置情境。小组合作学习，可以让学生间的互助合作能力得以提升，使学生更有效地获得运动的基本知识和体验，还能培养学生良好的体育道德品质。在闯关和挑战的过程中，教师通过球与标志桶距离的变化、标志桶之间的距离变化、目标从大到小的变化，游戏中的接地滚球射门的变化，由易到难、循序渐进，并对踢球比准的动作加以学习、巩固和提升。小游戏、小比赛的闯关和挑战设置为学生掌握运动技能和方法提供了更有效的手段。

案例提供：高伟鑫（北京市宣武师范学校附属第一小学）
点评专家：冯小杰（北京市宣武师范学校附属第一小学）

案例34　脚内侧踢球

授课对象　三年级

（一）案例设计思路

1. 学习内容的价值与特点

（1）价值：脚内侧踢球是足球技术中最重要的技术之一，是场上队员之间相互配合的重要途径，是球队整体技战术的体现。对于发展小学生速度、灵敏性、力量等身体素质，激发小学生对小足球进行体育锻炼的兴趣，具有十分重要的作用。

（2）特点：脚内侧踢球是脚内侧部分触球形成的一种技术方法，又称脚弓踢球。脚内侧踢球具有脚与球的接触面积大、出球平稳准确、动作幅度小、隐蔽性大等特点。脚内侧踢球是足球战术配合的基本手段和方法，是足球战术配合的基础。

2. 整体设计思路

本课按照由易到难、由慢到快、由静到动的顺序练习脚内侧踢球。通过贴近实战的比赛方式发展学生灵敏性、协调性、柔韧性、速度、力量等身体素质，并以此激发学生的练习兴趣，提高运动能力。

（二）案例呈现

<table>
<tr><td>内容</td><td colspan="2">1. 足球：脚内侧踢球
2. 游戏：“你抛我接”</td></tr>
<tr><td>目标</td><td colspan="2">1. 认知目标：了解脚内侧踢球的动作要领和技术价值
2. 技能目标：80% 的学生能够完成脚内侧踢球的动作，并做到助跑与球成直线，支撑脚撑地时与球平行；60% 的学生能够做到踢球成直线；在游戏中学生能够正确使用脚内侧踢球
3. 体能目标：重点增强学生下肢力量，发展速度、灵敏性和协调性等素质
4. 情感目标：培养学生勇敢拼搏的精神、坚决果断的意志品质、团结合作和勇于竞争的意识</td></tr>
<tr><td>重难点</td><td colspan="2">重点：助跑与球成直线，支撑脚撑地时与球平行
难点：摆腿时膝盖外转</td></tr>
<tr><td colspan="3">第一环节（5min）</td></tr>
<tr><td>教学内容</td><td>教师活动</td><td>学生活动</td></tr>
<tr><td>1. 集合、整队、报数
2. 师生问好
3. 宣布本课内容
4. 安排见习生
5. 队列练习
跑步走一立定</td><td>1. 提前到上课地点
2. 立正、面对学生
3. 讲话清楚、简练
4. 根据情况，合理安排
5. 教师提示要领
跑步走为例：两手握腰间，拳心向内，肘向里合</td><td>1. 铃声响后在指定地点集合，成四列横队
2. 目视教师，声音洪亮
3. 精神集中，听清内容
4. 服从教师安排
5. 整理服装</td></tr>
<tr><td colspan="3">设计意图：师生问好，对学生进行育德教育。在队列练习上加入了激励口号内容，如当学生喊出“我最棒”三个字，要求瞪眼凝神，体现出自己的精气神</td></tr>
</table>

续表

<table>
<tr><th colspan="3">第二环节（10min）</th></tr>
<tr><td>教学内容</td><td>教师活动</td><td>学生活动</td></tr>
<tr><td>1. 准备活动
（1）活动手腕、腰部、脚踝
（2）绕标志物中速跑
（3）正向侧滑步
（4）背向侧滑步
（5）绕标志物加速跑
2. 专项准备活动
（1）踩球练习
（2）拉球练习
（3）荡球练习</td><td>1.指导学生成四列体操队形散开
教师示范并讲解每个动作
要求：精讲要领
2. 教师指导学生分成 8 组
（1）教师讲解游戏方法，然后请 1 名学生协助示范
（2）教师巡视指导
（3）教师面对学生在练习中出现的问题随时叫停，进行指导讲解
（4）教师在学生练习期间随时提醒动作要领</td><td>1. 学生根据自身素质进行练习
要求：认真观察教师动作，积极模仿和练习
2. 学生在练习时有问题及时请教教师
要求：勇敢提出自己遇到的问题
3. 学生带着自己的思考和问题进行练习
要求：学生应多动头脑、自我分析技术动作</td></tr>
<tr><td colspan="3">设计意图：通过素质练习，让学生了解足球预备热身的重要性，激发学生进一步学习的兴趣。通过射门等练习，让学生明白足球的整体性，为主要教学内容的学习做好铺垫</td></tr>
<tr><th colspan="3">第三环节（12min）</th></tr>
<tr><td>教学内容</td><td>教师活动</td><td>学生活动</td></tr>
<tr><td>脚内侧踢球
动作方法：直线助跑，支撑脚踏在球侧 15cm 处，踢球腿在摆动中膝关节外展，脚掌绷紧与地面平行，用脚内侧击球的后中部，采用送或敲击的方法将球踢出
动作要领：
重点：助跑与球成直线，支撑脚撑地时与地面平行
难点：摆腿时膝盖外转</td><td>1. 教师讲解示范动作
2. 教师引导学生自主进行练习
3. 教师随时讲解并示范脚内侧踢球的技术动作
4. 教师面对学生在练习中出现的问题随时叫停，并进行讲解指导
5. 择优讲评，强调重难点
6. 对于个别学生进行差异化指导讲解
7. 教师选出比较出色的学生进行表演示范
8. 教师利用学生在练习踢出球的声音来进行评判</td><td>1. 每个学生距围挡 1~2m，进行脚内侧踢球练习 8~10 次
2. 每个学生距围挡 2~3m，进行脚内侧踢球练习 8~10 次
3. 每个学生距围挡 3~4m，进行脚内侧踢球练习 8~10 次
4. 增加难度：向前轻踢足球，让球向前滚动起来，然后再踢向围挡 3~5 次
5. 两人结伴相距 5~8m 互相踢球练习 8~10 次
6. 增加难度：2 人 1 组，1 人相距围挡 2~3m 处站立，1 人相距同伴 2~4m 处进行穿裆踢向围挡 6~8 次</td></tr>
</table>

续表

<table>
<tr><td colspan="3">设计意图：本环节练习形式安排了单人、双人、集体、对练等多种形式，旨在充分调动学生兴趣。通过距离、难度等变换方式的练习，凸显脚内侧踢球在比赛中的特点，提高速度和力量，进而循序渐进提高脚内侧踢球能力</td></tr>
<tr><td colspan="3">第四环节（10min）</td></tr>
<tr><td>教学内容</td><td>教师活动</td><td>学生活动</td></tr>
<tr><td>游戏：“你扔我接”
游戏方法：
2 人 1 组，1 人以守门员抛地滚球的方式，向同伴进行抛球。接球的学生接到球之后将其踢向围挡。然后 2 人交换位置
规则：不能用手去接球
1. 接到球之后，以脚内侧踢向围挡额外加 1 分
2. 如果以抛、接半高球方式练习射门，额外加 1 分</td><td>1. 教师讲解游戏方法、规则，然后组织比赛
2. 教师强调比赛规则中的额外加分规则
3. 练习中出现问题教师随时叫停指导
4. 教师对比赛进行公正评判
5. 教师参与其中和学生一起练习
6. 小结练习情况</td><td>1. 学生集中听讲
2. 学生分组练习 2~4 次
3. 学生带着自己的理解继续练习 3~5 次
4. 学生比赛期间要互相帮助、鼓励</td></tr>
<tr><td colspan="3">设计意图：游戏环节在学生学习足球实战知识的同时，将灵敏性、速度、协调性等身体素质的练习融入其中，提高与足球实战相关的运动能力</td></tr>
<tr><td colspan="3">第五环节（3min）</td></tr>
<tr><td>教学内容</td><td>教师活动</td><td>学生活动</td></tr>
<tr><td>1. 集合、放松
采用呼吸循环法和自行拍打肌肉放松
2. 总结本课练习情况
3. 留作业，下课，收器材</td><td>1. 教师示范并带领学生一起放松
2. 教师小结本课的练习和比赛情况
3. 作业：学生回家和父母练习脚内侧踢球</td><td>1. 学生跟随教师一起练习
2. 学生集中听讲
3. 学生帮助教师收器材</td></tr>
<tr><td colspan="3">设计意图：让学生身心放松，发展运动认知</td></tr>
</table>

（三）案例点评

脚内侧传接球在实际比赛中的应用场景非常多。案例采用结合学生比赛情境练习的手段，通过结合学生运动能力提升的主题，强化专项准备活动的主题契合，将学生间的配合、移动作为小组练习的重点，直接决定了技能目标的达成，更好地突出了学生实效性的练习目标。

案例提供：张赫（北京市通州区芙蓉小学）
点评专家：姜宇航（北京教育学院）

案例35　运球变向游戏

授课对象　三年级

（一）案例设计思路

1. 学习内容的价值与特点

（1）价值：运球是足球基本技术之一，也是比赛中最常用的技术。运球变向的核心价值在于突破防守，完成传球或射门。学生在体验—比较—思考—判断这一过程中，提高反应能力，理解足球运动的特点。

（2）特点：运球变向需要学习脚背外侧拨球和脚内侧扣球 2 种基本的运球技术，动作虽然多种多样，但共性特征有三个方面：和对手保持合理距离；变换方向；加速跑动。

2. 整体设计思路

本单元教学目标是让学生通过练习、游戏和比赛，了解运球变向的 3 个共性特征，引导学生思考如何运用运球过人技术，而不是限定在某一个技术环节的练习上，尽量拓展学生的思维角度和宽度。

（二）案例呈现

<table>
<tr><td>内容</td><td colspan="2">运球变向游戏</td></tr>
<tr><td>目标</td><td colspan="2">1. 认知目标：学习脚外侧拨球和脚内侧扣球的运球动作，能比较 2 种过人动作的相同点和不同点，说出运球变向的 2 个共性特征
2. 技能目标：75% 的学生能初步完成拨球或扣球变向的动作，做到身体稳定，力度适中，提高控球能力
3. 体能目标：重点发展灵敏性、速度、力量等身体素质
4. 情感目标：积极参与练习，培养主动观察思考的学习习惯，以及不怕困难、团结协作的意识，体会足球运动的乐趣</td></tr>
<tr><td>重难点</td><td colspan="2">重点：运球变向的基本方法
难点：运球变向的时机</td></tr>
<tr><td colspan="3">第一环节（2min）</td></tr>
<tr><td>教学内容</td><td>教师活动</td><td>学生活动</td></tr>
<tr><td>1. 集合、整队、报数
2. 师生问好
3. 宣布本课内容
4. 安排见习生
5. 队列队形
向左、右转</td><td>1. 师生问好
2. 宣布本课内容
3. 检查服装，询问学生健康状况
4. 教师喊口令，指挥学生完成队列
（1）原地转法
（2）齐步走，立定</td><td>1. 体委整队，向教师报告人数，学生成四列横队集合，做到快、静、齐
2. 认真听教师宣布学习任务及要求
3. 按教师口令进行练习，做到排面整齐、动作一致、口号响亮</td></tr>
<tr><td colspan="3">设计意图：明确本节课的教学内容，让学生明确本节课的学习任务。队列队形有助于培养学生的纪律意识和集体意识，并让学生快速进入学习状态</td></tr>
<tr><td colspan="3">第二环节（5min）</td></tr>
<tr><td>教学内容</td><td>教师活动</td><td>学生活动</td></tr>
<tr><td>1. 热身操
4 节简单的徒手操</td><td>1. 热身操
教师喊口令，领做四节徒手操
（1）活动踝、腕关节
（2）膝关节屈伸
（3）连续纵跳
（4）头部运动</td><td>1. 热身操
学生成四列横队听口令集体练习，做到充分活动，节拍准确</td></tr>
</table>

续表

<table>
<tr><td>2. 专项准备活动
和足球相关的步伐及滚翻结合练习</td><td>2. 专项准备活动
教师口令指示学生完成 5 节行进间准备活动
（1）慢跑＋吸腿跳 3 圈
（2）交叉步 1 圈
（3）加速跑＋触垫转弯 1 次
（4）前后 S 跑＋侧向抱腿滚动 1 次
（5）左右 S 跑＋侧滚翻 1 次</td><td>2. 专项准备活动
学生成四路纵队进行练习
要求：动作有节奏，滚翻迅速，不踩踏器材</td></tr>
<tr><td colspan="3">设计意图：充分活动身体，将足球步伐练习融入足球准备活动，将自我保护动作练习融入准备活动，为主要教学内容的学习打好基础</td></tr>
<tr><td colspan="3">第三环节（4min）</td></tr>
<tr><td>教学内容</td><td>教师活动</td><td>学生活动</td></tr>
<tr><td>游戏：突破封锁线
2人在一定区域内防守，其他学生成四路纵队站立，听到教师口令后，4 名学生出发，通过跑动、变向，通过防守队员防守的区域，途中被拍到的学生突破失败</td><td>讲解并示范游戏“突破封锁线”游戏方法：
口令引导学生开始游戏，计时并观察学生动作
小结“突破封锁线”游戏，提出问题：怎样才能更好地突破</td><td>1. 学生认真观看示范，认真听规则讲解
2. 学生积极奔跑躲闪，不被抓住
3. 学生成四列横队集中，举手回答教师提问
4. 学生进行练习，并展示自己有代表性的动作，教师点评并强调重点
5. 学生进行练习，个别学生接受教师的个别指导
6. 学生听教师口令练习，并及时根据教师提示，快速分析调整自己的动作
7. 学生进行练习，并大声地喊出节奏</td></tr>
<tr><td colspan="3">设计意图：让学生在游戏中认识到方向的改变、和对手保持一定的距离、加速跑动这 3 个突破的重要环节，自己有体验、有实践，引入本节课的主要教学内容——运球变向游戏</td></tr>
</table>

续表

第四环节（10min）		
教学内容	教师活动	学生活动
脚内侧或脚外侧或脚掌拖球的变向运球动作	1. 口令引导学生进行自由运球，提出要求：控制住球；不撞到其他同学 2. 教师巡视，观察学生运球动作，找出 2~3 个代表性变向动作 3. 教师请 2~3 名学生示范自由运球，提出问题：这几种变向方法触球部位和球的方向有什么不同 4. 教师归纳学生回答，总结动作要点和共性特征 5. 教师指导学生再次进行自由运球练习 6. 讲解“团结一心”游戏的方法	1. 学生拿球，认真听教师讲解要求 2. 在场地中自由运球，碰到他人要变向 3. 学生展示动作，其他同学认真观看，发现不同 评价：做示范的队员为本组获得 1 顶小帽子 4. 学生认真听讲 5. 学生再次在场地中自由运球
设计意图：让学生熟悉球性，运球相遇后需要进行变向时，做出受到刺激后自我反应的变向动作，并在环境的刺激下，形成抬头观察的动作		
第五环节（6min）		
教学内容	教师活动	学生活动
教师腿打球（瑞士球）在一定区域内追运球学生，学生通过运球变向动作躲避教师或学生的追捕	1. 教师讲解示范“大球追小球”游戏，提出要求：在躲避大球的同时，还要注意躲避身边的同学 游戏方法： 2 名同学推大球追逐场内运球同学，运球同学遇到推大球同学，通过变向的运球动作进行躲避 2. 选派 2 名学生持大球，进行游戏 3. 总结游戏结果，再次强调运球变向动作的共性特征	1. 学生拿球，认真听教师讲解要求 2. 在场地中自由运球，碰到推大球的同学要变向 3. 学生再次进行练习 评价：成功躲过的队员为本组获得 1 顶小帽子
设计意图：通过游戏中施加的外界刺激（大球），让学生对运球变向的时机、距离有一定的感知，达到进一步熟悉球性的目的		

续表

第六环节（10min）		
教学内容	教师活动	学生活动
“突破封锁线”游戏	教师讲解示范“突破封锁线”游戏 游戏方法： 在场地中间标出封锁地带，2 名同学作为防守队员，防守封锁线，其余学生面向封锁线成四路纵队站立于封锁线后 15m 的起跑线上。当听到口令后，4 名同学运球跑向封锁线，使用变向动作摆脱防守，快速通过封锁线。防守同学要用大球拦截，如在封锁线内用大球触到进攻同学，则进攻宣布失败 游戏规则： （1）被防守者拦截，失败 （2）过封锁线时球出界，失败 （3）突破成功得 3 分，失败得 1 分	学生听教师讲解动作的方法 2 名学生持大球在防守区内，其他同学持球于线后准备练习 学生进行运球“突破防守线”的游戏 学生观察彼此动作 学生围大网站立，手持网听口令练习
设计意图：创设比赛情境，从固定防守（防守大球）到消极防守（防守人），让学生在比赛状态下学会选择过人方式		
第七环节（3min）		
教学内容	教师活动	学生活动
1. 集合、放松 2. 留作业，下课，收器材	1. 教师领做放松活动 2. 总结本节课学习情况，提出课后作业和下节课学习目标 3. 宣布下课	1. 学生听口令进行放松 2. 学生帮助教师收器材
设计意图：让学生身体得到放松。带领学生回顾本节课的学习内容和动作要点，进一步巩固学习知识		

（三）案例点评

本案例从运球变向的核心价值——和对手保持合理距离、变换方向、加速跑动3个共性特征入手，将足球步伐与自我保护动作练习融入准备活动。在课堂中营造各种比赛情境，通过贯穿课堂的足球小游戏，让学生更加接近实战的刺激，从固定防守（防守大球）到消极防守（防守人），逐步引导学生思考如何在实战中采用脚内侧或脚外侧或脚掌拖球的变向运球动作变向过人，而不是限定在技术练习。通过体验—比较—思考—判断，逐步培养学生的足球思维，理解足球运动的特性。

案例提供：马寿明（北京大学附属小学）
点评专家：马立军（北京大学附属小学）

案例36　足球守门员技术——拳击球

授课对象　四年级

（一）案例设计思路

1. 学习内容的价值与特点

（1）价值：守门员在本方罚球区内可以用手触球，因此，他的技术动作多是通过手操作进行的，拳击球只是其中的一个动作。动作要求观察判断准确、随机应变、身体移动快、出拳迅速，是心理素质和身体素质的整体体现。

（2）特点：拳击球看似简单易学，但是如果要在比赛当中合理地运用，则需要兼顾很多因素，判断来球要精准，出击适时，身体协调，击球迅速且位置准确。所以拳击球动作除了要求守门员具有良好的身体能力、很好地掌握技术和比赛战术以外，还应具有勇敢、果断、自信等心理素质。

2. 整体设计思路

拳击球动作简单易学，但是能够在实战中正确运用才是关键，必须从球的运行状态，判断其路线、速度和落点，这样才能一击必中。因此，本课设计思路主要是从实战出发，以活动性游戏为主，通过“快抓弹力球”和“你攻我守”游戏，让学生在游戏中亲身体会拳击球的时机、部位、力度、方向等，同时培养学生坚决果断的意志品质和拼搏进取、勇于竞争的精神。

（二）案例呈现

<table>
<tr><td>内容</td><td colspan="2">1. 足球守门员技术：拳击球（新授）
2. 游戏：“你攻我守”（复习）</td></tr>
<tr><td>目标</td><td colspan="2">1. 认知目标：知道守门员的重要性，清楚拳击球的动作要领
2. 技能目标：
（1）90% 的学生学会拳击球的动作，60% 的学生能够根据球的飞行轨迹判断出击的方向和速度，并用拳将球击出
（2）在游戏中进攻的学生能够运用掷界外球的方法进攻，防守的学生能够运用拳击球防守
3. 体能目标：重点增强学生的上下肢力量，发展灵敏性、协调性等素质和判断能力
4. 情感目标：培养学生坚决果断的意志品质和拼搏进取的精神</td></tr>
<tr><td>重难点</td><td colspan="2">重点：拳握紧，判断准，击球快又狠
难点：出击的时机和击球的位置</td></tr>
<tr><td colspan="3">第一环节（5min）</td></tr>
<tr><td>教学内容</td><td>教师活动</td><td>学生活动</td></tr>
<tr><td>1. 集合、整队、报数
2. 师生问好
3. 宣布本课内容
4. 安排见习生
5. 队列练习：原地转法——向左、右转</td><td>1. 课前到上课地点
2. 面对学生立正站好
3. 讲话清楚、简练
4. 根据学生实际情况，合理安排
5. 教师提示要领：两臂在体侧夹紧，身体转动要平稳</td><td>1. 铃响后迅速到指定地点集合
2. 立正目视教师，声音洪亮
3. 精神集中，听清内容
4. 服从教师安排，做适合的活动
5. 学生练习
（1）集体按常规练习 2~3 次
（2）采用反口令练习，即教师发令“向左——转”，学生向右转</td></tr>
<tr><td colspan="3">设计意图：队列练习采用的是做与口令相反的动作，提高学生的快速反应能力和判断能力</td></tr>
</table>

续表

第二环节（10min）		
教学内容	教师活动	学生活动
1. 足球操 （1）正面掷界外球 （2）侧身掷界外球 （3）守门员单腿下蹲接球 （4）守门员掷地滚球 （5）各种方式的踩球 （6）踏步放松	1. 指导学生成四列体操队形散开 教师示范并讲解每个动作，并向学生介绍动作的内涵 要求：精讲要领 正面和侧面示范交叉运用	1. 两臂侧平举迅速散开成体操队形 随教师由慢到快练习 要求：认真观察，积极练习
2. 专项准备 （1）游戏“照镜子” （2）游戏“如影相随”	2. 指导学生分组练习 （1）教师讲解方法，并演示 方法：2 人 1 组，1 人模拟照镜子，1 人表演镜子里面的影子。模拟照镜子的人左右迅速移动，表演影子的人要快速模仿 （2）教师讲解方法，并演示 方法：2 人 1 组，前面学生跑 3~5 步变换方向，后面学生紧随其后。前后要保持在 1m 左右	2. 自己结组 （1）学生 2 人 1 组，分散练习。可以将足球守门员的左右移动技术运用到游戏中 （2）学生 2 人 1 组练习，控制好前后的距离，避免碰撞
设计意图：通过足球操熟悉守门员的动作。2 人 1 组做各种移动变换练习，培养学生的判断力、应变能力和身体的灵活性、协调性		
第三环节（12min）		
教学内容	教师活动	学生活动
足球守门员技术：拳击球（新授） 拳击球有单拳击球、双拳击球 2 种 动作要领： 来球路线判断准 迎球移动拳握紧 快速出拳准又狠	1. 教师讲解并示范游戏“快抓弹力球” 方法：学生 2 人 1 组，间隔 3~5m 站立。1 人向对方体前的地面抛弹力球，1 人根据弹力球的反弹的方向快速出击抓住球。抓住球次数多者为胜 2. 教师指导学生练习	1. 学生认真观察，听清要求，然后能力相近的 2 人结组 2. 学生分散练习，每人投掷 5~8 次 3. 学生 4 人 1 组练习 4. 学生分为 4 个组，每组选 1 名守门员守住自己的球门。A 组进攻 B 组球门，以此类推 5. 学生集中

续表

<table>
<tr><td></td><td>3. 教师讲解游戏："你攻我守"
方法：4 人 1 组，1 人站在 1 个标志桶前面，其余 3 人抛足球打标志杆，守护者用手将球打出去。相同时间内，打中标志杆次数少，防守者胜
4. 教师讲解游戏"轮番轰炸"方法：1 人守门，进攻者运球到距球门 5m（手抛球）、8m（脚内侧踢球）、11m（脚任何部位踢球）的位置。根据距离用手抛、用脚踢射门均可。进球得 1 分，防守成功得 1 分，分数多者胜
5. 小结练习情况</td><td></td></tr>
<tr><td colspan="3">设计意图：本环节采用了游戏的形式，学生一直是在体验中学习。通过"快抓弹力球""你攻我守""轮番轰炸"等游戏，学生在激烈的对抗中通过实践体会拳击球动作的合理运用</td></tr>
<tr><td colspan="3">第四环节（10min）</td></tr>
<tr><td>教学内容</td><td>教师活动</td><td>学生活动</td></tr>
<tr><td>游戏："抛球接力"（复习）
方法：学生分成 4 组，每组在 30m 处站 1 名学生作为转折点。开始，第一个学生采用掷界外球的方式把球抛出去（只抛一次），然后迅速去追球，追到球后抱起来跑到折返点将球交给对面站立的同学。折返点的学生采取相同的办法跑回起点。如此循环，先完成的组为胜</td><td>1. 教师讲解"抛球接力"游戏的方法和规则
（1）必须是用掷界外球的方法，而且只能 1 次
（2）折返点的学生必须是接到本组学生手递手的足球才能继续比赛
2. 指导学生练习
3. 教师强调比赛规则。然后组织学生比赛
4. 小结练习情况</td><td>1. 学生分组练习，然后比赛 1 次
2. 学生继续比赛 3~5 次
3. 学生迅速集中</td></tr>
<tr><td colspan="3">设计意图：通过本环节，学生进一步掌握掷界外球的动作要领，同时发展学生的奔跑能力和上肢、腰腹肌力量，培养团结合作的集体主义精神</td></tr>
</table>

续表

第五环节（3min）		
教学内容	教师活动	学生活动
1. 集合、放松 小游戏： “拳头上跳舞的小足球” 2. 总结本课练习情况 3. 留作业，下课，收器材	1. 教师简单讲解游戏的方法：用拳背、拳面、拳心垫球均可，并计时30s 2. 教师小结本课的练习和比赛情况 3. 作业：和爸爸、妈妈一起玩足球。教育学生爱护器材	1. 学生按照要求垫球，并记住垫球次数 2. 学生集中听讲 3. 学生帮助教师收器材
设计意图：通过垫球小游戏，再次体会拳击球要领。通过和家长一起玩足球，培养学生对足球的兴趣		

（三）案例点评

本课的设计紧紧围绕守门员的必备的能力（如判断能力、灵敏性等）进行设计。本课紧紧围绕“足球”这个主题，由于是守门员动作，所以突出了手脚配合的重要性。从准备部分足球操到基本部分的对抗游戏，再到结束部分体验小游戏等环节都与足球守门员密切相关。尤其是基本部分通过“快抓弹力球”“你攻我守”“轮番轰炸”等游戏，让学生在亲身体验中学习拳击球动作，领悟如何运用。学生在练习当中不是单纯地学习一个动作，更主要的是培养关键时刻为了集体的荣誉敢于出手、勇于担当的心理素质，为学生将来的发展打下良好基础。

案例提供：陈国鹏（北京市通州区运河小学）

点评专家：韩月仓（北京市通州区运河小学）

案例37　变速、变向运球

授课对象　四年级

（一）案例设计思路

1. 学习内容的价值与特点

（1）价值：变速、变向运球是过人技术的核心，是实战中常用的动作组合。要做到变速与变向有效结合，需要学生通过实践总结出适合自己的最佳时机。变速、变向运球对于发展学生的奔跑能力、下肢力量和身体灵活性，提高心肺功能，以及培养勇敢顽强的优良品质都有重要作用。

（2）特点：变速、变向运球技术是过人实战中不可单独分割的动作组合。因此，需在真实比赛情境中运用实践，边学边用、活学活用，让学生真正掌握足球运动的技术和技能。

2. 整体设计思路

场地 30m × 40m，分为 8 块，将学生按个体差异分为 8 个小组，每人 1 球，既尊重学生个体差异，利于教师个别指导，也充分利用了场地。在教学进程中，教师通过场地设计，让学生完成不同任务，以达到练习变速、变向运球的目的。教学计划尊重学生主体地位，激发学生练习的兴趣，增强了练习密度，解放教师对个别学生针对性指导。

（二）案例呈现

内容	1. 小足球：变速、变向运球（巩固提高） 2. 运球比赛
目标	1. 认知目标：学习变速、变向运球技术，知道脚的不同部位触球在变速、变向运球实践应用中的重要性。培养学生对小足球的兴趣，体验运动乐趣 2. 技能目标：85% 以上的学生基本掌握 1 种运球的能力，15% 以上的学生掌握 2 种及以上运控球能力 3. 体能目标：重点发展学生下肢力量和身体的灵活性、协调性，提高心肺功能 4. 情感目标：培养学生机智、果断与胜不骄、败不馁的优良品质和团结一致的集体主义精神，增强自主学习的意识

续表

<table>
<tr><td>重难点</td><td colspan="2">重点：身体协调配合
难点：抬头观察；推拨球的力量、时机控制</td></tr>
<tr><td colspan="3">第一环节（7min）</td></tr>
<tr><td>教学内容</td><td>教师活动</td><td>学生活动</td></tr>
<tr><td>1. 集合、整队、报数
2. 师生问好
3. 宣布本课内容
4. 安排见习生
5. 球性练习
听音乐，以不同形式踩球、拨球、推拉球等</td><td>1. 提前到上课地点
2. 立正、面对学生
3. 讲话清楚、简练
4. 根据情况，合理安排
5. 教师领做并提示要领</td><td>1. 铃声响后在指定地点集合，成四列横队
2. 目视教师，立正站好
3. 精神集中，听清内容
4. 服从教师安排，做适合的活动
5. 到本小组场地内小足球前，模仿练习</td></tr>
<tr><td colspan="3">设计意图：打破传统队列队形练习环节，以听音乐球性练习导入，既解决了学生注意力不易集中的问题，又达到了热身的效果</td></tr>
<tr><td colspan="3">第二环节（6min）</td></tr>
<tr><td>教学内容</td><td>教师活动</td><td>学生活动</td></tr>
<tr><td>1. 关节活动
（1）踝关节、腕关节绕环
（2）膝关节屈伸
（3）腰部绕环
（4）原地快频小步跑
2. 专项练习
方法：在本小组场地内，体验练习用脚党的不同部位变速与变向运球过标志盘
要求：抬头观察场地其他同伴，避免相互干扰，并让自己的球不出界</td><td>1. 教师示范并讲解动作要点，口令领做练习
要求：精讲要领
2. 教师示范
（1）教师讲提示技术要点
（2）教师巡视指导，用脚的不同部位、不同力量触球的不同位置变速、变向运球</td><td>1. 学生认真模仿练习
要求：认真观察教师动作，模仿练习
2. 学生学习
（1）学生听清方法，认真观察示范，然后小组进行练习
（2）自主练习</td></tr>
<tr><td colspan="3">设计意图：观察练习时场上环境，运球快速摆脱靠近自己的同伴，保护自己的小足球。模拟足球比赛中的情境，让学生先对变速、变向有一定认知与肌肉体验</td></tr>
</table>

续表

第三环节（14min）		
教学内容	教师活动	学生活动
变速、变向运球 动作方法： 运球时身体姿势与正常跑动时相同，上体稍前倾，步幅不宜过大，膝关节微屈，提踵，用脚的不同部位触球的不同位置，推拨球 动作要领： 抬头观察，跨步支撑，位置适当 变向运球触球不同部位，变速运球注意力量控制	1. 运球过标志盘摆放的“小球门”。规定时间成功穿越多者为优 2. 计时与裁判，每局间歇时讲解学生出现问题 3. 小组两两互换 1 名防守队员，阻止其他队员进行得分 4. 教师根据学生出现的问题进行引导 5. 根据学生完成的情况增加防守队员 6. 择优讲评，强调重难点。然后相邻的“获胜方”与“失利方”再次进行比赛 7. 教师集中总结，请优秀学生示范与经验分享 8. 小结本环节情况，讲解游戏、比赛规则及方法	1. 学生小组场地内进行体验练习与计时比赛 2. 师生共同总结动作要点 3. 学生进行有对抗的技能练习 4. 学生总结问题并讨论应对办法 5. 小组讨论战术 6. 小组内总结 7. 优秀学生进行展示交流 8. 学生认真听
设计意图：教学采用由易到难、由简到繁、循序渐进、层层深入的练习方法，自主练习、探究和分层次的教学方式，让学生掌握、了解变速、变向运球时的实战应用，从技能学习到技术应用遵循学有所用的原则		
第四环节（10min）		
教学内容	教师活动	学生活动
运球比赛 游戏方法： 学生以小组为单位组成 8 支参赛队。每人 1 球，通过运球过人将球停在对方得分区域内的得 1 分。规定时间内得分多者获胜 规则： 1. 任何人不能用手触球 2. 出界后需从本方半场重新开始	1. 教师讲解游戏方法及规则 2. 教师组织学生进行游戏体验 3. 教师总结，适当减少场上足球个数，以增加难度 4. 相邻的“获胜方”与“失利方”进行再次比赛 5. 小结比赛情况	1. 学生集中听讲 2. 学生体验游戏 3. 学生小组比赛每局 4. 小组互换对手比赛

续表

<table>
<tr><td colspan="3">设计意图：游戏环节模拟小场地足球比赛方式，但修改得分方式，让学生体验得分的乐趣</td></tr>
<tr><td colspan="3">第五环节（3min）</td></tr>
<tr><td>教学内容</td><td>教师活动</td><td>学生活动</td></tr>
<tr><td>1. 集合、放松
“胜利的舞蹈”
2. 总结本课练习情况
3. 留作业，下课，收器材</td><td>1. 教师进行示范，领做身体协调小练习
2. 教师小结本课的练习和比赛情况
3. 作业：与家人交流变速、变向运球技术，有时间观看精彩的足球过人视频</td><td>1. 学生随教师听音乐模仿练习
2. 学生集中听讲
3. 学生帮助教师收拾器材</td></tr>
<tr><td colspan="3">设计意图：本课贯穿足球相关内容，课后作业具体规定，根据个人具体情况量力而为</td></tr>
</table>

（三）案例点评

本案例的足球元素贯穿课堂，首先，将踩球、拨球、推拉球等球性练习导入课堂，通过关节练习和专项活动，模拟足球比赛中的情境，让学生对变速、变向有一定的运动认知与肌肉体验；其次，课中采用自主练习和分层教学，渗透变速、变向等元素，突出技能实战运用理念，让学生在实战体验中寻找变速、变向运球的最佳时机和最适宜的运球方式。依据场地 30m × 40m，场地分为 8 块，将学生分为 8 个小组，采用异质分组和修改得分的方式，进行小场地足球比赛，使他们充分体验足球项目的魅力和乐趣。

案例提供：李鹏（北京市育英学校小学部）

点评专家：张庆新（北京教育学院）

案例38 “撞墙”式二过一

授课对象 五年级

（一）案例设计思路

1. 学习内容的价值与特点

（1）价值：“撞墙”式二过一是足球技术中基本的配合技术动作，在比赛中运用得较多，主要用于突破过人或者是过人后射门。通过练习，可以发展学生速度、灵敏性、力量等身体素质，促进身体机能的健康发展，激发学生使用小足球进行体育锻炼的兴趣。

（2）特点：通过小范围短距离的快速传球，摆脱防守队员，创造进攻机会。做“墙”队员的传球时机与进攻队员的跑动路线是这个技术动作的重点，可通过不同方式的练习，提高队员之间传跑的默契程度。

2. 整体设计思路

“撞墙”式二过一动作虽然简单，但是在足球比赛中应用得比较多。它由传球与跑动 2 个部分组成。本设计着重强调传球后跑动路线和接球时机，培养学生良好的比赛意识。创设不同的比赛情境，结合过人后的射门游戏，提高学生的练习兴趣，逐步掌握“撞墙”式二过一的技术动作，并能熟练运用到比赛当中。

（二）案例呈现

内容	1. 足球：“撞墙”式二过一（新授） 2. 传球游戏：“幸福牵手”
目标	1. 认知目标：初步学习“撞墙”式二过一技术，掌握接球跑动路线和接球位置，了解此技术在足球比赛中的运用价值 2. 技能目标：70% 的学生能够与同伴进行“撞墙”式二过一配合，并能够在游戏、比赛中运用 3. 体能目标：重点增强学生下肢力量，发展学生速度、灵敏性等身体素质 4. 情感目标：培养学生团结协作、互帮互助的精神和良好的体育道德
重难点	重点：传球后跑动路线 难点：接球时机

续表

第一环节（3min）		
教学内容	教师活动	学生活动
1. 集合、整队、报数 2. 师生问好 3. 宣布本课内容及要求 4. 安排见习生 5. 队列练习 裂队走、并队走	1. 提前到上课地点 2. 立正，面对学生 3. 语言简练，要求清晰明了 4. 根据情况，合理安排 5. 教师语言提示	1. 在指定地点集合，成四列横队 2. 目视教师，声音洪亮 3. 精神集中，听清内容 4. 服从教师安排，做适合的活动 5. 按照要求进行队列练习
设计意图：培养学生课堂常规行为习惯。通过队列练习，体现学生良好的精神风貌和团队意识		
第二环节（10min）		
教学内容	教师活动	学生活动
1. 行进间准备活动 （1）行进间击掌 （2）髋关节练习 （3）后踢腿练习 （4）敏捷梯小步跑 （5）敏捷梯开合跑 （6）敏捷梯侧向进出跑	1. 引导成学生成四路纵队集合 （1）教师示范并领做每个动作，提示动作要领 （2）观察学生练习情况，巡视指导动作	1. 两臂前平举迅速站成四路纵队 （1）认真观察教师动作，清楚动作方法 （2）先放慢节奏模仿教师动作，熟练以后可以逐渐加快速度
2. 运球游戏：“小足球贴哪里” 在规定场地内运球，可以采用各种方法运球，听教师信号做各种动作	2. 教师组织学生进行游戏 （1）教师讲解游戏方法，然后请1名学生协助示范 （2）发出不同口令，组织学生进行游戏	2. 学生每人1球，散点站立 （1）学生听清方法，认真观察示范 （2）根据口令要求，用脚的不同部位触球
设计意图：通过行进间准备活动，充分活动身体各关节，迅速融入足球课的氛围中。通过运球游戏，提高学生的控球能力，增加练习的趣味性		

续表

第三环节（17min）		
教学内容	教师活动	学生活动
"撞墙"式二过一（新授） 动作方法： 将球传到同伴脚下（传球方向），球如碰到"墙"上立即弹向防守者背后的空位，传球者传球后立即插入防守队员背后接球（跑动方向） 重点：传球时机、方向，传球后跑动到位 难点：传、插时机 战术口诀： 传球方向是重点 传插时机是难点 看准时机不越位 成功完成二过一	1. 提问：什么是"撞墙"式二过一 2. 出示图板讲解"撞墙"式二过一，强调传球后的跑动路线 3. 教师示范"踢墙"练习，组织学生分组进行练习。提示学生注意跑动路线和接球位置 4. 巡视指导，提示学生根据传球距离，控制传球的力量 5. 提示学生根据球的反弹位置进行移动接球 6. 组织进行"踢墙"后射门练习 7. 提示学生注意传跑配合的时机 8. 提示学生"撞墙"过人后，控制好球，观察防守位置，快速摆脱防守 9. 游戏："龙争虎斗" 方法：在场地内进行 1 对 1 对抗练习，利用场地两侧的体操凳做出"撞墙"式二过一进球得 3 分，其他进球得 1 分，先得 6 分者获胜 10. 小组展示，可以与同伴进行"撞墙"式二过一，也可以利用两侧的体操凳进行"撞墙"式二过一 11. 对本次课的练习情况及小组对抗展示进行小结与评价	1. 认真思考，积极回答问题 2. 认真观察，了解"墙"的作用，传球方向、跑动路线和接球位置 3. 每人 1 球分组进行"踢墙"练习 3 次，体会传球后跑动路线和接球位置 4. 提高练习难度，加大传球距离进行"踢墙"练习 3 次 5. 学生进行连续"踢墙"练习，在标志物两侧根据球的反弹位置和力量，迅速做出判断，快速接球，练习 5 次 6. 提高练习的趣味性，"撞墙"后接射门练习 2 次 7. 学生做"墙"，"撞墙"后射门 2 次 8. 学生做"墙"，"撞墙"过人后，控制好球，摆脱防守，进行射门 2 次 9. 分 4 组进行游戏。充分利用场地两侧的体操凳，掌握"撞墙"式二过一的技术 10. 每组选出 2 名学生进行 2 对 2 对抗展示，在实战中体验"撞墙"式二过一的技术
设计意图：本环节安排了"踢墙"练习、连续"踢墙"练习、"踢墙"后射门练习、"踢墙"过人后摆脱防守射门练习、1 对 1 对抗和 2 对 2 实战等多种形式的练习，使学生逐步掌握了"撞墙"式二过一技术中跑动路线与接球位置，并在对抗与实战中体会运用了"撞墙"式二过一的技术，提高了传球与跑动的默契程度		

续表

第四环节（8min）		
教学内容	教师活动	学生活动
传球游戏：“幸福牵手” 游戏方法： 方法：将学生分成4组，每组8人，2人手牵手传接球。本队连续传球5次得1分 规则： 1. 传接球过程中2人不能松手 2. 球出界后，由对方重新发球	1. 教师讲解游戏方法及规则 2. 组织学生分组进行比赛，担任裁判 3. 组织学生交换组，再次进行比赛 4. 小结比赛情况	1. 学生集中听讲，了解比赛方法及规则 2. 学生分成4组，在2块场地内进行比赛 3. 交换对手，再次进行比赛 4. 认真听讲，精神集中
设计意图：通过游戏环节，增强队员之间的相互沟通、协同配合，引导学生形成团队配合的习惯		
第五环节（2min）		
教学内容	教师活动	学生活动
1. 集合、放松 听音乐拉伸放松 2. 总结本课练习情况 3. 宣布下课，收拾器材	1. 教师示范、领做 2. 教师小结本课的练习和比赛情况 3. 教师教育学生爱护器材	1. 学生随教师听音乐练习 2. 学生集中听讲 3. 学生帮助教师收器材
设计意图：做好运动后的拉伸放松，培养学生良好的运动习惯，有序收放器材的意识		

（三）案例点评

本案例首先通过行进间准备活动与运球游戏，充分活动身体各关节，提高学生控球能力，达到既热身又热场的效果。围绕“撞墙”式二过一的传球与跑动技术特性，巧妙地设疑，激发学生的学习欲望。课中有针对性地通过“踢墙”练习、连续“踢墙”练习、“踢墙”后射门练习、“踢墙”过人后摆脱防守射门练习、1对1对抗和2对2实战等多种形式的练习，使学生逐步掌握了“撞墙”式二过一技术中跑动路线与接球位置，并在对抗与实战情境中体会运用了“撞墙”式二过一的技术，提高了传球与跑动的衔接性。通过“幸福传递”游戏，增强队员之间的配合默契程度。

案例提供：宋彬杰（北京市大兴区旧宫镇第一中心小学）
点评专家：梁吉涛（北京市大兴区教师进修学校）

案例39　传接球游戏

授课对象　六年级

（一）案例设计思路

1. 学习内容的价值与特点

（1）价值：传接球是足球比赛中较为实用的一种技战术配合，准确的传接球能够使比赛进行得流畅，攻击性更强。传接球技战术是通过确定传跑方位，寻找最佳的传、跑、接时机，获得破门良机。通过此项内容的学练，能够更好地让学生在游戏活动中控制传球力度、把握传球时机、观察同伴跑位，掌握完成传接球技战术的能力，有效促进学生灵敏性、协调性、速度等素质的提升，更有利于学生反应、判断、分析能力的发展。

（2）特点：传接球游戏是一种集多项传球、跑位、接球技术为一体的综合性战术小游戏，利用合理的传、跑、接时机，巧妙形成多种进攻战术的演练。因为练习形式比较多，练习内容有一定难度，适合小学高年级学生追求难度的特点。因此，本课安排的练习内容始终围绕游戏进行，力求让学生保持较高的练习兴趣，达到较好的学习效果。

2. 整体设计思路

本设计紧紧围绕着小足球传接球配合来设计符合学生学练的小游戏。其设计的依据是小足球进攻多变的战术特点，在学练的过程中体验小足球进攻战术的合理应用。小足球传接球战术游戏对学生的传球力量与位置、跑位方向与速度、接球位置与时机要求较高，对学生的空间感与足球意识也有着较高要求。所以，本课将小足球传接球技术与战术设计实施巧妙结合，以游戏形式施教，不仅能够激发学生的学练兴趣，还能够提高学生的战术应用能力。

（二）案例呈现

<table>
<tr><td>内容</td><td colspan="2">1. 小足球：传接球游戏（新授）
2．游戏：3 对 3 对抗赛（复习）</td></tr>
<tr><td>目标</td><td colspan="2">1. 认知目标：了解小足球传接球传、跑、接的动作要领，明确 2~3 人间传球游戏在实际比赛中的实用价值
2. 技能目标：80% 以上的学生能够在移动中做出传接球，并且能在足球游戏中使用
3. 体能目标：提高学生小足球战术配合能力，重点发展灵敏性、协调性等身体素质
4. 情感目标：激发学生主动参与小足球运动的兴趣，培养相互协作、主动交流、积极进取的优良品质</td></tr>
<tr><td>重难点</td><td colspan="2">重点：对准目标传球
难点：传跑时机合理</td></tr>
<tr><td colspan="3">第一环节（4min）</td></tr>
<tr><td>教学内容</td><td>教师活动</td><td>学生活动</td></tr>
<tr><td>1. 体委整队，报告人数
2. 师生问好，宣布本课内容
3. 安排见习生
4. 慢跑热身</td><td>1. 提前到上课地点
2. 立正、面对学生
3. 讲话清楚、简练
4. 根据情况，合理安排
5. 教师提出练习要求
要求：控制跑速，调整呼吸</td><td>1. 铃声响起后在指定地点集合，成四列横队
2. 目视教师，声音洪亮
3. 精神集中，听清内容
4. 服从教师安排，做适合的活动
5. 听口令指挥，成一路纵队进行慢跑热身</td></tr>
<tr><td colspan="3">设计意图：通过师生问好，对学生进行礼仪教育。利用慢跑热身活动让学生充分热身，并养成良好的体育锻炼习惯</td></tr>
</table>

续表

第二环节（6min）		
教学内容	教师活动	学生活动
1. 肌肉拉伸活动 （1）上肢拉伸 （2）躯干拉伸 （3）弓箭步拉伸 （4）屈膝外翻拉伸 （5）屈膝内收拉伸	1. 教师引导学生站成圆形队，并示范动作 师生共同进行拉伸活动，教师指导并纠正学生动作 要求：用力适度，充分拉伸	1. 学生站成圆形队 学生主动参与，在教师的引导下，按照要求进行拉伸活动，充分拉伸肌肉和韧带
2. 分组“溜猴”游戏 方法：学生分成 2 组，在直径 7m 的圆形场地内，进行 1 人抢球、多人传球的“溜猴”游戏 规则： （1）传球人不得用足球故意踢抢球人 （2）抢球人不得与传球人发生身体接触	2. 教师指导学生分成 2 队 教师引导学生多人结组进行“溜猴”游戏 （1）教师引导学生分成 2 队，并引导学生站成圆形队，进行传接球“溜猴”游戏 （2）教师增加游戏难度，缩小圆形场地，提高学生向目标传球的准确性	2. 学生分成 2 队进行游戏 学生认真练习，努力在围抢的瞬间做出准确判断，对准目标传球 （1）学生分成 2 组，站成圆形队进行传接球“溜猴”游戏 （2）学生在新难度的挑战中，积极参与，努力提高传接球的准确性
设计意图：通过肌肉拉伸活动，为主要教学内容的学练做好身心准备，再通过“溜猴”游戏让学生快速寻找最佳的传球时机，并引出本课学习的重点，更好地为本课主要教学内容的学习做好铺垫		
第三环节（17min）		
教学内容	教师活动	学生活动
小足球：传接球游戏（新授） 动作方法： 通过传球、跑位、接球等技术组合，采取个人和集体配合手段，熟练而巧妙地运用于实战或比赛中，努力夺取比赛的胜利	1. 教师与学生示范、讲解，利用敏捷梯进行传、跑、接、射等动作，并提示动作重难点 2. 教师引导学生 2 人结组，选择场地进行本项动作的练习 要求：充分参与、传接球位置准确 3. 学生 3 人 1 组，进行相互配合的传接球游戏	1. 学生认真观看，仔细倾听，明确游戏方法，知晓练习要点 2. 学生参加学练，明确传球位置准确性的价值 3. 学生 3 人 1 组进行传、跑、接球与射门练习，体会对准目标传球和跑位、接球时机

续表

动作要领： 能够对准目标方向传球，传球与跑位时机合理，接球后快速推进	（1）3 名学生的练习是在 2 名学生练习的基础上，增加了 1 名传球队员，学生 A 传球后，从学生 B 身后跑到球门位置，接学生 C 传球后完成射门动作，如此反复进行 （2）3 名学生一组，进行跑位、传接球、射门比赛。比一比在 2min 内，哪个队进球次数最多 4. 学生进行展示，并对学生的对准目标传球和传跑时机进行评价 5. 增加练习难度，引导多名学生参与游戏，进行传、跑、接球与射门游戏 （1）增加练习难度，学生多人配合进行传、跑、接球与射门的多种动作组合练习 （2）教师组织学生进行多人传接球、射门比赛。比一比在 1min 内哪组通过传接球完成射门进球的次数最多	（1）学生明确本项练习的重要性。教师知道如何引导学生进行此项练习 （2）学生在教师的组织下，进行传、跑、接球和射门挑战比赛 4. 学生认真观察，在头脑中再次建立正确传跑时机概念 5. 学生相互配合，积极跑位，增加有效传接球次数 （1）学生多人分工明确，进行足球多种技术的配合练习 （2）学生多人结组进行跑位接球的传接球、射门比赛，提高传接球与射门能力
设计意图：本环节学练形式巧妙地利用多种游戏，由浅入深、循序渐进地进行教学。通过“溜猴”游戏，让学生通过传接球，获得传接球技术感受；通过提高学练难度，融入多种传、跑、接球与射门的游戏，让学生明确对准目标传球和注意传跑时机的重要性；通过 3 人、多人传接球射门游戏和比赛，让学生在练习难度提升的过程中有效解决教学重点，突破教学难点，初步形成战术配合意识		
第四环节（10min）		
教学内容	教师活动	学生活动
游戏：3 对 3 对抗赛 游戏方法：学生在规定的多块场地内，3 人自愿结组，采用 5 人制比赛规则，进行比赛。在规定时间内进球多者获胜 规则：采用 5 人制足球比赛规则	1. 教师讲解游戏方法与规则 2. 教师引导学生进行分组并巡视裁判 3. 教师提高学生比赛热情，主动参与比赛	1. 学生明确比赛方法与规则 2. 学生积极参与比赛，敢于面对挑战 3. 学生敢于应战，积极进取，努力获胜

续表

<table>
<tr><td colspan="3">设计意图：游戏环节力求提升学以致用的实效性，让学生以赛代练，在比赛中感受战术应用的价值与意义。同时还要让学生在比赛中发现自身战术应用的问题，通过继续学练得以完善</td></tr>
<tr><td colspan="3">第五环节（3min）</td></tr>
<tr><td>教学内容</td><td>教师活动</td><td>学生活动</td></tr>
<tr><td>1. 集合、放松
持球放松拉伸活动
2. 总结本课练习情况
3. 留作业，下课，收器材</td><td>1. 教师持球进行示范
（1）上肢拉伸
（2）躯干屈拉伸
（3）下肢拉伸
2. 教师小结本课的练习和比赛情况
3. 作业：画图明确传、跑、接线路。教育学生爱护器材</td><td>1. 学生随教师听音乐练习
2. 学生集中听讲
3. 学生帮助教师收器材</td></tr>
<tr><td colspan="3">设计意图：为学生养成良好的放松习惯、形成健康的体育生活方式奠定基础</td></tr>
</table>

（三）案例点评

本课的设计思路是将小足球传接球技术学习向战术应用进行转变。教师依据小学高年级学生的身心特点与学练需求进行巧妙设计，通过标志桶巧妙摆放的多种游戏，将学生较难理解的传、跑、接位置与线路，由浅入深巧妙地呈现在学生面前，并通过教师精心设计将战术游戏由 2 人变为多人，不仅提升了学生的学练兴趣，而且还增加了学练难度。教师紧紧抓住学生喜欢比赛的心理，在每个学练环节都安排练小足球游戏，培养学生足球的综合运用能力。最后通过 3 对 3 的对抗赛，让学生更接近实战，课堂教学成果得以检验。这不仅是简单的学以致用，而且是一种在对抗中应用的实战教学策略，这才是真正能够让学生在比赛中应用技战术教学策略的有效途径。此种策略的实施必定会促进学生足球意识与能力的全面提升。

案例提供：赵卫新（清华大学附属小学商务中心区实验小学）

点评专家：王晓东（北京市朝阳区教育研究中心）

案例40　边路下底倒三角传中

授课对象　六年级

（一）案例设计思路

1. 学习内容的价值与特点

（1）价值：传球是足球基本技术之一，也是比赛中最常用的技术。小学高年级学生在经过之前的单一技术学习与技术串联，能够具备较好的基础。边路下底传中是球场上的战术之一，其核心价值在于比赛中通过边路突破，选择传球方向与时机，通过传球帮助同伴完成射门。学习此项战术，创设真实的比赛情境，接近于实战，起到学以致用的目的。

（2）特点：边路下底倒三角传中的技术要点包括传球时触球部位和传球力量，传球队员拉开身位、呼叫队友、斜回传低平球、接球队员向前接球，以及观察守门员的位置完成射门。

2. 整体设计思路

本单元教学目标是让学生通过练习、游戏和比赛，了解边路下底倒三角传中传球的方向及接球队员与传球队员之间的呼应，通过比赛让学生们明确该战术的意义，以及如何在赛场上运用。

（二）案例呈现

内容	边路下底倒三角传中
目标	1. 认知目标：了解边路下底倒三角传中战术的目的与意义，初步学习在进攻中如何利用边路下底倒三角传中战术 2. 技能目标：80% 的学生能够做到触球部位准确，传球方向与时机准确 3. 体能目标：重点发展学生速度、反应、协调性，熟练传球技术 4. 情感目标：培养学生团结协作、坚决果断的意志品质，体验足球带来的快乐
重难点	重点：传球的方向 难点：传球的时机

续表

<table>
<tr><th colspan="3">第一环节（2min）</th></tr>
<tr><td>教学内容</td><td>教师活动</td><td>学生活动</td></tr>
<tr><td>1. 整队、报告人数
2. 师生问好
3. 宣布本课内容
4. 安排见习生
5. 队列练习
向左、右、后转走</td><td>1. 师生问好
2. 宣布本课内容
3. 检查服装，询问学生健康状况
4. 教师喊口令、口号，指挥学生完成队列练习
向左、右、后转走</td><td>1. 体委整队，向教师报告人数，学生成四列横队集合，做到快、静、齐
2. 认真听教师宣布学习内容及要求
3. 按教师口令进行练习，做到排面整齐、动作一致</td></tr>
<tr><td colspan="3">设计意图：明确本节课的教学内容，让学生了解本节课的学习任务。队列队形有助于培养学生遵守纪律的意识，并让学生快速进入学习状态</td></tr>
<tr><th colspan="3">第二环节（7min）</th></tr>
<tr><td>教学内容</td><td>教师活动</td><td>学生活动</td></tr>
<tr><td>1. 热身运动
（1）直向跑
（2）摆胯（外侧）
（3）摆胯（内侧）
（4）进二退一
（5）下肢拉伸

2.“九宫格”游戏
将学生分成人数相等的若干组，每次 2 组进行比赛，每组每次 1 人进行比赛，听到哨声后，迅速捡起九宫格标志盘后的号码衣，放在标志盘上，迅速返回与下一名同学交接，直至横向、纵向或斜向 3 个标志盘为自己队伍同一颜色的号码衣，即为获胜</td><td>1. 热身运动
教师领做热身活动。做到示范准确、标准
（1）直向跑 2 次
（2）摆胯（外侧）2 次
（3）摆胯（内侧）2 次
（4）进二退一 2 次
（5）下肢拉伸

2.“九宫格”游戏
教师宣布游戏方法与规则，并任裁判</td><td>1. 热身运动
学生按照四列横队队形进行集体练习，做到活动充分，节奏清晰，动作到位

2.“九宫格”游戏
学生按照规则进行游戏
要求：反应灵敏、动作迅速</td></tr>
</table>

续表

<table>
<tr><td colspan="3">设计意图：充分活动身体，将足球基础拉伸练习融入准备活动，通过游戏激发学生练习兴趣，增强学生的身体素质</td></tr>
<tr><td colspan="3">第三环节（6min）</td></tr>
<tr><td>教学内容</td><td>教师活动</td><td>学生活动</td></tr>
<tr><td>脚背内侧传球踢准游戏
游戏方法：距离6m放置小球门，在场地上标出2m、4m、6m的标志，让学生在3个距离进行踢准游戏。每进1球得1分，累积得分多的为胜者</td><td>1. 讲解并示范脚背内侧传球踢准游戏
游戏方法：在距离学生6m的距离放置小球门，让学生利用脚背内侧进行踢准游戏
2. 引导学生开始游戏，并观察学生练习情况
3. 提出问题：怎样才能进更多的球
4. 小结脚背内侧传球踢准游戏，告知学生若想进球多就需要脚触球的部位准确。向学生贯彻边路下底倒三角传中多采用脚背内侧传球</td><td>1. 学生认真观看示范，认真听规则讲解
2. 学生积极练习
3. 认真思考，举手回答教师提问。用脚背内侧触球后中部
学生继续进行练习，明确触球部位
4. 分组进行比赛3次，累积得分多的组为获胜组</td></tr>
<tr><td colspan="3">设计意图：让学生在游戏中明确触球部位准确才能将球踢得准确，激发学生学习兴趣。通过设置问题让学生进行思考并回答，提高自主学习能力</td></tr>
<tr><td colspan="3">第四环节（12min）</td></tr>
<tr><td>教学内容</td><td>教师活动</td><td>学生活动</td></tr>
<tr><td>运球突破标志桶后向指定目标（小球门、标志盘围成的区域）传球
动作方法：突破标志桶后将球向前蹚出一大步，向传球方向转体，同时拉开与球的距离，用脚背内侧进行传球</td><td>1. 教师示范讲解正确动作
2. 提出要求：突破标志桶后，将球向前蹚出一大步，同时身体向传球方向跑动，拉开与球的距离进行传球
3. 教师巡视，观察学生在突破标志桶后传球方向
4. 教师请3名学生示范，提出问题：为什么在传球之前要拉开与球的距离
5. 小结
6. 指导学生再次进行练习</td><td>1. 学生认真观察教师示范，听教师讲解
2. 在练习场地中运球突破后向目标传球5次
3. 学生展示动作，其他同学认真观察不同
评价：5次练习中，传进目标球门或区域3次以上、2次、1次分别为优秀、良好、加油三个等级
4. 学生认真思考并回答问题，认真听教师总结
5. 学生继续进行练习5次</td></tr>
</table>

续表

设计意图：学生将运球与传球结合，明确边路下底倒三角传中时身位的变化及传球方向的变化，同时向目标球门或区域传球，激发了学生的练习兴趣		
第五环节（10min）		
教学内容	教师活动	学生活动
运球突破标志桶后向接球队员传球 动作方法：突破标志桶后将球向前蹚出一大步，向传球方向转体，同时拉开与球的距离，用脚背内侧进行传球	1. 教师与 1 名学生进行示范并讲解练习方法与要求。当接球队员比传球队员位置靠后并且以呼喊或举手等方式示意传球队员传球时，传球队员将球传给接球队员。接球队员接到球后完成射门 2. 教师巡视，观察学生练习情况。提示学生注意观察传接球队员的位置，并提示学生完成射门 3. 提出问题：如何把握传球时机 提醒学生如果接球队员比传球队员更靠前会出现越位犯规 4. 让学生继续进行练习 5. 小结学生练习情况	1. 学生认真听讲，仔细观察教师示范 2. 在练习场地进行突破后下底传球练习。接球队员接到球后，可调整 1 次球的方向，完成射门 3. 学生认真思考，回答问题 4. 教师小结后继续进行练习。接球队员接到球后直接射门
设计意图：将单一的个人练习过渡到多人的配合，让学生们明确传球时机，更接近于足球运动的真实性		
第六环节（3min）		
1. 肌肉拉伸活动 2. 总结 3. 留作业，下课，收器械	1. 教师领做拉伸活动 2. 总结本节课学习情况，提出课后作业和下节课学习目标 3. 宣布下课	学生与教师一同进行拉伸活动
设计意图：拉伸活动让学生的身体得到放松，同时让学生对自己的练习状况有一定的了解。布置作业有助于提高学生的身体素质		

（三）案例点评

本案例以足球比赛中常见的底线、边线传球为主要练习目标，对学生足球运动能力提升的发展途径较明确。以“九宫格”游戏为切入点，锻炼学生的反应能力，加强专项无球的练习，提升学生的运动能力；针对学生跑动中的传球、配合练习，案例强化运球突破与传接球和射门的连接。将不同的技术融入情境练习模式中进行，可以让学生实现综合技能的转换和目标养成。

案例提供：翟曜（中国教育科学研究院北京大兴实验学校）
点评专家：姜宇航（北京教育学院）

第五章 武术运动能力教学导读与优秀案例展示

【内容简介与课标链接】

武术是中国民族传统文化中的瑰宝，也是中小学体育教学中的基本内容。武术不仅有强身健体的锻炼价值和一定的防身功效，还是对青少年开展爱国主题和武德教育的重要载体。

《义务教育体育与健康课程标准（2011年版）》在“课程内容”部分中要求水平一到水平三的学生学习一些武术类活动的基本动作、简单的武术套路。本章精选的10篇武术教学案例中，涵盖了基本手型、手法、腿法及少年拳、简单棍术等的组合动作。在教学设计的理念方面，提倡将武术动作的身体形态、攻防含义等融合起来，在培养学生蓬勃向上的尚武精神的同时，从“功夫”“技巧”“文化”等方面发展武术运动能力。

第一节　武术运动能力教学导读

一、武术项目的锻炼价值

武术是我国独有的民族传统体育项目，历史悠久，种类繁多。武术是以中华文化为理论基础，以技击方法为基本内容，包含套路、格斗、功法 3 种主要运动形式。武术能很好地展现出“攻防技击”的本质，表达内外合一的运动美；很好地展现出力量动作的阳刚之气，以良好的肢体柔韧性、动作幅度展示躯体造型美；同时对习练者的运动能力起到综合性锻炼作用，内练一口气，外练筋骨皮。

学校武术教育取其精华，要选取适合小学生身心发展特点、易于学习掌握的武术内容。武术对学生运动能力发展的方法非常丰富，结合小学生运动素质提升的敏感期，有着非常大的帮助和促进作用，能够提升其锻炼意识，达到身心合一的运动功效。依照武术运动项目的特性，不仅可以提高专项运动能力，增强身体素质，还可以修身正气、磨炼心智，提高心理素质，传承武术文化，树立德才兼备、谦虚严谨的处事作风。

二、武术运动项目特性

武术项目拥有区别于其他运动项目的显著特性。

（1）攻防技击。武术动作蕴含着攻与防的转化，体现出武术的本质特性。

（2）武术功法。如压腿、压肩、踢腿、劈叉、下腰等；抡臂、仆步抡拍、弓马转换；提膝平衡、望月平衡；负重冲拳、相互角力；基本手型手法和步型步法等。

（3）武术劲力。武术动作刚柔相济，完成短促发力时需要最多的是肌肉的爆发力，完成套路定势动作时需要最多的是肌肉耐力。

（4）武术精气神。即武术神韵，“含而不露”“神态自然”。

因此，突出武术运动项目特性，形成与武术对应的运动能力发展内容与方法是武术功法、动作专注力及心理智能的综合表现。更多地从能力发展的视角、人的全面发展的视角，最终呈现在比赛和社会交往中，实现武德精神的养成、健全人格的树立，为学生的终身体育奠基。

三、武术专项运动能力的构成

武术专项运动能力包括攻防技击、武术功法、武术劲力和武术精气神等四个方面。

1. 攻防技击

攻防技击是武术区别于其他体育项目的一个显著特点。练习武术，不仅能够增强体质，还能够掌握格斗的攻防技术。

2. 武术功法

武术功法包含踢、打、摔、拿、手、眼、身法、步等内容。发展学生武术运动能力离不开这些功法。同时，这些武术功法也是提高速度、力量、耐力、协调性、柔韧性、灵敏性等素质的好方法。

3. 武术劲力

武术的劲力强调全身协调用力和爆发力，是以速度、力量、耐力、协调性、柔韧性、灵敏性等素质为基础的一种运动能力。

4. 武术精气神

武术的精气神不仅反映练习者的精神面貌，还体现了练习者对武术项目的认知程度。

四、小学生发展武术专项运动能力的教学原则

运动项目可根据学练与运动实践中的关注点及其运用环境的不同分为开放式项目和封闭式项目。而武术套路（人 + 基本功 / 基本动作 / 组合套路，人 + 基本功 / 基本

动作 / 组合套路 + 器械 / 攻防辅助器材）更多地符合封闭式项目的特性，只有部分“攻防”练习偏重开放式项目的特性。因此，在武术项目的活动设计中，要突出其运动属性，利用有效的策略与方法促使运动技能的形成，从而消除学生对运动技能的“学不懂、学不会、完不成”现象。因此，活动设计需把握以下要点：①结合武术项目做辅助动作，完成核心要点练习，强化动作重难点的解决方式。②运动项目降低难度练习，由易到难，拆分动作，易于学生学练。③运动游戏设计，运用动作变化、队形变化，应用器材或辅助道具，强化学生练习的乐趣。

同时，活动设计还需要坚持以下 3 个教学原则。

1. 科学性与趣味性

科学地设计运动能力发展的活动，针对所学运动项目、所需发展的运动技能，处理好运动技术、运动技能、运动能力之间的关系，处理好运动项目本身属性与情境运用的关系。同时能依据小学生身心特点，设计具有多元化、层次鲜明、趣味化的活动内容与形式，让学生“动起来”“练起来”，达成互动、多动、全动。

2. 单一性与多元性

在小学阶段武术教学活动中，运动能力练习要注重活动设计的单一性与多元性的有机结合。单一性是重点强化关键技能形成所需的运动能力发展，以独特的手段与方法促进其增强。而多元化的活动设计是把运动素质、运动感知、体育智能融为一体的内容形式，既锻炼了学生的身体素质、肌肉感知、基本动作姿势，又发展了学生的应变和决策等能力，强化体育的认知能力，进一步实现多元智能的形成。

3. 教具与教学方法

在教具的使用方面，始终贯彻的原则是在同等条件下发展学生的运动能力，能不使用教具完成教学任务就不使用教具，判断标准为使用教具是否影响教学效果。不同运动项目所需的运动能力不同，在教具使用上也要不同，学校要根据实际情况，采取有效的方法与策略对应教学项目。

教学方法能很好地体现出教师的价值。只有在体育教学设计中多组织活动，才能发挥学生的主动性与积极性，真正投入其中，用大脑指挥肢体，神经与肌肉协同，提升体育课堂的实效性与应用性。

第二节　武术运动能力优秀案例展示

本节中的10篇武术类教学案例的知识点分布如表5所示。

表5　武术类教学案例的知识点分布

具体教学内容	基本动作	组合、套路
水平一	41. 武术基本手型——拳、掌、勾 42. 武术基本手法——冲拳	43. 立圆舞花棍接转身劈棍 44. 武术动作组合
水平二	45. 武术基本腿法——正踢腿	46. 马步格挡冲拳 47. 仆步穿掌
水平三	—	48. 少年拳（一）——震脚架打、蹬踢架打 49. 少年拳（二）——垫步弹踢、马步横打 50. 少年拳（三）——弓步撩掌、虚步架打

案例41　武术基本手型——拳、掌、勾

授课对象　一年级

（一）案例设计思路

1. 学习内容的价值与特点

（1）价值：拳、掌、勾是武术中的基本手型，在套路练习和攻防实战中经常使用。要想达到“掌似一扇门，拳似流星锤，勾手似鹰嘴”的标准，则需要上肢各关节能够灵活变化。经常练习可以增强小学生手指、手腕、肘和肩的灵活性，以及身体的柔韧性。

（2）特点：拳、掌、勾动作简单，应用广泛，可以与步型、身法任意组合。尤其是在实际运用过程中更要随机应变，才能够充分发挥其优势。因此，在练习时要从实战出发，让学生充分体验到武术“一拳、一掌、勾挂”的精华所在。

2. 整体设计思路

在教学过程中，让学生简单了解中华武术文化。根据学生年龄特点结合武术基

本动作拳、掌、勾的动作特点，将攻防意识运用到游戏当中，提高学生习武热情。辅助教学内容是将所学动作与身体素质练习相结合，通过竞争性游戏的形式呈现出来，激发学生的练习兴趣，提高武术运动能力。

（二）案例呈现

<table>
<tr><td>内容</td><td colspan="2">1. 武术基本手法：拳、掌、勾（新授）
2. 柔韧性游戏：“猜拳”迈步（复习）</td></tr>
<tr><td>目标</td><td colspan="2">1. 认知目标：学生清楚拳、掌、勾的动作要领；知道拳、掌、勾在攻防中的简单用法
2. 技能目标：
（1）80% 的学生能够快速完成拳、掌、勾的动作，并能够在“攻防”中根据对方动作迅速转换
（2）游戏中学生能够正确运用所学动作进行“猜拳”比赛
3. 体能目标：增强学生上肢力量及各关节灵活性，重点发展灵敏性和协调性等素质
4. 情感目标：培养学生坚决、果断的意志品质和随机应变的能力</td></tr>
<tr><td>重难点</td><td colspan="2">重点：拳如卷饼、掌如刀锋、勾如鹰嘴
难点：动作标准，变化迅速</td></tr>
<tr><td colspan="3">第一环节（5min）</td></tr>
<tr><td>教学内容</td><td>教师活动</td><td>学生活动</td></tr>
<tr><td>1. 集合、整队、报数
2. 师生问好：
互相行抱拳礼
3. 宣布本课内容
4. 安排见习生
5. 队列练习
集合、散开</td><td>1. 提前到上课地点
2. 立正、面对学生
3. 讲话清楚、简练
4. 根据情况，合理安排
5. 教师提示动作要领
反应迅速，找位准确
要求：不能碰到身边的同学，身法要快，躲闪灵活</td><td>1. 指定地点集合
2. 目视教师，声音洪亮
3. 精神集中，听清内容
4. 服从教师安排，做适合活动
5. 学生认真听口令，进行练习</td></tr>
<tr><td colspan="3">设计意图：通过抱拳礼对学生进行武德教育。在队列练习上加入了武术躲闪的身法和步伐，初步让学生体会“眼明身快”</td></tr>
</table>

续表

第二环节（10min）		
教学内容	教师活动	学生活动
1. 一般性准备活动：简编“五禽（虎、鹿、熊、猿、鸟）戏” 2. 专项游戏：“石头、剪刀、布”	1. 指导学生成四列体操队形散开 教师示范并讲解每个动作，向学生简单介绍“五禽戏” 要求：精讲要领，可采用正面和侧面示范 2. 教师指导学生分成 4 组 教师讲解游戏方法，然后请 1 名学生协助示范	1. 成体操队形散开 学生放慢节奏模仿教师动作，熟练后可以逐渐加快速度 要求：认真观察教师动作，积极模仿和练习 2. 学生 2 人 1 组练习 学生听清方法，然后练习、比赛 8~10 次
设计意图：通过“五禽戏”，让学生初步接触中国传统健身养生动作，进行爱国主义教育。通过“石头、剪刀、布”的游戏，为下面的学习做准备		
第三环节（12min）		
教学内容	教师活动	学生活动
武术基本手法：拳、掌勾（新授） 动作要领小口诀： 拳：四指依次向下卷 拇指紧扣在食指边 掌：四指紧并指向天 拇指紧扣在掌内沿 勾：五指并拢如捏豆 手腕下扣似弯勾	1. 教师讲解“拳、掌、勾”的手型，并示范 2. 教师出示口诀，并指导学生练习 3. 讲解运用武术手型做“猜拳”游戏的方法：“拳 = 石头，掌 = 步，勾 = 剪刀”，然后指导学生练习 4. 增加难度，弓步、马步配合拳、掌、勾练习 5. 择优展示、评价，然后强调重难点，引导学生加入简单的“攻防”游戏 6. 教师小结练习情况	1. 学生在教师的指导下进行练习 8~10 次 2. 学生诵读口诀，并练习 8~10 次 3. 学生 2 人 1 组，练习 8~10 次 4. 学生 2 人 1 组，进行游戏 8~10 次 5. 学生认真观察示范，然后 2 人 1 组，进行“攻防”游戏 8~10 次 6. 学生发言，谈自己体会
设计意图：本环节通过单人模仿、双人对练的形式，逐渐将学生熟悉的“猜拳”游戏引入手型拳、掌、勾的练习中。当学生初步掌握手型以后，采用“攻防”对练让学生体验所学动作在实战中的应用。整个教学过程使学生充分体验武术动作的眼疾手快、随机应变的特点。同时增强身体的力量、灵敏性、协调性等素质		

续表

第四环节（10min）		
教学内容	教师活动	学生活动
游戏："猜拳"迈步 方法：从终点开始，2人1组进行"猜拳"迈步游戏，拳胜掌向前迈10步，掌胜勾可以迈5步，勾胜拳可以迈2步。先到终点者获胜 规则：尽量加大步幅，可以做纵叉，但不能跑和跨步	1. 教师讲解游戏方法、规则 2. 指导学生练习 3. 小结练习情况	1. 学生集中听讲 2. 学生分组练习，然后进行比赛5~8次
设计意图：游戏环节将所学的拳、掌、勾和迈步相结合，既复习了手型，又使学生加强了下肢柔韧性的练习		
第五环节（3min）		
教学内容	教师活动	学生活动
1. 集合、放松 采用"蛇拳"的简单动作放松 2. 总结本课练习情况 3. 留作业，下课，收器材	1. 教师示范"蛇拳"动作 （1）原地踏步，上肢做"蛇拳"的动作，配合呼吸 （2）原地不动，全身做蛇形动作，配合呼吸 2. 教师小结本课练习和比赛情况 3. 作业：练习拳、掌、勾各20次 教育学生爱护器材	1. 学生随教师听音乐练习 2. 学生集中听讲 3. 学生帮助教师收器材
设计意图：为学生提供接触不同拳种的机会，激发学生探寻武术知识的欲望		

（三）案例点评

本课根据低年级学生年龄特点设计武术教学，将"抱拳礼""五禽戏""蛇拳"等武术知识融入其中，以比赛情境贯穿课堂，让学生在玩中学、学中练。攻防含义通过"猜拳"的游戏让学生初步得到体验，掌握武术基本手型，同时利用"猜拳"

迈步游戏增强了学生的柔韧性，提高了学生练习的积极性与趣味性。

案例提供：李震（北京市通州区永顺镇中心小学）
点评专家：韩金明（北京教育学院）

案例42　武术基本手法——冲拳

授课对象　二年级

（一）案例设计思路

1. 学习内容的价值与特点

（1）价值：冲拳是最基本、最实用的拳法，是攻防实战中常用的动作。要做到“拳似流星”，则需要身体各部位有良好的控制和配合。对于增强小学生速度、力量、协调性等素质，提高判断、分析能力有很大帮助。

（2）特点：冲拳的瞬间需要脚顶、腰转、肩送、臂拧，力达拳面。冲拳动作应用广泛，可以与步型、身法组合起来练习，这样能够有效避免重复练习的枯燥无味。

2. 整体设计思路

本设计自始至终贯穿一个“武”字。根据武术“攻防技击”的特点，在保证学生安全的前提下体验所学动作在实战中的合理应用。武术动作讲究“一动无处不动”，对于灵敏性、协调性、柔韧性、速度、力量等身体素质有较高要求，所以本课将身体素质练习通过竞争性游戏的形式呈现出来，以此激发学生的练习兴趣，提高运动能力。

（二）案例呈现

<table>
<tr><td>内容</td><td colspan="2">1. 武术基本手法：冲拳（新授）
2. 体能游戏："巧躲梅花桩"（复习）</td></tr>
<tr><td>目标</td><td colspan="2">1. 认知目标：清楚冲拳的动作要领，了解冲拳的技击价值；初步感知攻与防的关系，了解躲闪的重要性
2. 技能目标：
（1）80% 的学生能够完成冲拳动作，并做到拧腰顺肩和力达拳面；60% 的学生能够运用冲拳击打轻物
（2）在游戏中，学生能够正确运用身法和步法进行躲闪
3. 体能目标：增强学生的腰腹和上肢力量，重点发展速度、灵敏性和协调性等素质
4. 情感目标：培养学生武德精神，坚决、果断的意志品质，团结合作、勇于竞争的意识</td></tr>
<tr><td>重难点</td><td colspan="2">重点：拧腰顺肩，手臂内旋，快速出拳
难点：以腰为轴，力达拳面</td></tr>
<tr><td colspan="3">第一环节（5min）</td></tr>
<tr><td>教学内容</td><td>教师活动</td><td>学生活动</td></tr>
<tr><td>1. 集合、整队、报数
2. 师生问好：互相行抱拳礼
3. 宣布本课内容
4. 安排见习生
5. 队列练习
向左、右转</td><td>1. 提前到上课地点
2. 立正、面对学生
3. 讲话清楚、简练
4. 根据情况，合理安排
5. 教师提示要领
向右转为例：以右脚跟、左脚尖为轴转体 90°；两臂夹紧身体，后脚前移并脚跟</td><td>1. 铃声响后在指定地点集合，成四列横队
2. 目视教师，声音洪亮
3. 精神集中，听清内容
4. 服从教师安排，做适合的活动
5. 学生分 2 个层次练习
（1）集体按常规练习 2~3 次
（2）转体后，大声喊出"看"、"右"</td></tr>
<tr><td colspan="3">设计意图：以抱拳礼问好，对学生进行武德教育。在队列练习上加入了武术的眼神和声音内容。例如：当学生喊出"看"字，要求瞪眼凝神，体现出武术的精气神</td></tr>
<tr><td colspan="3">第二环节（10min）</td></tr>
<tr><td>教学内容</td><td>教师活动</td><td>学生活动</td></tr>
<tr><td>1."象形拳"简单动作
（1）老鹰——手臂
（2）灵蛇——腰部
（3）青蛙——下肢
（4）猿猴——全身
（5）飞鸟——放松</td><td>1. 指导学生成四列体操队形散开
教师示范并讲解每个动作，适当向学生介绍中国武术的"象形拳"
要求：精讲要领，可采用正面和侧面示范</td><td>1. 两臂侧平举迅速散开，到位
学生先放慢节奏模仿教师动作，熟练以后可以逐渐加快速度
要求：认真观察教师动作，积极模仿练习</td></tr>
</table>

续表

2. 专项游戏：“推手比快” 方法：2 人面对面站立，距离以伸手能够推到对方肩上为准。游戏开始，2 人立正或者两脚分开站立，不能移动，然后伸臂对推，脚步先移动者输 规则：只能推上肢和肩部，严禁推脸部和胸口等部位	2. 教师指导学生分成 2 人 1 组 （1）教师讲解游戏方法，然后请 1 名学生协助示范 （2）教师巡视指导，强调推手的部位，引导学生知道要想加长距离，就要拧腰，送肩	2. 学生身高接近的 2 人 1 组 （1）学生听清方法，认真观察示范，然后 2 人 1 组进行练习 （2）比赛 3~5 次
设计意图：通过“象形拳”，让学生了解武术种类繁多且各有特点，激发学生进一步学习的兴趣。通过“推手比快”，让学生明白以腰为轴的重要性，为主要教学内容的学习做好铺垫		
第三环节（12min）		
教学内容	教师活动	学生活动
武术基本手法：冲拳（新授） 动作要领： 双手抱拳在腰间 双脚分开同肩宽 拧腰顺肩拳内旋 快速有力冲向前	1. 教师讲解“手抓瓶子比快”。方法：左手握空塑料瓶，臂向前伸直，右臂在腰间抱拳。左手松开，在瓶子落地前用右手抓住。如此双手交换进行 2. 教师引导学生尝试击打塑料瓶 3. 教师讲解并示范用正确冲拳方法击打塑料瓶 4. 教师讲解“击打瓶子比远”游戏 5. 择优讲评，强调重难点。然后教师讲解双人比赛方法：1 人持瓶子，1 人击打，比 比谁打得更准更远 6. 比武（评价）：争夺“快拳手”称号 7. 教师引导学生结合以前学过的弓步、马步，练习冲拳简单的组合动作 8. 教师讲解示范面对冲拳如何防守 9. 小套路展示：马步劈拳—弓步冲拳—马步冲拳 10. 小结练习情况	1. 学生分散，每人 1 个空塑料瓶练习 8~10 次 2. 学生用自己理解的冲拳方法去击打塑料瓶 3. 学生每人 1 个塑料瓶分散练习 8~10 次 4. 学生每人 1 个塑料瓶比赛 3~5 次 5. 增加难度：学生 2 人 1 组练习 8~10 次 6. 学生 2 人 1 组进行比赛 3~5 次 7. 学生自由组合练习 8~10 次然后选出典型动作展示 1~2 次 8. 学生随教师练习 3~5 次

续表

<table>
<tr><td colspan="3">设计意图：本环节练习形式安排了单人、双人、集体、对练等多种形式，旨在充分调动学生兴趣。通过手抓、击打塑料瓶练习，凸显武术眼疾手快的特点，以及要求速度和力量的攻击特点。通过自创武术组合动作激发学生的创造力，同时让学生体验武术的攻防特点</td></tr>
<tr><td colspan="3">第四环节（10min）</td></tr>
<tr><td>教学内容</td><td>教师活动</td><td>学生活动</td></tr>
<tr><td>体能游戏：“巧躲梅花桩”（复习）
方法：画个大圆圈，将塑料瓶按照“梅花桩”图摆放在圆圈内，1名学生负责“抓人”。游戏开始，“抓人”学生开始寻找目标，其他学生在圆内任意跑动，跑的学生如被“抓”到或碰倒瓶子，就要到圆圈外面练习冲拳10次后才能再进入场地
规则：
1. 必须绕着“梅花桩”跑，不得跳过去
2.“抓”的学生不能推、绊奔跑的学生</td><td>1. 教师介绍“梅花桩”，布桩图形有“北斗桩”“八卦桩”等
2. 教师讲解游戏方法和规则，然后组织比赛
3. 教师强调比赛规则，增加难度：二人抓
4. 引导学生自选难度：一人抓，二人抓，三人抓
5. 小结练习情况</td><td>1. 学生集中听讲
2. 学生分组练习，然后比赛3~5 次
3. 学生继续练习 3~5 次
4. 学生自己选择场地练习 3~5 次
5. 学生积极发言，谈自己的感受</td></tr>
<tr><td colspan="3">设计意图：游戏环节在向学生介绍武术“梅花桩”知识的同时，将灵敏性、速度、协调性等身体素质的练习融入其中，提高与武术相关的运动能力</td></tr>
<tr><td colspan="3">第五环节（3min）</td></tr>
<tr><td>教学内容</td><td>教师活动</td><td>学生活动</td></tr>
<tr><td>1. 集合、放松
采用太极拳的起式、收式放松
2. 总结本课练习情况。
3. 留作业，下课，收器材</td><td>1. 教师示范太极拳起式、收式。教师将太极拳的动作稍加改动
（1）原地踏步做太极拳的动作，配合呼吸
（2）原地不动，做起式和收式动作，配合呼吸
2. 小结本课练习和比赛情况
3. 作业：冲拳 20 次。教育学生爱护器材</td><td>1. 学生随教师听音乐练习
2. 学生集中听讲
3. 学生帮助教师收器材</td></tr>
<tr><td colspan="3">设计意图：为学生提供接触和体验太极拳的机会，激发学生对武术项目的求知欲</td></tr>
</table>

（三）案例点评

本课设计凸显了武术的特性，同时将民族意识和爱国情结融入其中。根据低年级学生年龄特点设计比赛、竞争的情境，“抱拳礼”“梅花桩”“太极拳”等武术知识贯穿始终。武术的技击特点在教学中通过击打塑料瓶得到体现，攻防特点通过单人、双人、多人演练让学生初步得到体验。学生在练习当中结合所学武术动作发现自己在力量、速度、灵敏性、协调性、柔韧性等素质上的差距，在教师的引导下正确制订自己锻炼的目标。

案例提供：韩月仓（北京市通州区运河小学）
点评专家：陈雁飞（北京教育学院）

案例43　立圆舞花棍接转身劈棍

授课对象　二年级

（一）案例设计思路

1. 学习内容的价值与特点

（1）价值：棍被称为武术兵器之首。新中国成立后，棍被列为武术竞赛项目之一。小学生练习棍术，能够加强对武术的认识，提高武德修养。棍术的学习对体能的要求特别高，它是由人体上、中、下三段多肌肉群共同参与完成的动作，充分地把人体动力链和力的传递发挥到极致。学生通过练习，可以提高把控器械的能力，同时提高身体的协调性。

（2）特点：棍术的技击特点是勇猛、快速、多变。棍的技法特点，一是侧重技击性棍法，大都采用二人对劈，也有带护具进行互相劈、打、拦、刺等，虽然棍法不多，但实战性很强；二是侧重艺术性棍法，多为难度动作，讲究姿势优美，是一种不求实用的“武舞”棍。舞棍时要求手、眼、身、法、步协调合一，有利于提高身体的力量、速度、耐力等素质，培养勇敢、顽强的精神。

2. 整体设计思路

本设计始终围绕着武术的精髓“攻防”进行，注重对学生兴趣的培养。在保障学生安全的前提下，将立圆舞花棍传授给学生。并根据立圆舞花棍的动作轨迹，设计与之相适应的动作，形成学生喜欢的对打动作，充分呈现出了实战中的攻防意义。最后，为了使学生的身体得到全面的发展，课程设计将体能训练融入课堂中，体现出身体锻炼的均衡性。

（二）案例呈现

<table>
<tr><td>内容</td><td colspan="2">1. 武术：立圆舞花棍接转身劈棍（第 5 次课）
2. 体能协调训练</td></tr>
<tr><td>目标</td><td colspan="2">1. 认知目标：了解相关历史知识，明确棍术的练习对发展体适能的作用
2. 技能目标：85% 的学生能够做到动作衔接连贯、协调
3. 体能目标：发展学生的上下肢和腰腹力量，增强身体的平衡、协调性等素质
4. 情感目标：通过本节课的教学，培养学生勇敢果断、克服困难、战胜自我的优良品质及团结协作的精神</td></tr>
<tr><td>重难点</td><td colspan="2">重点：攻防演练中动作正确、配合默契
难点：目标准确、发力顺达</td></tr>
<tr><td colspan="3">第一环节（5min）</td></tr>
<tr><td>教学内容</td><td>教师活动</td><td>学生活动</td></tr>
<tr><td>1. 体委整队
2. 报告人数
3. 师生问好
4. 宣布内容、安排见习生
5. 提出要求
6. 队列练习
向左、右、后转</td><td>1. 教师观察站队情况
2. 教师面对体委，兼顾其他学生
3. 教师面对学生
4. 根据情况，合理安排
5. 上课要求：认真听讲、注意观察、互相配合、积极练习
6. 教师讲解动作要领，指导学生练习
以向右转为例：以右脚跟、左脚尖为轴，转体 90°；两臂夹紧身体，后脚前移并脚跟</td><td>1. 学生成四列横队站好
2. 体委目视教师，声音洪亮
3. 学生立正，问好声音洪亮
4. 听清内容，见习生服从安排
5. 学生精神集中，记住要求
听清楚要领，严格按照口令进行练习 3~5 次</td></tr>
<tr><td colspan="3">设计意图：利用队列的口号，激发学生的习武气势，引导学生进入学习状态</td></tr>
</table>

续表

第二环节（10min）		
教学内容	教师活动	学生活动
1. 一般准备活动 随音乐《奔跑吧兄弟》跑动热身 2 圈 （1）“M”形跑 （2）爬行 （3）外摆踢	1. 组织学生统一到一侧，进行热身的准备 2. 播放音乐，带领学生进行热身训练 3. 提醒学生跑步姿态，引导学生正确的训练模式	1. 学生按照口令进行练习 2. 跟着音乐，做热身训练 3. 细心观察，明确动作路线，关注动作规格
2. 专项准备 3 种手型、2 种步型组合转换	1. 指导并带领学生做专项的准备活动 2. 提示学生观察手型拳、掌、勾，步型弓步与马步的规范性	学生根据教师的提示进行练习 5~8 次
设计意图：通过行进间跑动练习，让学生的身体达到预热，减少肌肉的黏滞性，预防运动损伤。将本节课常用的3种手型和2种步型融入专项准备活动中，间接加强武术基本功的练习，强化对武术动作记忆		
第三环节（12min）		
教学内容	教师活动	学生活动
武术：立圆舞花棍接转身劈棍 1. 准备式：两脚前后站立，右脚在前，重心落于两脚之间 2. 右侧立圆舞花棍：右手向右后下方抽棍，同时棍梢由上向前、向后、向下、向右后方绕行 3. 左侧立圆舞花棍：身体左转，两手继续使棍把由前向下立圆绕行，两臂自然交叉，左手助力使棍梢向上、向前贴身立圆绕行	1. 介绍本节课练习方法及动作要求，加强肩关节的活动 2. 带领学生复习舞花棍与劈棍的基本动作 3. 教师示范完整动作，提示观察要点，注重动作连贯 4. 设疑：进行 2 次不同速度的示范，提示学生找不同 5. 利用大屏幕让学生明确动作路线及动作要点 6. 利用体操垫纠正棍不贴身的错误动作，提醒不规则的动作 7. 指导学生远离体操垫，独立完成动作 8. 教师与学生配合演示动作的攻防含义，强调安全原则 9. 教师巡视．强调动作质量 10. 集中展示、评价	1. 成四列横队散开，加大间距 2. 领悟动作，练习 5~8 次 3. 观察教师示范，从中发展动作的要点，关注动作细节 4. 学生带着问题继续练习 5~8 次，然后回答教师的问题 5. 观看大屏幕，进一步领悟立圆舞花棍动作 6. 学生到指定位置练习 3~5 次 7. 学生根据自己水平，选择利用体操垫辅助或独立完成均可 8. 学生观察、学习，然后 2 人 1 组自由组合 9. 学生 2 人 1 组进行攻防练习，要求完成 6 次的转换 10. 集体练习，注意保持安全距离

续表

<table>
<tr><td>4. 转身劈棍：双手继续使棍梢向右腿外侧下划，两臂自然交叉，向上、向前立圆绕行，随后上左脚转身跟右脚成高弓步，且棍贴身举棍过头顶，然后右弓步劈棍
5. 立圆舞花棍接转身劈棍的防御与进攻演练</td><td></td><td></td></tr>
<tr><td colspan="3">设计意图：本环节练习主要以武术器械（棍）为主，教学中通过模仿、利用闲置物（体操垫）纠正错误动作、双人对练等形式，充分调动学生学练武术的兴趣。尤其是将武术的攻防技击特点通过双人演练表现出来，让学生对中国武术中的器械运用有了更加深入的了解</td></tr>
<tr><td colspan="3">第四环节（10min）</td></tr>
<tr><td>教学内容</td><td>教师活动</td><td>学生活动</td></tr>
<tr><td>体能协调性组合训练
1. 左右跳跨棍 30 个 ×1 组
2. 交叉步跨棍 30 个 ×1 组
3. 双脚转身跳 5 个 ×1 组
4. 蹲起跳 6 个 ×1 组
5. 双脚过棍 30 个 ×1 组</td><td>1. 教师讲解训练方法及要求
学生在每组最后结尾时定住，同时出“剪刀、石头、布”，输的一方进行立卧撑的练习 5 次
2. 教师全场巡视，根据学生的练习情况进行指导
3. 小结练习情况</td><td>1. 认真观察模仿 3~5 次
2. 学生按照要求分散练习
3. 积极参与训练
4. 结合本节课练习进行自我评价</td></tr>
<tr><td colspan="3">设计意图：立圆舞花棍练习是以上肢为主，所以体能训练要以下肢为主，将小步伐的快速激活超等长训练加入其中，能够以最短的时间达到锻炼的目的。为了让学生身心愉快地去锻炼，将“剪刀、石头、布”小游戏融入其中，并将立卧撑作为输方的“惩罚”，既娱乐身心，又间接锻炼了连接上下肢的动力链</td></tr>
</table>

续表

第五环节（3min）		
教学内容	教师活动	学生活动
1. 集合，听舒缓的音乐做静态牵拉操 2. 总结本次课练习情况，发放“自我努力评价表”和“自我疲劳程度等级表” 3. 收拾器材，下课	1. 教师带领学生做静态牵拉操 2. 教师归纳评价，引导学生完成自我评价 3. 教师组织学生收拾器材	1. 学生随教师听音乐练习 2. 学生自我评估，完成自我评价量表 3. 学生按要求收拾器材
设计意图：将学生本次课的自我表现与自我疲劳感，用卡片的形式呈现出来，一方面让学生更明确在学习中的付出与收获，另一方面让教师也明确自己的教法是否适合学生学习。这种具有可操作性的评价方式可以为教师指引方向，为学生找到努力的目标		

（三）案例点评

本课将武术器械中的棍术作为教学内容，大大提高了学生学练武术的兴趣，弥补了学生对于武术兵器知识的空白，充分彰显了武术攻防转换的技击特点，让每一位学生感受到武术器械的精髓所在，体验了武术攻与防的自由转换和舞花棍的劲道。本课舞花棍接劈棍的学习，对学生的协调性要求很高。主要教学内容的上肢动作练习颇多，采用课课练内容的下肢协调练习与之形成互补，并通过游戏得以实施，使学生的身体得到全面的发展，体现出身体锻炼的均衡性。

案例提供：张统府（北京市大兴区庞各庄第一中学小学）

点评专家：班建龙（北京市昌平区教师进修学校）

案例44 武术动作组合

授课对象 二年级

（一）案例设计思路

1. 学习内容的价值与特点

（1）价值：武术动作组合是由2~3个或3~5个动作组成，结合简单的手型、手法进行练习，或者是把全身所有非动不可的部位按照科学的原理及武术运动的特点进行连接。所以，无论是内外环境的秩序调节，还是维持身体机能平衡，武术组合动作都对青少年的身心健康、生长发育具有重要价值。

（2）特点：动作组合需要“手眼身法步，精神气力功”的高度配合，突出节奏，完整统一。可有效避免单个动作重复练习的枯燥无味，为今后学习武术套路奠定基础。可以有效地提高学生灵敏性、协调性、柔韧性、速度等身体素质。

2. 整体设计思路

本设计在教授武术组合动作时，将武术动作的“攻防含义”和“实战用法”加以介绍，在组织“仆步铲腿”的攻防配合练习中，通过铲倒水瓶的练习，提高动作的速度，进一步强化了技术要点，让学生在不知不觉中学会了动作，提高了教学的实效性。在演练过程中融入音乐“少年中国说”，增强学生的民族自豪感。

（二）案例呈现

内容	1. 武术动作组合（第二次课） 2. 游戏：击响战鼓（新授）
目标	1. 认知目标：清楚仆步铲腿、弓步勾手撩掌、高虚步亮掌3个动作的要领，了解攻防含义，初步认识武术动作组合的原理 2. 技能目标： （1）85%的学生能够完成仆步铲腿、弓步勾手撩掌、高虚步亮掌3个基本动作，并能够将动作顺利地进行连续演练；65%的学生能够做到铲腿有力 （2）在游戏中复习所学的武术动作，发展学生的灵敏性、协调性等素质和反应能力 3. 体能目标：发展学生下肢力量及全身的协调性，提高学生的反应能力 4. 情感目标：培养团结合作、勇于竞争的意识及民族自豪感

续表

<table>
<tr><td>重难点</td><td colspan="2">重点：仆步、弓步动作的规范性
难点：组合练习中各动作之间衔接，手、眼、步法的配合协调</td></tr>
<tr><td colspan="3">第一环节（5min）</td></tr>
<tr><td>教学内容</td><td>教师活动</td><td>学生活动</td></tr>
<tr><td>1. 整队，报数，师生行抱拳礼问好
2. 宣布本课的学习内容
3. 提出本课的学习目标
4. 队列和队形练习
（1）稍息、立正
（2）向左、右、后转
（3）两路纵队变四路纵队</td><td>1. 立正、面对学生
2. 语言简练，声音洪亮
3. 教师提上课要求
4. 两路纵队变四路纵队：单数学生不动，双数学生右脚向右前方跨 1 步，左脚向右脚靠拢，站在前面单数学生的右侧，成立正姿势</td><td>1. 目视教师，精神饱满，声音洪亮
2. 注意力集中，听清内容
3. 学生分 2 个层次练习
（1）集体按常规练习 3 次
（2）成四路纵队时，喊“一、二！”的口令</td></tr>
<tr><td colspan="3">设计意图：用武术的抱拳礼引出本课教学内容，激发学生对武术的兴趣</td></tr>
<tr><td colspan="3">第二环节（10min）</td></tr>
<tr><td>教学内容</td><td>教师活动</td><td>学生活动</td></tr>
<tr><td>1. 慢跑与武术基本动作结合复习

2. 搏击操

3. 武术基本功练习
（1）横、竖叉练习
（2）正踢腿、外摆腿练习</td><td>1. 指导学生成圆形慢跑，听到教师说出武术动作，马上做出相对应的动作
2. 教师示范搏击操的直拳、摆拳、提膝及步法的练习
3. 示范并讲解踢腿练习
（1）教师讲解横、竖叉的动作要领，比一比谁能做到“一”字叉
（2）强调正踢腿、外摆腿要领
（3）教师巡视指导，及时表扬优秀的同学并让其展示</td><td>1. 跑成圆形，按教师的提示做出相应动作

2. 认真观察教师动作，模仿和练习
3. 分组练习基本功
（1）学生认真观察示范，然后练习 2~4 次
要求：横叉脚背要绷直，竖叉前脚要勾，后脚要绷直
（2）学生进行踢腿比赛 3~5 次</td></tr>
<tr><td colspan="3">设计意图：通过武术简单动作的练习，不仅锻炼了学生的反应速度，而且能够检验学生基本功的练习情况。通过搏击操让学生知道武术的实战性，提高学生对武术练习的热情。通过横、竖叉，正踢腿、外摆腿等基本功练习，让学生明白“练拳不练功，到老一场空”的道理</td></tr>
</table>

续表

第三环节（12min）		
教学内容	教师活动	学生活动
武术组合动作：仆步铲腿—弓步勾手撩掌—高虚步亮掌 1. 仆步铲腿 方法：身体直立，提左腿，左腿向左侧铲腿成仆步，目视左侧铲腿方向 要点：提膝、绷脚、膝伸直 2. 弓步勾手撩掌 方法：左弓步，左手勾手，右手前撩掌 要点：前腿弓，后腿蹬 3. 高虚步亮掌 方法：右手摆至头上亮掌，成高虚步 要点：前腿虚，后腿实	指导学生散开 1. 教师带领学生复习学过的基本动作：格挡弓步冲拳—马步架冲拳—上步弓步推掌—歇步下冲拳 2. 教师示范动作，让学生猜一猜动作名称，引出课题 3. 教师示范仆步铲腿—弓步勾手撩掌—高虚步亮掌（分解练习） 4. 教师口令提示学生练习 5. 教师介绍攻防意识（以铲腿为例），渗透武德 6. 教师带领学生练习仆步铲腿和弓步勾手撩掌，提示动作要点及要求 7. 教师纠正铲腿无力问题：利用装沙子的塑料瓶子练习提示铲腿要快而有力 8. 教师利用图板讲解动作方法及要点 9. 学生在教师统一口令下进行完整动作练习 10. 教师鼓励学生展示、评价	成四列体操队形散开 1. 学生练习 2~3 次已学过的基本手型、步型，拳、掌、勾 2. 学生分别练习 3~5 次：仆步铲腿—弓步勾手撩掌—高虚步亮掌 3. 学生根据口令提示练习 5~7 次 4. 学生利用装沙子的塑料瓶练习 3~5 次 5. 学生认真听讲，领悟动作 6. 学生同教师一起练习 2~3 次 7. 学生展示仆步铲腿动作，并且能够铲倒瓶子 8. 学生认真观察，领悟动作 9. 学生集体练习 2~3 次 10. 学生展示，谈自己的体会
设计意图：本环节通过格挡弓步冲拳—马步架冲拳—上步弓步推掌—歇步下冲拳—仆步铲腿—弓步勾手撩掌—高虚步亮掌的练习，为下一步创编武术套路做铺垫。然后通过展板的直观演示，使学生更清楚动作的要领。再运用所学动作铲倒装有沙子的塑料瓶，解决学生铲腿无力和速度慢的难题，提高学生的实战兴趣		

<table>
<tr><th colspan="3">第四环节（10min）</th></tr>
<tr><th>教学内容</th><th>教师活动</th><th>学生活动</th></tr>
<tr><td>游戏：“击响战鼓”
方法：学生站成四路纵队，各组排头在预备区内，学生可自由发挥学过的武术动作将“战鼓”击响
规则：
1. 必须做学过的武术动作击“鼓”
2. 必须击响“战鼓”才能跑回
3. 先做完的小组为胜</td><td>1. 教师讲解游戏方法和规则，然后组织比赛
2. 指导学生练习、比赛
3. 小结练习情况</td><td>1. 学生集中听讲
2. 学生分组练习，然后比赛 2~3 次
3. 积极发言，总结</td></tr>
<tr><td colspan="3">设计意图：游戏环节通过击响“战鼓”复习学生学过的武术动作，而且将速度、下肢力量等身体素质的练习融入其中，提高与武术相关的运动能力</td></tr>
<tr><th colspan="3">第五环节（3min）</th></tr>
<tr><th>教学内容</th><th>教师活动</th><th>学生活动</th></tr>
<tr><td>1. 集合、放松：“数字太极”
2. 总结本课练习情况，下课，收器材</td><td>1. 教师示范太极拳马步、起手，将太极动作用上肢直接划出数字动作
2. 教师小结本课的练习和比赛情况</td><td>1. 学生随教师听音乐随教师口令练习
2. 学生帮助教师收器材</td></tr>
<tr><td colspan="3">设计意图：“数字太极”具有很强的趣味性，进一步激发学生学习武术的兴趣</td></tr>
</table>

（三）案例点评

本节课以学习组合动作为基础，从准备部分的“单个动作复习”，到基本部分的“仆步铲腿—弓步勾手撩掌—高虚步亮掌”，再到结束部分的“听音乐放松”，各个环节紧密结合，衔接流畅。在学习组合动作时，将武术动作的攻防含义和实战用法加以介绍，用装有沙子的塑料瓶辅助教具提升仆步铲腿的攻防用法，同时提高学生学武、练武的积极性。教学中，教师充分发挥自己的武术特长，用精彩的动作演示吸引学生，强化了技术的规范性，将教学内容生活化、趣味化，促使学生高效掌握学习内容。

案例提供：褚建超（北京市大兴区孙村学校）
点评专家：周志勇（北京教育学院）

案例45　武术基本腿法——正踢腿

授课对象　三年级

（一）案例设计思路

1. 学习内容的价值与特点

（1）价值：正踢腿是武术基本功中腿部训练的主要方法。俗话说“手是两扇门，全凭脚打人”，可见腿功在武术技术中的重要作用。正踢腿不仅对小学生提高速度、力量、协调性、灵活性有很大帮助，还有助于增强小学生骨骼韧性强度和人体平衡感。

（2）特点：正踢腿动作是最基本的腿法练习。标准动作要求挺胸、直腰，踢腿时脚尖勾起勾落，收髋猛收腹，踢腿过腰后加速，要有寸劲。踢腿在武术表演、套路竞赛、散打比赛中运用广泛。武术界有“练拳不练腿，到老冒失鬼”“腿法不好，一撩就倒”的说法。因此，持之以恒的练习腿法是增强“腿功”的关键。

2. 整体设计思路

本设计根据三年级学生的特点，运用了不同的教具、多样的练习形式，让单调的踢腿更加趣味化。在准备部分，通过各种方式的压腿，充分活动下肢的肌肉、韧带、关节。主要教学内容采用了单人踢腿、双人合作踢腿，提高学生练习兴趣。运用弹力皮带、标志物加强学生的腿部力量和踢腿高度。教学过程中，教师运用鼓励性语言创造和谐欢乐的学习氛围，让学生在了解武术知识的同时提高动作质量。

（二）案例呈现

<table>
<tr><td>内容</td><td colspan="2">1. 武术基本腿法：正踢腿（新授）
2. 体能游戏："最长的绳子"（复习）</td></tr>
<tr><td>目标</td><td colspan="2">1. 认知目标：使学生了解一些简单的武术"谚语"、动作术语，清楚正踢腿动作的技击特点
2. 技能目标：80% 的学生能够准确地连续踢腿 10 次，并做到上体正直，勾脚踢起，过腰加速
3. 体能目标：增强学生的腰腹和下肢力量，重点发展速度、灵敏性、协调性等素质
4. 情感目标：培养学生习武的兴趣，提高身体素质，磨炼意志品质</td></tr>
<tr><td>重难点</td><td colspan="2">重点：三直一勾
难点：过腰加速、快速落下、落地轻</td></tr>
<tr><td colspan="3">第一环节（5min）</td></tr>
<tr><td>教学内容</td><td>教师活动</td><td>学生活动</td></tr>
<tr><td>1. 整队集合，报告人数
2. 师生问好：互相行抱拳礼
3. 宣布本课内容，安排见习生，安全教育
4. 队列练习
原地二列横队变四列横队</td><td>1. 提前到上课地点
2. 立正、面对学生
3. 宣布本课任务，提出课堂要求
4. 口令指导，教师提示要领，及时评价</td><td>1. 学生集合快、静、齐
2. 目视教师，声音洪亮
3. 精神集中，听清内容
4. 服从教师安排，做适合的活动要求：精神振奋、动作整齐</td></tr>
<tr><td colspan="3">设计意图：通过抱拳礼将中国武术"未曾学艺先学礼，未曾习武先习德"的思想渗透给学生，培养学生尊师重道的优良传统</td></tr>
<tr><td colspan="3">第二环节（10min）</td></tr>
<tr><td>教学内容</td><td>教师活动</td><td>学生活动</td></tr>
<tr><td>1. 武术操"英雄少年"
（1）起势
（2）拉伸运动
（3）开合运动
（4）踢腿运动
（5）侧展运动</td><td>1. 指导学生散开
（1）教师讲解，镜面示范
（2）口令指挥，提出动作要求</td><td>1. 组织：成体操队形散开
（1）认真观察，模仿教师动作
（2）按照口令认真练习</td></tr>
</table>

续表

2. 专项准备活动 （1）前俯腰 （2）抱佛脚	2. 帮助学生调整队形 （1）教师讲解前俯腰动作要领并示范。指导学生练习，强调：两腿并拢伸直，双手从后侧握住脚跟，头部用力朝腿部靠拢，坚持 10s （2）教师讲解抱佛脚动作要领并示范。指导学生练习，强调：左脚向前一小步，勾脚尖，右腿膝盖弯曲，双手抱住左脚脚尖，头部向脚尖靠拢，坚持 10s。两脚交替进行	2. 学生保持队形 （1）学生按照要求认真练习，可以互相提示动作要领 （2）学生按照要求认真练习，行进中保持安全距离
设计意图：通过武术操复习学过的武术动作，通过专项准备活动提伸学生的腿部柔韧性，防止正踢腿时肌肉拉伤		
第三环节（12min）		
教学内容	教师活动	学生活动
武术基本腿法：正踢腿（新授） 方法： 并步站立，两臂侧举，两手成立掌外撑。左脚向前上半步，重心前移，左腿支撑，右脚尖勾起向前额猛踢，两眼平视。踢后下落，脚尖点地。两腿交替进行	1. 教师讲解正踢腿的动作要领，并示范 2. 教师巡视，提出练习要求，及时纠正学生动作 3. 教师指导学生分组练习 4. 教师讲解搭肩踢腿法解决教学重点 5. 指导学生运用皮筋踢腿法解决教学难点，过腰加速、快速落下 6. 指导学生运用皮筋、脚靶进行踢腿练习 7. 择优展示、评价	1. 学生听清要求，然后散开 2. 学生练习 5~8 次，注意动作准确 3. 学生展示，分散练习 4. 4 人 1 组，搭肩踢腿 6~8 次 5. 2 人 1 组练习 8~10 次 6. 3 人 1 组练习 8~10 次 7. 学生认真观察，积极发言
设计意图：本环节运用了不同的教具及单人、多人的练习形式，既培养学生对正踢腿的兴趣，又突破了教学的重难点		

续表

第四环节（10min）		
教学内容	教师活动	学生活动
体能游戏："最长的绳子"（复习） 方法：学生分成 4 组，站在起点。游戏开始，学生跑到终点线依次下叉进行接龙，直到最后一名学生下叉完毕，看哪一组用腿连成的"绳子"最长，则为获胜者 规则： 1. 下叉时双手放在腿两侧作为支撑和保护 2. 接龙时前后两人的脚必须接触在一起	1. 教师讲解游戏方法、规则 2. 根据比赛情况指导 3. 小结练习、比赛情况	1. 听清游戏方法和规则，并尝试练习 1 次 2. 学生比赛 3~5 次 3. 集中听讲，积极发言 要求：遵守规则，认真练习
设计意图：通过"最长的绳子"游戏进一步提高学生的柔韧性、协调性，培养了学生团结合作的精神		
第五环节（3min）		
教学内容	教师活动	学生活动
1. 集合、放松 2. 总结本课练习情况 3. 留作业，下课，收器材	1. 教师示范动作，提示要领 （1）蝴蝶压腿 （2）四头肌拉伸 （3）髂腰肌拉伸 （4）大腿内侧肌拉伸 2. 教师小结本课的练习和比赛情况 3. 作业：踢腿 20 次。教育学生爱护器材	1. 学生随教师练习 2. 学生集中听讲 3. 学生帮助教师收器材
设计意图：通过科学的肌肉放松方法，既帮助学生放松身体，又让学生学习了新知识		

（三）案例点评

正踢腿是武术的基本腿法，动作看似简单，学生要想达到要求，则需要速度、柔韧性、灵活度的统一，教学中常常出现正踢腿学练时学生兴趣不高。本课的设计结合三年级学生的身心特点，把教具使用与多样的练习方法进行整合，通过使用宽皮筋、脚靶等教具提高学生的下肢力量及踢腿的准确度。同时在练习中采用单人踢腿、双人合作踢腿、搭肩踢腿法等多种活动形式让学生多练习，提升武术的功法。同时结合体能游戏提高学生练习兴趣，融入比赛、小组合作的方式，以竞争机制激发学生兴趣，培养学生团结合作、拼搏进取的精神。

案例提供：安吉光（北京市房山区窦店中心校）
点评专家：尤军（北京市房山区教师进修学校）

案例46　马步格挡冲拳

授课对象　四年级

（一）案例设计思路

1. 学习内容的价值与特点

（1）价值：将步型（马步、弓步）、拳法（冲拳、格挡）和腿法（弹腿）进行组合创编，在巩固提高单个动作的基础上，进一步提高多个动作之间的连贯性，增强身体各部位的控制和配合能力。对于增强小学生速度、力量、协调性等素质，提高判断、分析能力有很大帮助。

（2）特点：武术组合动作由单个动作合理地衔接而成，可以在路线、发力顺序、节奏变化、攻防含义等方面巧妙变化，可以有效发展学生灵敏性、协调性、速度、力量等素质。学生在学习、创编、演练的过程中积极思考、勇于实践，既掌握了武术的相关知识，又提高了沟通、交往能力。

2. 整体设计思路

本课设计自始至终贯穿“武”字，根据武术“攻防技击”的特点，保证学生在安全的前提下运用小垫子、多媒体、武术“谚语”、武术音乐等辅助手段体验所学动作在实战中的合理应用。武术是一项练己（练意识）、对他（练配合、对练）的项目，要求学生精神专注，慢慢体验“手眼身法步、精神气力功”的统一。本课以武术热身操、武术游戏、武术跳跃、导引养身功法为练习形式呈现，以此激发学生的练习兴趣，提高运动能力。

（二）案例呈现

<table>
<tr><td>内容</td><td colspan="2">1. 武术组合动作：马步格挡冲拳
2. 体能游戏：“技高一筹”</td></tr>
<tr><td>目标</td><td colspan="2">1. 认知目标：清楚武术动作的简单组合方式，以及武术组合动作在增强身体素质方面的作用
2. 技能目标：
（1）80% 的学生掌握所学动作，体会上下肢协调发力，做到路线准确、节奏清晰
（2）运用平板电脑学习、小垫子击打、听音乐做武术动作、武术导引等练习手段，增加学生学习武术技能的宽度
3. 体能目标：增强学生上下肢力量，重点发展力量、灵敏性、协调性等身体素质
4. 情感目标：培养学生享受学习武术的乐趣，遵守比赛规则，尊重对手，建立团结协作、顽强拼搏的意识</td></tr>
<tr><td>重难点</td><td colspan="2">重点：单个动作规范、组合衔接连贯
难点：路线准确、发力协调</td></tr>
<tr><td colspan="3">第一环节（2~3min）</td></tr>
<tr><td>教学内容</td><td>教师活动</td><td>学生活动</td></tr>
<tr><td>1. 体委整队，报告人数
2. 师生问好，行抱拳礼
3. 提出问题：什么是武术你是如何理解武术的</td><td>1. 教师提出问题：你是如何理解武术的
2. 结合自身实际，让学生感知学习武术的意义，引入本课教学内容
要求：注意力集中，认真听，仔细看，勤思考，积极回答问题</td><td>1. 学生成四列横队，认真听讲
2. 目视教师，听清内容
3. 精神集中，声音洪亮</td></tr>
</table>

续表

<table>
<tr><td colspan="3">设计意图：以抱拳礼问好，通过设疑、答疑，让学生懂得习武的意义和目的，为练好武术奠定基础</td></tr>
<tr><td colspan="3">第二环节（6~7min）</td></tr>
<tr><td>教学内容</td><td>教师活动</td><td>学生活动</td></tr>
<tr><td>1. 准备活动
行步走、跑、跨步跳
（1）原地行步走
（2）横向 8 字行步走
（3）S 行步走、跑
（4）跨步跳</td><td>1. 指导学生 4 人 1 组，分 8 组
（1）听音乐进行练习
（2）教师口令提示
要求：动作到位，手、眼、身、法、步协调配合</td><td>1. 学生 4 人 1 组，每组 1 块小垫子。学生以组为单位集体练习
（1）围绕小垫子进行行步走、跑、跨跳练习
（2）听着武术的音乐，使学生身临其境进行练习，营造武术练习氛围
要求：练习中听清教师口令，积极练习</td></tr>
<tr><td>2. 专项准备活动
（1）嘿哈武术自编操
手型手法练习：冲拳、勾拳、侧冲拳、砍掌、双排掌、穿掌
步型步法练习：马步、弓步、高抬腿步
腿法练习：坐下提膝、勾脚、绷脚、弹腿</td><td>2. 4 人一组，在各自位置上站好练习
（1）师生同做</td><td>2. 学生 4 人 1 组，站在原地进行嘻哈武术自编操练习
（1）学生根据音乐节奏进行动作变化练习，把本节课需要的手型、步型、脚型动作融入其中</td></tr>
<tr><td>（2）猜拳游戏
剪刀—弓步
石头—丁字步
布—马步
游戏方法：把所学的武术步型运用到游戏中，三局两胜，动作要标准，反应速度要快</td><td>（2）听音乐进行练习
（3）教师参与游戏，与学生互动
（4）指导动作，强调动作规格
要求：遵守游戏规则，注意安全</td><td>（2）“猜拳”游戏比赛 3~5 次</td></tr>
<tr><td colspan="3">设计意图：拓宽武术课内容，把体育课中常见的跑步转换成武术的 S 行步走、跑和跨步跳练习，丰富课堂形式。师生共同听着音乐一起练习嘿哈武术自编操，创设教学内容生动全面</td></tr>
</table>

续表

第三环节（17~18min）		
教学内容	教师活动	学生活动
1. 组合动作 （1）运用平板电脑小组合作探究学习，根据动作名称，做出各小组理解的动作 （2）比一比、看一看各组的练习情况（答案任意，不唯一） （3）教师完整示范 动作名称：抱拳预备、马步格挡、弓步冲拳、弹腿冲拳、弓步冲拳、换手冲拳 2. 教学内容分解，以小组实战体验，并使用平板电脑录像 （1）马步格挡、弓步冲拳 ①上肢：格挡、冲拳击打小垫子体验速度力量练习 ②上肢：格挡、冲拳击打小垫子后进行回击 ③下肢：运用小垫子控制高度的设定，领会蹬腿转腰，传递发力 （2）弹腿冲拳、弓步换手冲拳 ①上肢：换手冲拳，体验落步后快速交替冲拳，一气呵成，连贯有力 ②下肢：弹踢小垫子，体验由屈到伸力达脚背 4. 完整动作练习，结合实战体验，加强意念练习 重点：动作协调连贯 难点：动作有力	指导学生 4 人 1 组，共分 8 组 1. 开放式教学，将问题抛给学生，学生带着问题进行小组合作探究学习。学习初期，答案可不唯一 2. 教师做出完整示范并公布答案，拳不离手，曲不离口 3. 运用小垫子体验动作练习：4 人 1 组，每组 1 名小队长，负责管理、录像、照相，以及使用计分器等事项 4. 教学过程带着问题练习。将上肢、下肢动作分解教学，注重学习过程和方法，重视武术攻防含义，通过击打小垫子、直观的录像反馈，使学生明确动作要领和发力感受 5. 提高速度、力量、反应、控制的能力。充分发挥学生的想象力和创编能力 要求：练习过程中，同伴及时给予评价。教师协同指导，重点辅导一般同学，使全班学生均衡发展 6. 小组对抗、互评展示、师生共评，教师小结 要求：提示学生练习武术是为了强身健体、了解传统文化，在练习中磨炼意志，与同学练习要点到为止	1. 学生进一步强化了学习的意义 2. 学生 4 人 1 组，小组合作式学习，明确分工，练习 3~5 次 3. 学生在练习中使用平板电脑录像，通过录像直观看到自身动作的不足，及时纠正 4. 学生创编动作练习 3~5 次。然后选出典型动作展示 1~2 次 5. 学生随教师练习 3~5 次 6. 每 1 种动作练习后师生总结，小组展示，分析动作。鼓励学生思考，善于运用方法解决问题

续表

<table>
<tr><td colspan="3">设计意图：把课堂还给学生，树立学生主动学习、主动求知的学习氛围、提升学生合作解决问题的能力。将上肢、下肢动作分解教学，注重学习过程和方法，重视武术攻防含义，通过击打小垫子、直观的录像反馈，使学生明确动作要领和发力感受。在自由和谐的学习氛围中，充分发挥学生的想象力和创编能力，有意识地让学生自主学习，做课堂的小主人</td></tr>
<tr><td colspan="3">第四环节（10~12min）</td></tr>
<tr><td>教学内容</td><td>教师活动</td><td>学生活动</td></tr>
<tr><td>体能游戏：“技高一筹”
游戏方法：8 人 1 组，共分 4 组，每名同学蹬地起跳摸高跳，游戏共 4 局。每组组长计分。“状元”“榜眼”“探花”依次对应 3 分、2 分、1 分。根据自身实际情况进行起跳摸高
游戏规则：注意安全，计分准确</td><td>1. 8 人 1 组，共分 4 组
2. 教师介绍武举制度
3. 教师讲解游戏方法和规则，组织比赛
4. 教师强调动作要领、提示安全意识
5. 小结练习情况</td><td>1. 学生集中听清游戏规则
2. 学生分组练习，计算得分，练习 1 次，比赛 4 次</td></tr>
<tr><td colspan="3">设计意图：将武举制度告知学生，进行武术教育的渗透。将灵敏性、速度、协调性等身体素质的练习融入其中，提高与武术相关的运动能力</td></tr>
<tr><td colspan="3">第五环节（2~3min）</td></tr>
<tr><td>教学内容</td><td>教师活动</td><td>学生活动</td></tr>
<tr><td>1. 集合整队
2. 导引养生法进行韧带拉伸（八段锦）
3. 留作业，下课，收器材</td><td>1. 教师示范“两手攀足固肾腰”动作。练习方法：指尖相按于胸前，翻掌掌心朝上经腋下贴背摩运体后膀胱经，起到固肾、健腰、利心肝的练习作用
要求：以臂带身要缓慢，两膝挺直不可弯
2. 教师小结本课练习和比赛情况
3. 作业：弓步冲拳 10 次；教育学生爱护器材</td><td>1. 学生随教师听音乐，配合呼吸共同练习
2. 学生集中听讲
3. 学生帮助教师收器材</td></tr>
<tr><td colspan="3">设计意图：通过不同形式，让学生了解武术</td></tr>
</table>

（三）案例点评

本课围绕武术组合动作——马步格挡冲拳进行教与学，将行步走、跑与跨步跳作为一般准备活动，运用嘿哈武术自编操、“猜拳”游戏作为专项准备活动，专项准备活动复习巩固了手型和步法，铺垫了弹腿动作，提高了教学实效性，丰富了课堂的趣味性。结合本课主要教学内容马步格挡、弓步冲拳，将教学内容分解，以小组实战体验，用小垫子辅助体验马步格挡冲拳的攻防方法，很好地体验进攻后的防守动作。同时运用平板电脑录像功能自学自查自发现的教学手段调动学生自主性和集体合作意识。整节课可听、可触、可操作，学生在有限的时间内掌握了武术动作，掌握了武术知识，提高了身体素质。

案例提供：高菲（北京市海淀区双榆树第一小学）
点评专家：韩金明（北京教育学院）

案例47　仆步穿掌

授课对象　四年级

（一）案例设计思路

1. 学习内容的价值与特点

（1）价值：仆步是武术基本步型之一，对于进攻、防守及运动中控制身体重心有着非常重要的作用。练习仆步可发展学生下肢和腰腹力量，使学生在重心转换的过程中提高控制身体平衡的能力，为学习后面的武术套路打下坚实的基础。

（2）特点：仆步穿掌要求学生能够做出沉腰、直腿、脚尖内扣，穿掌时指尖朝前，虎口向上，整个动作要有穿“透”的意识。其隐含的技术难度在于让学生感受到身体的重心高低起伏有明显变化。

2. 整体设计思路

弓步、马步、仆步等步型是武术的基本步型，看似容易，但达到标准则需要持之以恒地练习。因此，本课设计通过比赛竞争的形式来安排教学内容，在保证学生安全的前提下体验武术运动特有的“攻防技击”特性，有针对性地解决本课重难点，对于灵敏性、柔韧性、速度、力量等身体素质有较好的锻炼效果。

（二）案例呈现

<table>
<tr><td>内容</td><td colspan="2">1. 武术基本手法：仆步穿掌（新授）
2. 体能游戏：“角力挑战赛”（复习）</td></tr>
<tr><td>目标</td><td colspan="2">1. 认知目标：清楚仆步穿掌的动作要领，了解仆步穿掌的技击价值；初步感知攻与防的关系，了解躲闪的重要性
2. 技能目标：
（1）80% 以上的学生能够完成仆步穿掌动作，并做到沉腰、直腿、脚尖内扣，学会控制身体移动重心
（2）在游戏实战中，学生能够正确运用仆步动作
3. 体能目标：增强学生的下肢和腰腹力量，重点发展力量、灵敏性和协调性等素质
4. 情感目标：培养学生的武德精神，坚决果断的意志品质，团结合作、勇于竞争的意识</td></tr>
<tr><td>重难点</td><td colspan="2">重点：沉腰、直腿、脚尖内扣
难点：控制身体移动重心</td></tr>
<tr><td colspan="3">第一环节（5min）</td></tr>
<tr><td>教学内容</td><td>教师活动</td><td>学生活动</td></tr>
<tr><td>1. 集合、整队、报数
2. 师生问好：互相行抱拳礼
3. 宣布本课内容
4. 安排见习生
5. 队列练习
“快快找位置”</td><td>1. 提前到上课地点
2. 立正、面对学生
3. 声音洪亮，语言清楚、简练
4. 根据情况，合理安排
5. 教师提示要领
“快快找位置”：
教师握拳代表男生组位置
教师推掌代表女生组位置
根据位置变化练习学生反应</td><td>1. 指定地点集合，成四列横队
2. 目视教师，声音洪亮
3. 精神集中，听清内容
4. 服从教师安排，做适当的活动
5. 学生分两个层次练习
（1）男女生分组找位置比快
（2）抱拳礼，男女生一起站好队</td></tr>
<tr><td colspan="3">设计意图：本课以抱拳礼问好，旨在对学生进行武德教育。以拳和掌代表男生队、女生队，接着进行“快快找位置”练习。最后教师以抱拳礼的形式组织学生站队，寓意团结合作，相互学习</td></tr>
</table>

续表

第二环节（10min）		
教学内容	教师活动	学生活动
1. 武术健身操 （1）开步冲拳 （2）转身摆掌 （3）上步弹踢 （4）屈膝勾手 （5）侧弓步亮掌 （6）跳步冲拳 （7）放松	1. 教师示范并讲解每个动作，适当向学生介绍武术基本动作 要求：精讲要领。可采用正面和侧面示范	1. 两臂侧平举，迅速散开 学生先放慢节奏模仿教师动作，熟练以后可以逐渐加快速度 要求：认真观察教师动作，积极模仿和练习
2. 专项游戏 弓步推手 方法：两人面对面站立，距离以伸手能够推到对方肩膀为准。游戏开始，2 人弓步站立，两掌相对，两腿不能移动。能把对方推移动为获胜 规则：只能推手，不能击打对手	2. 教师指导学生分成 2 人 1 组 （1）教师讲解游戏方法，然后请一名学生协助示范 （2）讲师巡视指导，强调推手的部位，引导学生知道要获胜需要立腰、降重心	2. 学生选择身高、体重接近的 2 人 1 组 （1）学生听清方法，认真观察示范，然后 2 人 1 组进行练习 （2）比赛结束后可以找其他同学继续挑战
设计意图：通过武术健身操，让学生复习之前学过的武术基本功，激发学生对武术的兴趣。通过弓步推手，让学生明白实战中移动重心的重要性，为主要教学内容的学习做好铺垫		
第三环节（12min）		
教学内容	教师活动	学生活动
武术基本动作：仆步穿掌（新授） 动作要领： 双手抱拳在腰间 双脚分开同肩宽 沉腰，直腿、脚尖内扣 穿掌、指尖朝前、虎口向上	1. 教师讲解仆步的练习方法，组织学生在标志线上练习，体会仆步时脚尖内扣，根据学生能力安排 3 种形式练习 2. 教师讲解并示范仆步勾脚拔河 3. 教师讲解、示范并巡视指导 4. 教师组织学生在小皮筋下面做仆步，体会仆平动作	1. 学生分散，每组 1 条标志线，学生做仆步穿掌练习 8~10 次，分 3 个能力层次 （1）独立练习 （2）手触脚背 （3）脚外侧触小垫子 2. 学生进行挑战比赛 3. 学生可进行分组挑战

续表

<table>
<tr><td></td><td>5. 练习仆步击打小水瓶，比一比看谁打得准（体会进攻）
6. 择优讲评，强调重难点。组织学生在此挑战
7. 组织学生击倒小水瓶，而后顺势进行穿掌练习
8. 教师讲解示范仆步进攻防守动作，组织学生进行攻防比赛
9. 小结练习情况</td><td>4. 学生练习仆步，比一比看谁能不碰到小皮筋（逐渐降低高度）
5. 体会仆步的进攻动作
6. 学生继续练习，注意动作规范
7. 学生自由练习击倒小水瓶后穿掌挑起皮筋 3~5 次
8. 认真观察，然后进行挑战比赛</td></tr>
<tr><td colspan="3">设计意图：本环节练习有单人、双人、分层次、对练等形式，充分激发学生的练习兴趣。通过不同形式的比赛，让学生逐步掌握技术动作，同时体验武术运动独有的攻防特点</td></tr>
<tr><td colspan="3">第四环节（10min）</td></tr>
<tr><td>教学内容</td><td>教师活动</td><td>学生活动</td></tr>
<tr><td>体能游戏：“角力挑战赛”（复习）
方法：两名同学手拉手、脚顶脚。当比赛开始时，2 人相互角力，能让对方脚步移动或者除了双脚以外的任何部位接触地面都为获胜
规则：
1. 准备好以后双脚不能移动
2. 除了双脚以外的部位接触地面为负</td><td>1. 教师介绍游戏方法
2. 教师提出规则，然后组织比赛
3. 教师强调重心控制，保持身体平衡
4. 引导学生积极挑战
5. 小结练习情况</td><td>1. 学生集中听讲
2. 学生分组练习，然后比赛 3~5 次
3. 学生继续练习 3~5 次
4. 学生自己选择对手练习 3~5 次（强对强，弱对弱）</td></tr>
<tr><td colspan="3">设计意图：“角力挑战赛”游戏将仆步技术动作融入其中，巩固学生所学的技术动作，同时发展学生的力量、灵敏性、协调性、柔韧性等身体素质，培养学生的挑战精神</td></tr>
</table>

续表

第五环节（3min）		
教学内容	教师活动	学生活动
1. 集合、放松 “人体皮筋”模仿 2. 总结本课练习情况 3. 留作业，下课，收器材	1. 教师示范“人体皮筋”，做各种拉伸动作 2. 教师小结本课的练习和比赛情况，提出表扬与鼓励 3. 作业：课下进行角力比赛，教育学生爱护器材	1. 学生随教师听音乐练习 2. 学生集中听讲 3. 学生帮助教师收器材
设计意图：运用上课所用的皮筋，让学生模仿做拉伸练习，使关节、肌肉得到放松		

（三）案例点评

本课的练习方法针对性强，简单易学，实用有效，围绕本课重难点，针对学生仆步不直、脚尖不内扣等问题，采用了让学生在标志线上练习，并让小组同学相互评价的形式。对于协调性差的学生，采取限制性手段在小垫子上练习。重点解决仆直、内扣的动作要领，并通过仆步拔河比赛来提高踝关节的力量。针对仆步脚不平的问题，采用小皮筋做限制练习，提高学生的动作质量。本课中运用了各种小游戏、小比赛的形式来安排教学内容，使枯燥的武术基本功练习变得生动有趣。

案例提供：李方初（北京市通州区西集镇中心小学）
点评专家：韩月仓（北京市通州区运河小学）

案例48　少年拳（一）——震脚架打、蹬踢架打

授课对象　五年级

（一）案例设计思路

1. 学习内容的价值与特点

（1）价值：震脚架打、蹬踢架打是最基本、最实用的武术套路动作，在攻防实战中经常用到。要达到震脚的力度和提膝蹬脚的稳定度，则需要身体各部位有良好的控制和配合。对于增强小学生速度、力量、协调性等素质，提高判断、分析能力有很大帮助。

（2）特点：震脚架打动作需要沉腰坐胯，左脚落地轻巧，架拳冲拳连贯；蹬踢架打动作需要旋臂上举、蹬踢稳定，两个动作之间的衔接要连贯、协调。两个动作在攻防技击当中的应用比较广泛，可以和武术的其他手法、腿法重新组合起来练习，既可以提高动作的稳定性，又可以培养学生的应变、创新能力。

2. 整体设计思路

本课的设计始终突出“武”字，将武术的元素渗透在各个环节。虽然是两个套路动作，但是在练习的时候采用了“拆分法”，化整为零，有针对性地练习学生比较难掌握的动作。当学生熟练掌握单个动作后，再重新组合成套路。在整个练习过程中，将攻防意识融入单个动作学习中，通过对练形式让学生深入体会武术独有的特色。在安全的前提下体验中国武术的博大精深，培养学生的民族自豪感。

（二）案例呈现

<table>
<tr><td>内容</td><td colspan="2">1. 少年拳（一）：震脚架打、蹬踢架打（新授）
2. 体能游戏："巧躲暗器"（复习）</td></tr>
<tr><td>目标</td><td colspan="2">1. 认知目标：清楚震脚架打、蹬踢架打的动作要领，了解震脚架打、蹬踢架打的技击价值；初步感知攻防的含义，了解躲闪的重要性
2. 技能目标：
（1）80% 的学生能够完成震脚架打、蹬踢架打的动作，体会以腰胯带动四肢发力；60% 的学生能够运用震脚架打、蹬踢架打做到攻与防
（2）在游戏中，学生能够正确运用身法和步法进行躲闪
3. 体能目标：增强学生的腰腹和上下肢力量，重点发展速度、灵敏性和协调性等素质
4. 情感目标：培养学生随机应变的能力和团结合作、习武崇德的精神</td></tr>
<tr><td>重难点</td><td colspan="2">重点：震脚架打——震脚要脚着地，左脚落地轻巧，架拳冲拳连贯
蹬踢架打——旋臂下压，蹬踢稳定，与架打动作衔接协调
难点：震脚架打——沉气震脚有力，左脚跨步与架打冲拳紧凑
蹬踢架打——旋臂下压，力达脚跟，拧腰合胯架打连贯</td></tr>
<tr><td colspan="3">第一环节（5min）</td></tr>
<tr><td>教学内容</td><td>教师活动</td><td>学生活动</td></tr>
<tr><td>1. 集合、整队、报数
2. 师生问好：互相行抱拳礼
3. 宣布本课内容
4. 安排见习生
5. 队列练习
交叉行进</td><td>1. 提前到上课地点
2. 立正、面对学生
3. 讲话清楚、简练
4. 根据情况，合理安排
5. 教师指导学生练习
要领：沿左右边线行进的两路学生听到口令后，左路学生左转弯 135°，右路学生右转弯 135°，各自沿对角线行进，至中心点相交时，左先、右后，依次穿插通过</td><td>1. 指定地点集合，成四列横队
2. 目视教师，声音洪亮
3. 精神集中，听清内容
4. 服从教师安排，做适合活动
5. 学生分 4 组进行练习
（1）分组交叉练习 2~3 次
（2）集体交叉练习 2~3 次</td></tr>
<tr><td colspan="3">设计意图：以抱拳礼问好，对学生进行武德教育。在队列练习中加入了武术的反应和判断能力的内容，例如，当 2 组学生交叉行进时，要求控制间距和交叉的时机，体现出武术中强调的反应和判断能力</td></tr>
</table>

续表

<table>
<tr><th colspan="3">第二环节（10min）</th></tr>
<tr><th>教学内容</th><th>教师活动</th><th>学生活动</th></tr>
<tr><td>1. 八段锦简化动作
（1）双手托天
（2）左右开弓
（3）臂单举
（4）往后瞧
（5）摇头摆尾
（6）双手攀足
（7）攒拳怒目
（8）背后七颠</td><td>1. 指导学生成四列体操队形散开
教师示范并讲解每个动作，向学生介绍动作内涵
要求：精讲要领，可采用正面和侧面示范</td><td>1. 两臂侧平举迅速散开，成体操队形
学生先放慢节奏模仿教师动作，熟练以后可以自行练习
要求：认真观察教师动作，积极模仿练习</td></tr>
<tr><td>2. 专项游戏
“猜拳”游戏：弓步、马步、仆步
方法：学生 2 人 1 组面对面站立，采用平时玩的“石头、剪刀、布”游戏形式，对应动作如下：
弓步——“剪刀”
马步——“布”
仆步——“石头”
规则：口令一停，马上静止，动作要到位</td><td>2. 教师指导学生分成 2 人 1 组
（1）教师讲解游戏方法，然后请一名学生协助示范
（2）师生进行比赛
（3）教师巡视指导，强调动作的规范性，引导学生做到气沉丹田、腰腹用力
（4）小结练习情况</td><td>2. 水平接近的学生 2 人 1 组
（1）学生听清方法，认真观察示范，然后 2 人 1 组进行练习
（2）学生集体与教师对抗 5~8 次
（3）学生 2 人 1 组，比赛 3~5 次
（4）学生积极发言</td></tr>
<tr><td colspan="3">设计意图：通过八段锦，让学生简单了解中国传统体育养生健身的知识。通过“猜拳”游戏，充分活动学生下肢各关节、腰腹等部位，为主要教学内容的学习做好铺垫</td></tr>
</table>

续表

第三环节（12min）		
教学内容	教师活动	学生活动
震脚架打、蹬踢架打（新授） 1. 震脚架打 方法：右脚提起在原地下跺震脚，左脚随即向左跨 1 步，向左转体 90° 成左弓步；同时左臂内旋屈肘向上横架于头前左斜上方，拳心向上；右拳臂内旋向前冲出，拳心向下，眼向前平视 2. 蹬踢架打 方法：重心移至左腿，右腿屈膝提起，脚尖上勾并向前下方蹬踢，高不过膝；同时左臂外旋下压，拳心向上；右拳收抱于腰侧，眼向前看。上动不停，右脚后退还原成左弓步架打姿势	指导学生站队 1. 教师将踢踏舞的节奏运用到震脚当中，利用震脚声音提高学生练习兴趣 2. 教师引导学生逐渐过渡到震脚转身成弓步的动作 3. 教师讲解与示范压臂角力练习，体会手臂内旋下压的动作 方法：学生 2 人 1 组，学生 A 屈臂前伸，手臂朝上。学生 B 屈肘将小臂外侧压住学生 A 的小臂内侧，2 人同时用力，1 人上抬，1 人下压 4. 教师讲解示范双人配合压架手臂练习，体会架臂用力方法 方法：2 人成弓步面对面站好，学生 A 架臂于头上方，学生 B 单手或双手握住学生 A 小臂向下压，学生 A 用力架住 5. 教师讲解示范双人练习拉臂提膝比稳，体会蹬踢稳定性 方法：两人成弓步站立，异侧手臂重叠，用手抓住对方前臂，握牢。然后同时上步提膝，互相支撑站稳分练 2 个层次： （1）屈膝站立 （2）蹬踢站立 6. 教师出示本节课所学内容，并示范震脚架打和蹬踢架打动作，提示要领 7. 教师根据情况指导，强调要点，学生继续练习 8. 集体展示 2~5 次，喊口令 9. 小结练习情况	学生成四列体操队形散开 1. 学生分散，跟着踢踏舞的节奏进行震脚练习 2. 学生练习震脚转身成弓步动作 5~8 次 3. 学生按照教师的指导进行双人角力练习 8~10 次 4. 学生 2 人 1 组进行压架手臂练习 8~10 次 5. 增加难度：双人练习拉臂提膝比稳练习 8~10 次 6. 学生随教师由慢到快进行练习 3~5 次 7. 学生自由组合练习 8~10 次 8. 学生随教师练习 2~5 次 9. 学生集合听从教师讲解

续表

<table>
<tr><td colspan="3">设计意图：本环节练习安排了单人、双人、集体、对练等多种形式，旨在充分调动学生兴趣。通过踢踏舞的节奏练习震脚、角力体会手臂动作，凸显武术“攻守兼备”的特点</td></tr>
<tr><td colspan="3">第四环节（10min）</td></tr>
<tr><td>教学内容</td><td>教师活动</td><td>学生活动</td></tr>
<tr><td>体能游戏：“巧躲暗器”（复习）
方　法：3 人 1 组，2 人用球击打中间的人，中间的人可以躲闪或接球
规则：投掷者不可越线进攻，躲闪者要在指定区域</td><td>1. 教师讲解“巧躲暗器”游戏方法、规则
2. 教师组织比赛
3. 教师讲解游戏升级方法和规则
方法：学生 3 人 1 组，2 人用球击打中间的学生，中间的学生用手击中球 1 次得 1 分。相同时间内，得分多者为胜
4. 教师组织升级游戏比赛
5. 小结练习情况</td><td>1. 学生 3 人 1 组进行游戏，听教师的哨音轮换，间隔 3~5m
2. 学生分组练习，然后比赛 3~5 次
3. 学生 3 人 1 组，练习 3~5 次
4. 学生分组练习，然后比赛 3~5 次
5. 学生集合，谈自己的感受</td></tr>
<tr><td colspan="3">设计意图：本设计赋予持轻物掷准游戏新的内涵并加以改编，形成了具有武侠色彩的“巧躲暗器”游戏。学生通过躲闪、接发“暗器”，发展身体的灵敏性、协调性、速度等素质及临场应变能力</td></tr>
<tr><td colspan="3">第五环节（3min）</td></tr>
<tr><td>教学内容</td><td>教师活动</td><td>学生活动</td></tr>
<tr><td>1. 集合，放松拍手比快
2. 总结本课练习情况
3. 留作业，下课，收器材</td><td>1. 教师示范拍手比快的动作。
手心拍手心，手背拍手背，依次叠加直至有人出错
2. 教师小结本课的练习和比赛情况
3. 作业：练习震脚架打、蹬踢架打各 20 次</td><td>1. 学生按照要求进行拍手
2. 学生集中听讲
3. 学生帮助教师收器材</td></tr>
<tr><td colspan="3">设计意图：通过拍手比快游戏，进一步让学生体会武术中眼疾手快的特点，提高观察力和判断力</td></tr>
</table>

（三）案例点评

本课的设计凸显了武术的特性，同时将民族意识和爱国情结融入其中。根据小学高年级学生的年龄特点设计比赛、竞争的情境，从学生的实际出发，紧紧围绕着“武术”这个主题进行，让学生们在玩和赛的过程中掌握动作要领和相关知识。教学中通过单人模仿、双人对练、多人演练的形式，让学生充分体验武术的攻防技击特点。在对抗中逐渐领悟力量、速度、协调性、柔韧性等身体素质在武术运动中的重要性。培养学生团结协作的能力，以及对中华民族传统武术的热爱之情。

案例提供：许丽倩（北京市通州区梨园镇中心小学）
点评专家：韩月仓（北京市通州区运河小学）

案例49　少年拳（二）——垫步弹踢、马步横打

授课对象　五年级

（一）案例设计思路

1. 学习内容的价值与特点

（1）价值：拳谚中有“手似两扇门，全凭腿打人”一说，表明腿法在武术中的重要作用。垫步弹踢、马步横打是比较典型的连环进攻招式，是上下肢和腰胯协调配合的经典动作，可以有效地发展学生力量、速度、柔韧性、协调性等身体素质及空间判断能力。

（2）特点：弹踢做到快速、有力，力达脚尖，正面进攻是以脚尖踢击对方身体；横打时要做到蹬、扣、转、拧、转、挥、打依次用力，以前臂或拳眼一侧横击对方胸腹部。垫步弹踢、马步横打的动作通过身体各部位的协调配合，可以做到连续进攻，有效地攻击对手。

2. 整体设计思路

本设计注重将武德的培养与技术动作教学相结合，同伴之间在互相配合的演练中既是对手又是朋友。通过武术攻防操的练习，让学生重温武术中的攻防技术，培养攻防意识；“拍肩比快”培养学生垫步出击和快速躲闪的能力；利用小体操垫进行弹踢和横打动作的进攻练习，让学生体验两个动作的攻防技术。总之，本课力求

通过多种形式的练习来发展学生灵敏性、协调性、速度、力量等身体素质。

（二）案例呈现

<table>
<tr><td>内容</td><td colspan="2">1. 少年拳（二）：垫步弹踢、马步横打（新授）
2. 体能游戏："狮王争霸"（复习）</td></tr>
<tr><td>目标</td><td colspan="2">1. 认知目标：掌握少年拳的垫步弹踢、马步横打的动作术语，并建立完整动作概念；了解弹踢、横打动作的技击价值及健身价值
2. 技能目标：
（1）80% 的学生能够初步掌握垫步弹踢、马步横打的动作，并做到垫步协调、横打有力；60% 的学生能够运用所学动作进行攻防演练
（2）在游戏中，发展学生的速度、协调性、灵敏性等身体素质
3. 体能目标：增强学生的上下肢和腰腹的力量，重点发展学生的速度、灵敏性和协调性等身体素质
4. 情感目标：培养学生的爱国主义情感及勇敢、自信的良好品质</td></tr>
<tr><td>重难点</td><td colspan="2">垫步弹踢
重点：垫步与弹踢衔接紧凑
难点：重心平稳、力达脚尖
马步横打
重点：横打时扣（脚尖）、转（髋）、拧（腰）、转（肩）、挥（臂）依次用力
难点：落步转体与横打动作连贯协调</td></tr>
<tr><td colspan="3">第一环节（5min）</td></tr>
<tr><td>教学内容</td><td>教师活动</td><td>学生活动</td></tr>
<tr><td>1. 集合、整队、报数
2. 师生问好：互相行抱拳礼
3. 宣布本课内容
4. 安排见习生
5. 队列练习
"龙形"走或跑</td><td>1. 提前到上课地点
2. 立正、面对学生
3. 语言清楚、简练
4. 根据情况，合理安排
5. 教师提示要领
（1）行进中调整距离
（2）教师提示练习的要求及行进的路线（龙形），可配乐练习</td><td>1. 铃响后在指定地点集合
2. 目视教师，声音洪亮
3. 精神集中，听清内容
4. 服从教师安排，做适合的活动
5. 学生练习
（1）跟随教师一路纵队练习
（2）齐步走时，步伐整齐一致
（3）行进中按教师的口令互动
（4）集体练习 2~3 次</td></tr>
<tr><td colspan="3">设计意图：以抱拳礼问好，对学生进行武德教育。在队列练习上采用"龙形"的图案行进，弘扬中华民族文化，发展学生的空间感知能力</td></tr>
</table>

续表

第二环节（10min）		
教学内容	教师活动	学生活动
1. 攻防操（2 人 1 组） （1）上步弹踢和退步格挡 （2）马步冲拳和退步勾手 （3）上步正踢和插步摆掌 （4）弓步推掌和仆步抡拍 （5）弹踢冲拳和退步提膝 （6）仆步穿掌和虚步亮掌	1. 指导学生成四列体操队形散开 （1)教师示范并讲解每个动作，学生做模仿练习 （2）练习过程中向学生渗透每个动作的攻防作用 （3）配乐，教师带领学生集体练习 要求：精讲要领，可采用正面和侧面示范	1. 两臂侧平举散开成体操队形 （1）学生认真观看教师的示范并模仿练习 （2）学生慢节奏模仿教师动作，熟练以后逐渐加快速度练习 （3）音乐伴奏，跟随教师一起练习 要求：认真观察教师动作，积极模仿和练习
2. 专项游戏："拍肩比快" 方法：2 人面对面站立，距离以伸手能够触到对方肩上为宜。2 人弓步姿势，游戏开始，弓步前进或后退，进攻拍肩或防守躲闪 规则：只能拍击肩部	2. 教师指导学生分成 2 人 1 组 （1）教师讲解游戏方法及规则，请1名学生协助教师做示范 （2）教师巡视指导，强调垫步的动作以及拍肩的部位 （3）教师及时给予学生评价	2. 学生身高接近的 2 人 1 组 （1）学生听清方法及要求，认真观察示范 （2）2 人 1 组进行练习 （3）比赛 3~5 次
设计意图：通过攻防操培养学生的攻防意识，让学生清楚每个动作的技击含义，提高学习的积极性。通过"拍肩比快"发展学生的观察能力及快速反应能力，为主要教学内容的学习做好铺垫		
第三环节（12min）		
教学内容	教师活动	学生活动
少年拳（二）： 1. 垫步弹踢（新授） 要领：垫步与弹踢要紧凑，弹踢时上体平稳；弹踢力点在脚尖，脚要伸直，身体要正	1. 教师引导学生体会击剑时弓步对峙的动作 2. 教师讲解并演示上步和退步动作，并请 1 名同学配合教师完成双人的练习 3. 通过迁移引出垫步弹踢的完整动作，提出问题：垫步弹踢在实战中如何运用	1. 学生边思考边模仿动作 2. 学生认真听讲，观察教师的动作，2 人 1 组做模仿练习 3~5 次 3. 学生认真观察，动脑思考，积极回答教师的问题 4. 学生 2 人 1 组进行协作练习 5~8 次

续表

2. 马步横打（新授） 动作要领： 眼看右前方，拳心向下平行挥摆，横打有力	4. 教师讲解并示范弹踢小体操垫的动作 5. 教师口诀提示“收—垫—踢”，讲解并示范垫步弹踢的完整动作，并强调重难点 6. 教师组织学生集体练习后进行攻防含义的总结 7. 教师出示图片，讲解并示范马步横打 8. 教师讲解并示范击打小体操垫的动作 9. 教师强调马步横打中成马步的扣（脚尖）、转（髋）、拧（腰）、转（肩）、挥（臂）的技术环节 10. 教师讲解示范面对横打如何防守 11. 教师巡视指导后进行择优讲评 12. 展示：蹬踢架打—垫步弹踢—马步横打 13. 武术创意大赛，教师引导学生在垫步弹踢动作后创编 1 个新动作 14. 小结练习情况	5. 学生自主进行练习 8~10 次 6. 学生 2 人 1 组进行攻防练习，每人练习 5~8 次 7. 学生认真观看、听讲 8. 学生跟随教师进行慢节奏动作的模仿练习 9. 学生 2 人 1 组进行协作练习 5~8 次 10. 学生随教师再练习 3~5 次 11. 各组认真展示，为小组争光 12. 结合自己的动作认真观察 13. 合作探究，积极创编，勇于展示 14. 学生积极发言
设计意图：本环节练习采用动作分解、慢速、口诀的教学形式，以及单人、双人、小组合作等多种练习形式充分调动学生兴趣。通过组织学生尝试弹踢、击打小体操垫的练习，让学生体验力达脚尖、挥臂击拳的用力过程和动作的攻击特点。通过小组展示和创编展示武术组合动作，激发学生的创造力和团结协作能力		

续表

第四环节（10min）		
教学内容	教师活动	学生活动
体能游戏： “狮王争霸”（复习） 游戏方法：在指定的区域内，2人1组，学生A在前空手或者持小垫子做“狮头”，学生B在后面抱住学生A的腰做“狮身”。游戏开始，“狮头”要想尽一切办法用手或是小垫子触到对方“狮身”。被碰到“狮身”的组在场外练习所学动作3次，才能够再次进入场地比赛 规则：必须在规定区域内进行活动，“狮头”“狮身”不得分体	1. 讲解双人组合“狮子”方法 2. 引导学生徒手游戏后，增加难度：“狮头”手持小体操垫 3. 讲解“狮王争霸”的游戏方法和规则 4. 小结游戏的情况	1. 2人徒手组合、练习3~5次 2. 增加难度，“狮头”手持小垫子，学生练习2~3次 3. 比赛3~5次
设计意图：游戏环节用“狮王争霸”的游戏名称再次将学生带入武侠世界，将发展学生灵敏性、速度、协调性等身体素质的练习融入其中，提高学生的运动能力		
第五环节（3min）		
教学内容	教师活动	学生活动
1. 集合、放松 五禽戏“鸟式”放松 2. 总结本课练习情况 3. 留作业，下课，收器材	1. 教师带领学生进行集体放松 2. 小结本课的练习和比赛情况 3. 作业：攻防操5次、组合动作10次。教育学生爱护器材	1. 学生随教师听音乐练习 2. 学生集中听讲 3. 学生帮助教师收器材
设计意图：为学生提供接触和体验五禽戏的机会，发展运动认知		

（三）案例点评

本课的设计将龙、狮等富有中国武术特色的元素融入课堂中，激发学生的爱国情感和对武术学习的兴趣。根据高年级学生的年龄特点设计比赛、竞争的情境，“抱拳礼”“龙形走/跑”“攻防操”“狮王争霸”等武术知识贯穿始终，武术的技击特点在教学中通过弹踢、横打小体操垫得到体现，攻防特点通过双人、多人的协作练习和游戏让学生初步得到体验。学生在演练、对抗的过程中逐步提高自己的动作运用技巧，感受速度和力量等素质在武术运动中的重要性，明确自己今后努力的方向。

案例提供：崔佳佳（北京市通州区马驹桥镇中心小学）

点评专家：潘建芬（北京教育学院）

案例50　少年拳（三）——弓步撩掌、虚步架打

授课对象　五年级

（一）案例设计思路

1. 学习内容的价值与特点

（1）价值：弓步撩掌、虚步架打是武术中防守和进攻的基本组合动作。弓步撩掌充分体现武术“以腰为轴”的特点，通过拧腰发力，力达掌面，增强学生腰腹和上下肢的力量及身体的协调性。虚步架打动作虚中有实，通过重心的转换和冲拳动作，发展学生的平衡能力及侧向冲拳的速度力度。

（2）特点：武术中的攻防兼备特点在这两个动作中都有所体现。弓步撩掌要把变步型和撩掌动作结合，借助蹬转拧腰的力量达到加速撩掌发力的效果。虚步架打讲究两腿的虚实变化，对下肢力量和身体的平衡性要求较高，借助撤步成虚步躲闪进攻，同时变防为攻，冲拳攻击对方。

2. 整体设计思路

本设计注重学生武术攻防意识的培养，利用“击剑步摸肩”游戏培养学生攻防转换的意识，利用抓沙包、撩沙包提高学生弓马步转换的速度和撩掌的攻击力度，利用“虚步单腿支撑写字”练习发展学生的下肢力量。游戏环节采用撩沙包比赛的形式，在复习撩掌动作的基础上发展学生的奔跑能力。

（二）案例呈现

<table>
<tr><td>内容</td><td colspan="2">1. 少年拳（三）：弓步撩掌、虚步架打（新授）
2. 体能游戏："撩沙包接力"（复习）</td></tr>
<tr><td>目标</td><td colspan="2">1. 认知目标：了解武术攻防兼备的特点，清楚少年拳的弓步撩掌和虚步架打的动作要领及锻炼的身体部位
2. 技能目标：
（1）80% 的学生学会弓步撩掌、虚步架打的动作；60% 的学生能够运用动作进行攻防演练
（2）在游戏中，进一步体会撩掌发力和快速奔跑能力
3. 体能目标：培养学生的腰腹和上下肢力量及速度、平衡、协调性等素质
4. 情感目标：明白"未曾习武先习德"的道理，养成严于律己、宽以待人、团结互助的优良品质</td></tr>
<tr><td>重难点</td><td colspan="2">弓步撩掌
重点：蹬腿、转身、拧腰撩掌的用力协调
难点：蹬转拧腰加速摆撩，力达手掌
虚步架打
重点：蹬腿、转髋、提腰、顶头、冲拳依次用力
难点：步法转换虚实分明，力达拳面</td></tr>
<tr><td colspan="3">第一环节（5min）</td></tr>
<tr><td>教学内容</td><td>教师活动</td><td>学生活动</td></tr>
<tr><td>1. 集合、整队、报数
2. 师生问好：互相行抱拳礼
3. 宣布本课内容、要求
4. 安排见习生
5. 队列练习
错肩行进（加入武术的躲闪意识）</td><td>1. 提前到达上课地点
2. 立正、面对学生
3. 语言清楚、简练
4. 根据情况，合理安排
5. 教师提示要领
左右两路队伍快相遇时，听到口令，左右两路队伍各自靠左行进(相隔一步)，错右肩继续绕场行进</td><td>1. 在指定地点集合，成四列横队
2. 目视教师，声音洪亮
3. 精神集中，听清内容
4. 服从教师安排，做适合的活动
5. 分男女生组，成两路纵队进行配合练习
（1）集体常规练习 2~3 次
（2）相遇后，大声喊出"走""躲"</td></tr>
<tr><td colspan="3">设计意图：以抱拳礼问好，对学生进行武德教育。采用错肩行进的队列练习培养学生的快速反应能力和武术中的躲闪意识</td></tr>
</table>

续表

第二环节（10min）		
教学内容	教师活动	学生活动
准备活动：运用武术对练形式 1. 弓步推手 方法：2 人 1 组，面对面成弓步站立，然后双手或者单手伸直，手掌握在一起互相推。推动对方者为胜 2. 马步缠腕 （1）站立式缠腕 （2）下蹲式缠腕 （3）移动中缠腕 方法：2 人 1 组，面对面站立，手臂交织在一起互相“缠绕” 3. 击剑步摸肩 方法：2 人 1 组，成弓步面对面站立，1 只手臂前伸，采用击剑的步伐前后移动，找准时机用手触对方肩部。相同时间内，触对方肩部次数多者为胜	教师协助学生分组 1. 教师讲解动作要领，并采用侧面示范；学生练习时巡视，强调安全规定：不能折对方手指，中途不得突然收手 2. 教师讲解动作要领，并采用侧面示范，学生练习时巡视，强调安全规定：“缠绕”过程中脚步可以移动，但不能踢绊对方；不能用手折对方手指 3. 教师讲解动作要领，并采用侧面示范，学生练习时巡视，强调安全规定：不能用手攻击对方面部；不能踩对方的脚 4. 小结双人的配合、练习情况	力量、身高、体重接近学生的 2 人 1 组 1. 学生认真观看教师的示范，然后 2 人 1 组分散练习 5~8 次 2. 学生集中听讲
设计意图：通过“弓步推手”“马步缠腕”“击剑步摸肩”培养学生攻防意识的转换，强调借助腰腹发力的重要性，充分活动学生身体的各个部位		

续表

第三环节（12min）		
教学内容	教师活动	学生活动
少年拳（三）： 1. 弓步撩掌（新授） 方法：左转 90° 成左弓步，右拳变掌向后摆，直臂撩出停于左膝前，左拳变掌附于前臂上，眼看右掌掌心上 要领：蹬转后摆同时拧腰加速摆撩，步随掌到 2. 虚步架打（新授） 方法：左脚蹬地右转 90°，左脚置于右脚前，脚尖点地高虚步，右掌变拳右上架，左拳收抱快冲拳 要领：弓步虚步转换快，右实左虚要分明，手臂内旋快冲拳	教师指导学生散开 1. 教师引导：两臂侧平举，左手持沙包，问：身体向正前方，左臂不动，然后将沙包松手，右手如何快速抓住沙包 2. 师生总结要点：快速蹬地拧腰，借助拧腰转体的力度，右手贴住身体顺势抓住沙包 3. 教师讲解双人合作练习马步转成弓步，用手抓沙包动作 4. 教师讲解并示范用手撩沙包动作 5. 教师示范弓步撩掌动作 6. 教师讲解“虚步写字”方法，并指导学生练习 7. 教师讲解并示范虚步架打的动作，然后指导学生练习 8. 教师示范“马步横打—弓步撩掌—虚步架打”组合动作 9. 强调要点，组织学生进行集体练习	学生成四列体操队形散开 1. 学生尝试练习 5~8 次，然后谈自己练习的体会 2. 学生按照要点，继续练习 5~8 次 3. 学生 1 人做马步侧平举，1 人持沙包站在练习者体侧，合作练习 5~8 次 4. 学生 2 人 1 组，撩击沙包比远度 3~5 次，体会动作发力方式 5. 学生仔细观察，认真练习 3~5 次 6. 学生练习虚步写字，可以写简单的汉字或自己的名字 7 学生练习 5~8 次 8. 学生认真观察并练习 5~8 次 9. 学生进行集体展示
设计意图：本环节练习利用抓沙包、撩沙包充分调动学生的练习兴趣，提高学生腰腿协调配合发力，加大撩掌的攻击力度，利用虚步单腿支撑写字练习发展学生的下肢力量		

续表

<table>
<tr><th colspan="3">第四环节（10min）</th></tr>
<tr><th>教学内容</th><th>教师活动</th><th>学生活动</th></tr>
<tr><td>体能游戏：“撩沙包接力”
方法：学生分成人数相等的4组，每组1人站在本队对面距离10m的地方（根据学生奔跑能力而定）。游戏开始，第一个学生采用撩掌的方式将手里的沙包击出，然后迅速跑出，拾起落地的沙包迅速跑到本队的对面，将沙包交给站着的同学，然后自己站到他的位置。站着的同学接到沙包后采用相同的方法，再跑回本队。如此循环进行，先完成的组获胜
规则：每人只能撩沙包1次，拾起沙包后采用快速跑传递，沙包必须手递手交给同伴</td><td>教师指导学生进入场地，分组
1. 教师讲解游戏方法和规则，然后指导练习
2. 教师强调游戏方法和规则
3. 教师巡视，指导比赛
4. 教师点评比赛结果</td><td>1. 学生听清方法，练习1~2次
2. 学生记住规则和方法
3. 学生分组比赛3~5次
4. 学生根据自己的比赛情况积极发言</td></tr>
<tr><td colspan="3">设计意图：游戏环节采用“撩沙包接力”比赛的形式，在复习撩掌动作的基础上，培养学生的竞争意识，发展学生的奔跑能力</td></tr>
<tr><th colspan="3">第五环节（3jmin）</th></tr>
<tr><th>教学内容</th><th>教师活动</th><th>学生活动</th></tr>
<tr><td>1. 集合、放松
采用五行养生操放松
2. 总结本课练习情况
3. 留作业，下课，收器材</td><td>1. 教师示范五行养生操
2. 教师小结本课的练习和比赛情况
3. 作业：弓步、马步转换10次，组合动作10次。教育学生爱护器材</td><td>1. 学生随教师听音乐练习
2. 学生集中听讲
3. 学生帮助教师收器材</td></tr>
<tr><td colspan="3">设计意图：总结学习内容及要点，为学生提供接触和体验五行养生操的机会，发展运动认知</td></tr>
</table>

（三）案例点评

本课的设计根据小学高年级学生乐于自主思考、活泼好动的年龄特点，以探究式学习为主线，鼓励学生独立自主思考，尝试动作，总结动作要领。将“攻防转换”“技击体验”贯穿始终，通过合作对练、击打实物，让学生自己逐步体会出动作要领，感受武术动作在实践中运用的乐趣。

案例提供：李焕新（北京市通州区马驹桥镇中心小学）

点评专家：郭玉东（北京市房山区教师进修学校）